史学会シンポジウム叢書

摂関期の国家と社会

大津 透―編

山川出版社

はじめに

十・十一世紀の摂関期は、日本古代史の中では研究が遅れていた分野であるが、『小右記』『御堂関白記』などの貴族の日記（古記録）や『西宮記』『北山抄』など儀式書の読解の深まりにより、この二〇～三〇年で急速に実証的な研究が進展し、朝廷や地方支配の諸制度が明らかになった。最新の『岩波講座　日本歴史』全二二巻が今年二月に完結したが、古代第五巻一冊が摂関期にあてられ、政治構造・財政・受領・平安京・文化・裁判・外交・仏教・宗教儀礼等のテーマごとに研究の総括と現在の段階での見通しが示され、東アジア世界との関係をはじめ新たな論点も示されている。

第一一三回史学会大会（二〇一五年十一月十五日、東京大学）では、そうした状況を踏まえて、「摂関期の国家と社会」の題で二〇〇七年以来となる日本古代史部会シンポジウムを準備し、筆者と大隅清陽氏とで企画と準備にあたり、二〇歳代のフレッシュな若手から四〇歳代の中堅研究者にいたる五名の方に報告をお願いした。当日は多様な切り口の報告が集まったこともあり、遠方の方も含め多くの参会者をえて、活発な議論が行われた。当日のプログラムは左の通りである（なお報告要旨・コメントおよび大隅氏による討論まとめが『史学雑誌』一二五編一号に掲載されている）。

司会（大津透・大隅清陽）　趣旨説明（大津透）

摂関期の女官と天皇　武内　美佳

摂関期の財政制度と文書　神戸　航介

摂関期の土地支配――不堪佃田奏を中心に　三谷　芳幸

日記から見た摂関期の神祇祭祀認識　小倉　慈司
国際環境のなかの平安日本　渡邊　誠
コメント　西本　昌弘

本書は、当日の口頭報告をそのままで終わらせるのはもったいないので、広く読んでもらえるように報告者にまとめ直していただき、あわせて当日会場で議論に参加した方の何人かに執筆をお願いして、山川出版社の協力をえて一書としてまとめたものである。

Ⅰ部では、摂関期の天皇制や摂関政治の特質を扱う。武内論文は、古記録にあまりあらわれない天皇に対する日々の女官の奉仕について、新史料である東山御文庫本『日中行事』によって詳細に分析し、天皇の食事や祭祀と深く関わることを明らかにした。天皇制のもつ宗教的な側面にせまっている。伴瀬論文は、摂関期の立后儀礼を丁寧に分析し、宣命宣制の儀のほかに本宮の儀からなり、藤原穏子の立后が画期となったことを明らかにしたもので、平安時代の皇后の役割にせまるための基礎的な研究となろう。黒須（林）論文は、摂政・関白の役割について、具体的な太政官政務との関わりを論じ、摂関が弁官から直接受け取り決裁する解文が存在したことを明らかにした。藤原道長の頃に奏事という決裁方式が一般化していたとする説へ疑問を呈している。下向井論文は、大索または捜盗とよばれる京中の一斉捜索を分析し、従来の六衛府の動員から十世紀後半には在京武士の動員に変化することを明らかにし、摂関期の天皇・政府の軍事力編成のありかたを明らかにしている。大隅論文は、摂関期の天皇の座具について分析整理した上で、律令制以来天皇の玉座は御帳台の中の大床子であり、のちに倚子が用いられ、また平座もみえるようになることを明らかにした。Ⅱ部の三谷論文も含め、いずれも近年盛んとなっている儀礼・儀式研究の一例といえるが、儀礼の分析だけにとどまらない射程の深さをもっている。

Ⅱ部は、国家財政を中心に中央と地方の関係を考える。神戸論文は、摂関期の財政運営を文書手続きの視点から分析する。儀式での料物調達で使用される文書の請奏について、その機能や意義、出給の手続きを解明し、また位禄や大粮などを諸国の正税から支出させる、官符による国宛の手続きを明らかにした。文書行政により国家財政の求心的構造を指摘したことも意義がある。三谷論文は、受領が任国内の耕作不能の田地を中央政府に報告する儀式である不堪佃田奏をとりあげ、従来は形骸化したものと考えられていたが、坪付帳の御覧にみえるように天皇による統一的土地支配の理念を表す儀礼であり、受領による田地開発の請負の一環だと論ずる。また成立過程の分析から十世紀前半を重要な移行期と位置づけている。森論文は、在地社会を扱ったもので、畿内の郡司氏族の系譜をひく人々のその後のありかたを追う。権門勢家と結託して国郡に対立する「不善の輩」の中にみえること、河内国においては武士の進出の中で関係してくることを指摘している。

Ⅲ部では、貴族社会における宗教の役割や、東アジア世界との交流と文化の関係を考える。小倉論文は、貴族社会での神事と仏事の比重について、貴族の日記をみていくと仏事の方が重く、私事としての神事の比重は低いこと、そうした中で神事は天皇の専管事項であるという認識が深まり、天皇自身も神事に存在意義を見出し新たな神事が作られ、それが前近代の神事観を形成することを論ずる。武内論文もあわせて、天皇制の宗教的本質について、何が古くからのありかたで、何が変化したのかを明らかにする必要があるだろう。

渡邊論文は、高麗と北宋の対日政策を分析し、いずれも軍事を含めた対外戦略の一環であることを指摘し、奝然や周世昌・滕木吉など日本の僧侶・俗人が北宋皇帝に召されて朝見した事例は、ちょうど対外的な関心の高い時期であったからだとする。一方で日本の側は、消極的な外交姿勢で、国際社会から遊離していたと論ずる。また北宋のまえの五代十国のひとつ、杭州に都をおいた呉越国（九〇七〜九七八）は、国王銭氏による安定政権で、仏教を信奉した。領内の天台山が復興をめざしたため、呉越から商人が度々来日し、延暦寺僧日延も呉越にわたるなど、摂関期の文化への呉越国の影響が近年注目されている。西本論文は、岩波講座の論文「「唐風文化」から「国風文化」へ」の補論で、呉越国と日本との往来にかかわる従来知られていない史料を掘り起こし、仏教界を中心とする交流の具体的なありかたを明らかにした労作である。

最後に筆者がまとめにかえて、平安時代の時代区分についてふれた。律令制以来の調庸制は村上天皇の時代に再編がなされ、受領功過定が重視されるようになることを述べ、摂関期の同時代史である『栄花物語』から、村上天皇から近代とする歴史意識がよみとれることを論じた。

摂関期研究は、律令制から平安時代前期をへていつどのように変化し、また何が変わらなかったかが論点で、広い視野が必要ないわば古代史の応用問題である。本書に収められたさまざまな視点からの実証的な考察が摂関期研究の進展に寄与し、閉塞感も感じられる日本古代史研究にとってよい刺激となることを編者として期待している。

二〇一六年九月

大津　透

目次

摂関期の国家と社会

Ⅰ部

摂関期の天皇とその周辺

1章　摂関期の女官と天皇

武内　美佳

はじめに

平安時代、とりわけ摂関期には多くの女性が活躍しており、彼女たちは、天皇をはじめとして后や宮、摂関家などに仕え、時には受領の妻として地方に赴任するなど多様な形態をとっていた(1)。

そもそも女性の奉仕の歴史は古く、大化前代から采女や氏女として全国から女性が集められ、男性と共に天皇に仕えていたことはよく知られている。その後の律令制下では、後宮十二司が整備され、天皇の身の回りのさまざまなことに女性がかかわっていた。特に八世紀まで、内廷は女官と天皇の許可を得た男官のみが立ち入りを許された空間であったということもあり、女官は天皇に常に近侍して天皇と男官の間を取り次ぎ、天皇の意向を人々に伝えるという重要な役割を担っていた(2)。しかし天皇に近侍する存在でありながら、女官は律令制から「排除」された存在であったという指摘もなされている。律令制下において、官僚制に組み込まれたのは男官のみであり、女性は男性に比べ出仕できる人数や出身に制限があったことや、官位相当制が適用されず位階と官職に差が生じるなど官僚機構の中には取り込まれない存在であった。その一方で、一部の女官は男官と共に天皇に奉仕しており、制度としては排除された存在でありながら、現実には律令制下

の官司に組み込まれて男性と共に奉仕を行うという、ある意味矛盾した存在であったところに日本の女官の特色がある。(3)

その後、平安時代にはいると女官の様相は一変する。まず八世紀末、蔵人所をはじめとした内廷的官職が生まれたことや、公卿が内裏に日常的に伺候するという殿上制が成立したことによって、(4)内裏は天皇と女官だけの空間ではなく、男官らも日常的に伺候する場へと変化していった。その中で、徐々に本来女官が担っていた役割を男官が担うようになり、(5)その結果女官の役割が減少し後宮十二司が統廃合・解体していく。(6)このような変化を経て、九世紀末から十世紀初頭ごろには女官に対する男官の優位性が確立していくのである。

以上のように、女官は平安時代になると男官の内裏進出によって職掌を奪われ政治的な重要性が低下していくとされているため、摂関期における天皇に仕えた女官について詳細に検討したものは多くはない。しかし、摂関期においても儀式書や古記録には多くの女官がみえており、年中行事や天皇の日常生活には多くの女官が奉仕している。その奉仕のあり方は大化前代や八世紀の奉仕のあり方に由来するものから平安時代にはいって新しく女官の役目として成立していったものまで多岐にわたるが、共通するのはそのすべてが天皇に深くかかわるものであるということである。女官は本来天皇の最も近くで奉仕する存在であることから考えれば当然ともいえるが、その奉仕の形態は男官が内裏に進出したのちも変わらないことが注目される。そこで本章では、まず女官が奉仕している様子のみえる年中行事に注目し、女官の本来担っていた役割を確認すると共に、それが摂関期に至ってどのように変化したのか、女官の奉仕の意義を時期的な変化も含めて考えてみたい。また、近年注目されている東山御文庫本『日中行事』を中心に天皇の日常生活において女官がどのように関与しているのかを検討する。

天皇の権威や支配の構造は平安時代に大きく変化していくとされている。(7)それが端的に表れてくるのが、平安時代に新しく行われるようになる祭祀のあり方である。そこで、平安時代以降頻繁に行われるようになる奉幣や諸社の祭祀における女官の関与を検討することで、平安時代以降新たに付与された女官の役割にも言及する。これらの切り口から天皇に近侍する女官を検討することによって、当該期の天皇のあり方を考える一助としたい。

なお、摂関期には昇殿を許された女官を女房（上の女房）といい、下級女官を女官（にょうかん）と称する。[8]また摂関家やその子女に仕えた私的な女房もみえる。こうした女房の中には官職を持つものもいる。本章では天皇に仕えた女性のみを検討の対象とし、律令制下で成立した儀式に登場する女性を中心に検討を加えた。内裏には多くの女性が出入りしていたため、キサキの女房など天皇以外に仕えていた女性との混乱を避けるため史料に引用されない限り女房の語は用いない。天皇に仕えた女性全員を指す場合には女官を用い、可能な限り官司名を明らかにして表記する。

1　儀式の中の女官

年中行事の中で女官がどのような場面でどのような役割を担っていたのか、いくつか具体的な儀式をみながら概観する。まず取り上げるのは、元日朝賀と小朝拝である。[9]元日朝賀は百官が朝堂院に会して拝賀を行うもので、律令国家の政治機構を象徴する重要な儀式である。この元日朝賀で注目されるのは、女官は拝賀を行う百官の列に加わらないという点である。『西宮記』巻一の元日朝拝儀次第によれば女官は天皇出御の際に、

> 御二大極後房一〈内侍取二御劒一如二置儀一〉。天皇下〈式不二警蹕一〉、御二大床子一〈此間可レ供二御薬一。兵部巡二検諸陣一〉。近衛陣二南階一〈供二奉陣居一也。威儀陣在二左右楼下一〉。執翳居二東西戸内一〈二九立二床子一〉、褰帳〈即位用二女王一、朝拝代〉、威儀命婦〈四人〉着座〈用二嚢床子一〉。（中略）天皇就二高座一〈（中略）命婦四人着二礼服一、分在二御前一。内侍二人、着二礼服一、持二神璽等一、列二左右一。命婦四人、亦侯二御後一。（中略）鉦三下〈兵庫甲行〉。執翳分進〈出レ自二左右一間一、入レ自二中央間一〉。褰帳〈以二大針糸等一褰、女竪等相従褰、形如二八字一〉。
> （割書は〈　〉で表記、傍線は筆者、以下同。）

とあって、威儀命婦四名と神璽を持った内侍二名が天皇の側に伺候し、また御簾をかけるために執翳女孀一八名と御簾を

糸でとめる褰帳命婦二名の計二六名が奉仕していることがわかる。このように、女官は儀式の参加者としてではなく、天皇出御に合わせて天皇の側近くに控え、儀式の威儀を整える役割を担っていた(10)。

元日朝賀は次第に一世一代でのみ行われるようになり、正暦四（九九三）年以降は廃止される(11)。そして代わって行われるようになったのが小朝拝である。小朝拝は清涼殿において新年の拝賀を行うもので、九世紀末を初見として徐々に行われるようになっていった。元日朝賀と小朝拝は同じ年に両方が行われることはほぼなく、どちらかの形で拝賀を行っていた。その次第は、殿上人・王卿らが清涼殿の天皇の御前に進み列立し、拝舞した後退出するという簡略なもので(12)、ここでは女官は登場しない。日本の元日朝賀は本来現人神に対する宗教的な儀礼であり、律令国家の官僚機構や君臣関係を象徴する儀式であったが(13)、政治機構そのものが天皇とより個人的に結びついた一部の官人らのみを重視するものに変化したことに伴い、天皇によって行われる私的関係にある政治機構を象徴する小朝拝へ変化した(14)。天皇の出御を必要としない儀式が増加した結果、女官の伺候する機会も減少していき、『西宮記』の段階では元日朝賀と同様の女官構成で大極殿に出御する天皇に仕える儀式は、即位儀のみとなる。

元日朝賀の後、内裏の紫宸殿において行われた元日節会にも女官が登場する。節会の次第は、①（天皇が紫宸殿に移動後）王卿らは外弁座につき内弁は宜陽殿の兀子に着座、②天皇が御帳の中の椅子に着座したら内侍が臨檻して内弁に合図、③開門、④御暦奏・氷様腹赤奏、⑤王卿らが列立・再拝の後軒廊の座に着座、⑥供膳・勧盃、⑦給禄、というものである。ここで登場する女官は、内侍・女蔵人・闈司・采女であるが、なかでも内侍臨檻・闈司奏・采女陪膳に伝統的な女官の奉仕の様相が表れている(15)。

闈司奏については、すでに吉川真司氏により詳細な検討がなされている(16)。闈司はもともと門鑰の管理を掌っており、本来閤門内に男官がはいる際には闈司が官司・姓名などを天皇に奏上し、天皇の勅許を伝えるという闈司奏の手続きを経る必要があった。闈司は節会でも③の開門の際に着座し、④の御暦奏・氷様腹赤奏の際に闈司奏を行っている。さらに御暦奏で中務省が持参した暦をのせた机を紫宸殿の階段の檀上まで運ぶのは闈司の役目であった。暦はその後、内侍が天皇に奏覧し、また闈司が机を檀上から下ろすという手順を踏む。このような闈司と内侍が天皇の奏宣に関与する、という流れこそが伝統的な上奏の形態であった。闈司奏は節会のほかに踏歌、射礼、神今食といった儀式でもみえるが、内裏内に男官が日常的に伺候するようになる平安時代以降闈司奏は形骸化し、儀式の中に古来の奉仕の形態を残すのみとなっていった。

采女陪膳については、⑥供膳・勧盃の際に采女が内膳司らと共に天皇の御膳を供しているのがみえる。節会における采女陪膳は『西宮記』にも「節会陪膳、采女奉仕」とあり[17]、節会の陪膳は必ず采女が担当することになっていた。大津透氏は、そもそも天皇の食事は神としての天皇に神聖な食事をささげ、天皇がさらに神を祀る場であって、その天皇の食事に奉仕できるのは宗教的な力を持つ采女のみであったとし、節会における采女陪膳は天皇の本質的機能を示していると指摘する[18]。また六月と十二月に行われる神今食では、采女のみが神と共食共寝をする天皇に陪膳することができた。神今食の采女の性格について、西本昌弘氏は神今食を天皇が神を神座上に迎え、采女の介添えによって神に酒食を供進するものであったと解しており、采女は国魂を体現する存在であったとする[19]。また中原俊章氏は采女が宮主とともに「のと」(祝詞)を申していることに注目しており、采女の持つ宗教的性格に言及している[20]。采女は本来日常的にも天皇への陪膳を行っていたが、平安時代以降徐々に采女の地位が低下し、内侍などが代わりに陪膳を務めるようになる[21]。そのため、采女が陪膳を行うのは節会などの特別な場のみとなっていった。

内侍臨檻は、天皇が出御し場の舗設が整った後に、内弁や上卿を召す合図や天皇に奏覧する文書を受け取るために、内侍が紫宸殿東南の階段の上に立つというものである。内侍臨檻が行われる儀式を掲げた表1から、節会や節句、大臣召、旬政などの年中行事のみならず、内印請印や元服といった臨時の儀式においても行われていたことがわかる。内侍臨檻が行われた儀式の多くは紫宸殿で行われているが、駒牽・端午節・相撲節会は内裏の西に位置する武徳殿で行われたほか、

表1　内侍臨檻の行われる儀式

	儀式	儀式の場	内　　容	場所	出典	備考
1	元日節会	紫宸殿	天皇が出御した後臨檻し内弁に合図	東檻	西儀北	
2	白馬節会	紫宸殿	天皇が出御し準備が整った後臨檻し内弁に合図	東檻	西儀北	
3	大臣召	紫宸殿	天皇が出御した後臨檻し内弁に合図	東檻	西	
4	女踏歌	紫宸殿	天皇が出御した後臨檻し内弁・皇太子に合図	東檻	西儀北	
5	射礼	建礼門前	天皇が御して内弁が座に着いた後臨檻して内弁に合図		西儀北	
6	賀茂祭	紫宸殿	天皇が出御した後臨檻し上卿に合図	東檻	西	
7	駒牽	武徳殿	天皇が武徳殿に行幸し出御した後臨檻し出居次将に合図	南檻	西	
8	端午節	武徳殿	天皇が武徳殿に行幸し出御した後臨檻し内弁を召す	南檻	西	
9	御体御卜	内裏	内侍が臨檻したら陣座に着いていた上卿が御卜の結果のはいった筥を内侍に付す	東檻	西北	①
10	相撲節会	武徳殿	節会当日天皇が武徳殿に行幸し出御した後臨檻して内弁に合図	南檻か	西北	
11	釈奠内論義	紫宸殿	天皇が出御した後内侍臨檻したら王卿らが紫宸殿に着座	東檻	西北	
12	信濃駒牽	紫宸殿	天皇が出御した後内侍が臨檻し上卿に合図，上卿・王卿が座に着く	東檻	西北	
13	重陽説	紫宸殿	天皇が出御した後臨檻し内弁に合図	東檻	西北	
14	旬政	紫宸殿		東檻	西北	
15	朔旦冬至	紫宸殿	(1)天皇が出御する前に臨檻し上卿から公卿賀表のはいった筥を受け取る	東檻	西	
			(2)天皇が出御した後臨檻し王卿らに合図			
16	豊明節会	紫宸殿	天皇が出御した後臨檻し内弁に合図	東檻	西儀北	
17	内印	内裏	(1)内侍が臨檻したら少納言が内文の案を内侍に付す	(1)艮角	西北	②
			(2)内文を奏覧した後再び内侍が臨檻したら上卿らが着座し請印する	(2)巽角		
18	節刀	紫宸殿	天皇が出御した後臨檻し内弁に合図	東檻	西北	
19	譲位	紫宸殿	天皇が出御した後臨檻して大臣から宣命の草案を受け取り奏覧	東檻	西儀北	
20	大嘗祭	朝堂院(大嘗宮)	いずれの日も天皇が出御した後臨檻し，それを合図に内弁が参上		西儀	
21	任大臣	紫宸殿	天皇が出御した後臨檻して大臣に合図	東檻	西	
22	皇太子元服	紫宸殿	元服の儀が終わった後臨檻して近衛次将に元服にかかわった人を呼ばせる(禄を渡すため)	東檻	西北	
23	天皇御賀	紫宸殿	天皇が出御した後臨檻	東檻	西北	
24	女叙位・任官	紫宸殿	天皇が出御した後臨檻し大臣(上卿)を召す	東檻	儀	
25	奏鈴・擬郡領	内裏	式部輔が名簿を持ち内裏に参上した後臨檻し大臣を召す	東檻	儀	
26	立后	紫宸殿	天皇が出御した後臨檻したら大臣らが参入	東檻	西北	③

注　備考：①天皇は出御しない，②天皇に内文を奏上しない場合は内侍ではなく命婦などが臨檻，③立太子も同様に行う。

出典　『西宮記』を中心に『儀式』『北山抄』によって作成。『西宮記』…西，『儀式』…儀，『北山抄』…北。

射礼のように建礼門前で行う儀式も含まれている。臨檻の際に内侍が立つ位置は紫宸殿の東南階の上が多いが、『西宮記』巻七内印請印では「内侍出〈出二南殿艮階上一〉、少納言付二内案一〈刺レ杖〉、内侍進二御所一奏レ之〈地下内侍付二女蔵人一〉、内侍出〈出二南殿巽階上一〉、上卿進寄（割注略）着座」とあり、少納言から内案を受け取る際と上卿に合図を送る際に臨檻する場所を変えている例もある。これは、内案を持った少納言が小庭にいたためであり、より少納言に近い位置から内案を受け取る必要があったからであろう。また武徳殿で行われる儀式では内侍は南檻に臨檻している。これは武徳殿が東向きの建物であったこと、南側に公卿座が設けられていたことによるものと考える。(22) このように、儀式の場の状況に応じて臨檻する場所を使い分けていた。

内侍臨檻がみえる『西宮記』巻六旬の頭書に引用された九暦逸文には、

九記云、大将大閤(忠平)仰云、寛平昌泰間、天皇聞二食旬一之日、御二出南殿一之由、蔵人若近衛少将来二陣頭一告仰、而延喜初、故左大臣(時平)諸事因二准故実一申行、依二古日記一令二内侍召レ人、其後于今従行者。

とあり、寛平・昌泰年間には天皇が政務を聞く日に、南殿に出御されたことを蔵人や近衛少将が陣に来て告げていたが、延喜の始めに藤原時平が古日記によって内侍に人（大臣ら）を召させるようになり今に至るまで行っている、とする。内侍が臨檻して大臣らを召すことが本来的なものであったという認識があった一方で、九世紀末にはすでに蔵人や近衛少将が内侍の代わりを務めていたこともわかる。内侍臨檻は、本来天皇出御を官人に知らせる役目や、奏宣のことを内侍が一手に引き受けていたことを示すものだが、摂関期には儀式の中に形式的に残るのみとなった。

以上、儀式における女官の役割とその変遷について概観してみると、女官は儀式の舗設や儀式の補助的な役割を担う存在であって、天皇の最も近いところで天皇を補助することこそが女官の一番の役割であったことが再確認された。儀式にみえる女官の役割の多くは、かなり古い時代の天皇と女官との関係性を表すものが多いが、平安時代になると、天皇のあり方や内裏内の構成員の変化に伴い、そうした女官の働きは儀式の中に形式的に残存するのみとなった。女官はあくまでも天皇に仕える存在であり、天皇と離れたところでは存在しえなかったため、天皇のあり方が変化したことでその影響を直接受けたことが儀式における女官の役割の形骸化につながったものと考える。[23] 一方で、宗教的な意味合いの強い奉仕は、摂関期においても女性が行うことに意味があると考えられていた。

2　日常生活に奉仕する女官

女官が男官と共に衣食住全般にわたって天皇の個人的な生活を支えていたことは吉川真司氏も言及されている。[24] 内裏での一日については、『西宮記』『侍中群要』などに記載があるが、特に近年注目されているのは東山御文庫本『日中行事』である。西本昌弘氏らの調査・研究により、そこに記された記載が十一世紀前半ごろの内容を伝えるものであり、これまでの日中行事にはみえなかった記述も充実しているということが明らかにされた。[25]

東山御文庫本『日中行事』を中心に、内裏において一日に行われることを時間ごとに整理したものが、表2である。この表によると、女官の関わる奉仕は以下の四点に分類できる。

(1)天皇の生活空間に関すること…③・⑤・⑮・⑳
(2)食事のこと…⑨・⑫・⑭・⑯・⑲
(3)賜鑰状・進鑰状を報告…⑪・⑰
(4)人形を奉仕すること…⑱

(3)の賜鑰状・進鑰状を天皇に報告することは、『西宮記』にのみみえる記述である。ただしクラの鑰については、鑰を管理すること自体が十世紀以降形骸化して意味を喪失していったと指摘されており、[26] 摂関期には行われなくなっていた可能性が高い。また(4)の人形を奉ることは、『西宮記』に「内蔵寮供二御人形一事〈寮舎一人預二件事一、日々奉レ之、自二女

表2　日中行事一覧表

時	行　　事	内　　容	西	侍	日	女官	女　　官
卯	①主殿寮奉仕朝清事	主殿寮官人による清涼殿東庭等の清掃	○		○	×	
辰	②殿上日給事	殿上間において日給簡をつける		○	○	×	
	③上格子事	清涼殿の格子を上げ，昼御座を整える	○	○	○	○	主殿女嬬・女蔵人・掃部女官
	④四衛府供御贄事	当番の衛府が贄を持っていく	○		○	×	
	⑤供御手水事	天皇が身支度を整える	○		○	○	主水女官・陪膳・役供女房
	⑥石灰壇御拝事	石灰壇で伊勢を遥拝する			○	×	
	⑦御念誦事	清涼殿に置かれた仏像に向かい念誦			○	×	
	⑧主水司供御粥事	粥などを供する	○	○		×	
巳	⑨供朝餉事	朝餉間での食事(実際の食事)	○	○	○	○	陪膳・役供女房・采女・刀自
	⑩御読書事		○	○		×	
	⑪内侍申賜鑰状事	クラの鑰を開ける賜鑰状の報告	○	○		○	内侍
午	⑫供昼御膳事	(形式上の)食事	○	○	○	○	采女(更衣・女蔵人)
未	⑬封殿上簡事	日給簡をしまう			○	×	
申	⑭供夕御膳事	朝餉御膳と同じように食事をする	○		○	○	陪膳・役供女房・采女・刀自
酉	⑮供御殿燈事	清涼殿・仁寿殿などにあかりをともす		○	○	○	主殿女嬬・女房
	⑯供夕膳事	昼御膳と同じように(形式上の)食事			○	△	
	⑰内侍申進鑰状事	クラの鑰を閉める進鑰状の報告	○			○	
	⑱内蔵寮供御人形事	内蔵寮が奉る人形を女房が供する	○	○		○	女房
	⑲御厨子所供御粥事	御粥などを供する	○			○	陪膳女房
戌	⑳内竪奏時事	内竪が時申を行う	○	○	○	×	
	㉑下格子事	清涼殿の格子を下ろす	○	○	○	○	掃部女官
	㉒瀧口名謁事	瀧口武士の点呼	○		○	×	
亥	㉓殿上名対面事	殿上人で宿侍する者の点呼	○	○	○	×	
	㉔徹殿上台盤事	主殿寮官人が殿上台盤を徹する			○	×	
	㉕問諸陣見参事	蔵人が六衛府官人の見参を申させる		○	○	×	
	㉖近衛陣腋夜行事	近衛府官人が内裏を巡検する			○	×	

出典　『西宮記』巻10侍中事，『侍中群要』巻1～4，東山御文庫本『日中行事』より作成。西…『西宮記』巻10侍中事，侍…『侍中群要』巻1～4，日…東山御文庫本『日中行事』，蔵…蔵人式。

房一供レ之、終返二給之一〉」とあり、毎日天皇のケガレを払うために行われたものであり、宗教的な性格が強く認められる。ここでは、残る⑴と⑵のことにどのように女官がかかわり、また男官の奉仕とどのような差異が見出せるのかを考えてみたい。

天皇の生活空間と女官

清涼殿の一日は、卯剋（午前七時ごろ）格子を上げることから始まる。東山御文庫本『日中行事』、『侍中群要』巻一によれば、①蔵人一人が鬼間にはいり、昼御座の格子の沾木を放ち、他の蔵人が殿上の東戸から出て南二間の戸から順に格子を上げる、②蔵人が殿上の燈籠を主殿女孺にたまう、③一・三・五間の釣金の綱を返し、続けて昼御座の茵をとり、剣や硯筥などを置く、④殿上の小蔀を開け、椅子の覆いをとる、⑤主殿女孺が御物等をふき（女蔵人が点検）、朝餉間・台盤所の格子を掃部女官が上げる、という手順で行われた。また格子を下ろす際には、基本的には蔵人が行い、女官は台盤所のみを担当することになっていた。

この中では、燈籠の片付けと御物などの清掃に主殿女孺が、女房の詰所である台盤所の格子を掃部女官が上げている様子がみえる。ここでまず注目されるのは、主殿女孺が清涼殿昼御座で、男官である蔵人と共に清掃などのことに携わっている点である。主殿司の女官は『西宮記』巻八所々事の内侍所の項に「在二温明殿一（中略）主殿掃部女官同候」とあって普段は内侍所に詰めていた。殿上清掃では女蔵人の指揮にしたがって奉仕をしている。主殿司の女官は蔵人や殿上人とも密接な関係を有していたと考えられており、十一世紀後半から先帝の主殿司を新帝に譲る例が多くみられるほか、主殿女孺が殿上人の御膳の用意や酒の酌もしていることから、采女が本来担っていた役割を主殿司が担うようになったと中原俊章氏は指摘する[27]。なお、女官と同様に男官にも主殿寮が置かれ、東山御文庫本『日中行事』にも主殿寮の奉仕がみえる部分がある。実際にみてみると、「官人以下、〈東帯僚下褐衣、〉率二僚下一、払二清南殿庭併清涼殿東庭・朝餉壺・台盤所壺及所々二」とあって、格子を上げる前に清涼殿の庭を清掃していたことがわかる。主殿司と主殿寮の担った清掃については、男官は庭中で、女官は殿上で奉仕するという区別が存在していたとの指摘があり、[28] 女性は男性よりも、より奥向きの場所で奉仕を行っていたものと思われる。同様に、蔵人と掃部女官もそれぞれ格子を上げる場所を分担しており、総じて女官は男官より奥向きの場所での奉仕を行っていることがわかる。表2⑤に挙げた供御手水事も女官が奉仕することになっていたが、こちらも天皇の奥向きのことは原則女官が担当していたということを端的に表すものといえる。

主殿女嬬は掃除のみならず燈籠の回収も行っていた。[29] 他にも表2⑮にあかりに関することがみえるので、併せてみていこう。東山御文庫本『日中行事』該当部分を次に掲げる。

①西剋、供二御殿燈一事

主殿女嬬昇レ自二右青璅門一。先懸二燈籠於綱一、次供レ燈〈東庇南一二三五六間等也〉。蔵人一人相随検二察之一。次供二於仁寿殿露台一、次経二殿上前一、供二於朝餉壺一。次盛二御殿油五升一、到二御手水間一、付二女房一。女房取レ之、炷二於夜御殿四角燈楼一。(中略)未供二御殿燈一之前、殿上所々不レ挙レ燈。

②及レ暗燃二火於炬屋一事

主殿女官開二清涼殿東庭炬屋戸一、居二其中一、燃二火於戸前一。但月明時不レ燃レ之。件炬屋一所在二二間前庭呉竹台南頭一、一所在二上御壺寝東向戸東北庭一。

①では、主殿女嬬が清涼殿、仁寿殿、また天皇の寝所である夜御殿などに燈籠を掲げてあかりをともすことに奉仕をしている。また②は清涼殿東庭などに置かれた火炬屋の火を主殿女嬬がともすことについての記述である。鈴木裕之氏によると、内裏内で火炬屋が置かれたのは諸門や清涼殿、紫宸殿、宮内省にある園韓神社などで、諸門や紫宸殿の火炬屋には衛士が詰めていたと考えられている。[30] 清涼殿の火炬屋は『侍中群要』巻四庭燎事にも「所々庭燎屋、主殿女官等、臨レ夜焼レ火、若不レ勤、蔵人加催、但月夜不レ焼」とあり、主殿女嬬の担当であったことがわかる。主殿寮について論じた鷺森

浩幸氏は、主殿寮は令に規定された職務を平安時代にもほぼそのまま継承していたとする。[31] 女司である主殿司の職掌は輿繖・膏・沐・燈油・火燭・薪炭に奉仕することであることからして、燈籠の撤去やあかりに関する奉仕は主殿司が本来担っていた役割であったと思われるので、摂関期に至っても令に規定された職掌を変わらずに奉仕していたものと考える。

食事と女官

前節では節会の際に陪膳采女が天皇の食事の陪膳を行うことに大きな意味があることを述べたが、日常の食事に女官はどのようにかかわっていたのであろうか。

天皇の食事についてはすでに佐藤全敏氏、芳之内圭氏[32]による詳細な検討がある。そこで両氏の論を参考に、まずは天皇の食事について概観する。天皇の食事はもともと清涼殿でとる昼御膳・夕御膳であったが、九世紀末から十世紀にかけて朝餉間で実質的な食事をとり、昼御座での食事は形式的なものとなっていった。また食事の様相変化に伴い、食事に奉仕する官人も同様に変化する。

形式的な食事となった清涼殿での食事は、東山御文庫本『日中行事』によれば、①采女が台盤や箸・匙などの載った馬頭盤をすえる、②陪膳・役供は内膳司、進物所、御厨子所の進める膳（第八盤まで）を運び準備をする、③天皇が大床子の円座につき、三把を小土器にとる、④終わったら箸を御飯に立て撤し、その後その食事が殿上人らに下される、[33] という手順で行われていた。この昼御膳に奉仕するのは蔵人などであり、女官は采女が台盤などを用意する際に登場するのみである。『西宮記』巻十侍中事によれば、

> 午一刻、大炊、内膳、主水、造酒、采女等寮司、及二進物所一供二御膳一。采女伝取捧進。女蔵人伝女蔵人取奉二更衣一。又進於御。畢更衣蔵人撤却、采女受執、各返二授所司一。次主水司供二御粥一。采女捧持、更衣蔵人伝取、供於御。畢撤却返授同前。

とあって、本来は采女のみならず更衣や女蔵人らも昼御膳に奉仕していたものと思われる。しかし佐藤氏が指摘するように、醍醐朝から昼御膳の陪膳を女房ではなく男房が務めるようになり、天暦年間には女房から男房へと完全に切り替わり、摂関期には昼御膳の陪膳に女官がかかわることはなくなっていった。

一方、十世紀以降実質的な食事として成立する朝夕御膳の次第は、①陪膳女房、役供女房二人が御飯、四種（調味料）、果物、菜などの食事の陪膳を木箸で行う、②御膳が終わったら酒を供する、③箸を折り御飯の上に立ててから膳を撤する、というものである。[34] 奉仕をするのは「陪膳女房候㆓御座西畳㆒、役供女房二人候㆓障子外㆒〈女房不㆓上髪㆒〉」とあることから髪上げをしない女房であったが、「或近習公卿并四位以上奉㆓仕陪膳㆒」とあって女性でなければならないというわけではなく、公卿が奉仕することもあった。[35] また、御膳を朝餉間の手前まで運ぶ際には采女や刀自といった下級女官らも共に奉仕を担っていた。先に述べたように采女はこの時期直接陪膳にかかわることはなくなったが、朝餉間に至る前の段階では変わらず食膳のことにかかわっていたものと思われる。[36]

また、正規の食事ではないが天皇に食事を奉仕している例として表2⑧主水司供御粥、⑲御厨子所供御粥（夜候）がある。このうち、夜候は女官が陪膳を行うことになっていた。[37] 時代は下るが『殿暦』康和五（一一〇三）年十一月十二日条に、

申刻許参内、参㆓御前㆒。次参㆓斎院御方㆒。頃之還㆓朝干飯㆒、主上御けツリ櫛。酉刻許宰相中将忠教・右近中将宗輔於㆓御前㆒笛〈雙調〉、主上御笛同㆑之。笛了於㆓朝干飯㆒供㆓御前〔膳〕㆒、倍〔陪〕膳女房。

とあって、酉剋以降に朝餉間において女房が粥などを供していたことがわかる。⑧主水司供御粥は実例がみえないが、夜候と同じく女房が陪膳を務めていた可能性が十分考えられる。ただし、『中右記』嘉保二（一〇九五）年二月十五日条に「終日候㆓御物忌㆒、供㆓朝夕膳㆒。（中略）俄依㆑無㆓女房陪膳㆒、供㆓夜侍㆒之後宿仕」とあることから、必ずしも女官が陪膳を行うのではなく、朝夕御膳と同様に公卿や殿上人が行うこともあった。

天皇の食事の陪膳は、本来女官が行うものであったが、食事の形式の変化に伴い、蔵人や殿上人が務めるようになる(38)。一方、朝餉間でとる実質的な食事の陪膳は基本的に女性が務めた。先に述べた御手水のような天皇の身だしなみを整えるための行為(39)も含めて、女官は男官と比べてより奥向きでより天皇の身体そのものに関係する奉仕に携わっていたのであろう。

天皇の食事について最も注目されるのが、昼御膳の③にある天皇が大床子の円座につき三把を小土器にとる、という行為である。三把は『侍中群要』巻三取三把事に「供㆓御飯㆒時、即以㆓銀御箸㆒、取㆓三把㆒、入㆑蓋返㆑之、御箸鳴置㆑之云々」とあって、形式的な食事の陪膳が終わった後、一度天皇が座に座って銀の箸で三把をとるのである。この三把をとることは、中世以降にも『禁秘抄』に「此御膳等、近代主上不㆑着、又只御膳三度、是只女房サバ、カリ取㆑之」とあるように、天皇が昼御膳に出御しなくなった後も女房が三把をとっている。また、実質的な食事である朝御膳の前にも「凡供御之物、皆先取㆓三把㆒如㆑之、件三把刀自取㆑之、奉㆑供㆓於坐㆒」(40)とあり、女性（刀自）が三把を先にとっている。この三把は神に食事の一部をささげて祀るものであったこと、また本来食事は節会でも陪膳を務めた采女の奉仕によって行われていたことを考え合わせると、天皇の食事は節会の際のみならず日常的な食事であっても宗教的な意味合いが強かったことがうかがえる(41)。

天皇への奉仕は本来すべて神である天皇への奉仕であって、その奉仕には宗教的な性格があったと思われる。内裏内に男性が伺候するようになり、本来女官が担っていた奉仕を男官が行うことも多くなり、摂関期には男官が昼御座でのことを主に担当し、女官はさらに奥向きのことを担当するという原則に基づいて男官と女官がそれぞれ協力して奉仕を行っていた。しかしその一方で、特に宗教的な性格の強い三把をとることのみは女官の手によって行われた。そして女官が昼御膳で陪膳を行わない場合には、男官ではなく天皇自らが三把をとっている点に大きな特徴がみられる。

3　祭祀と女官

平安時代はそれまでの律令制祭祀から祭祀のあり方が大きく変化した。それまでの律令制祭祀では、祈年祭に代表されるように、全国すべての神社に対して班幣を行うことが主であり、奉幣は伊勢神宮など特定の神社のみに対して行われるものであった。しかし平安時代には天皇の外戚や王城鎮護神といった天皇個人と関係の深い特定の神社への奉幣がさかんに行われるようになる。[42] しかも奉幣祭祀は、神祇官主導のもとで行われた律令制祭祀に対して、幣物の準備に内蔵寮や蔵人所といった内廷的官司が関与しており、[43] これまでの祭祀とは大きく異なるものであった。また、十世紀以降の新たな風潮として天皇の祖先神としての伊勢神宮が重視されるようになり、その結果内侍所（温明殿）に安置された神鏡に対する祭祀がさかんに行われるようになる。[44]

これらの新しい祭祀に天皇が主体的にかかわるようになる中で、女官はどのような役割を果たしていたのか、特に女官が深くかかわっている祭祀をいくつか取り上げて検討する。[45]

奉幣と女官

はじめに検討するのは、毎年九月十一日に行われた伊勢神宮の神嘗祭の奉幣使出立の儀式（以下伊勢例幣とする）の日の朝行われた幣物を包む、という行為である。幣物を包むことは『江家次第』巻九例幣次第には、

早旦先褁二内宮料一〈内侍、弁、忌部、内蔵官二人〉、錦一疋〈蔵人所進レ之〉、両面一疋、綾五匹〈五色、青赤黄白黒〉、以二調布一結二其上一入二柳筥一〈以二木綿一結〉、以二葉薦一褁レ之〈付二短冊一〉、又褁二外宮料一、五色絹、次居二小安殿一〈東第一間薦上、外宮不レ置レ之〉、内蔵寮護レ之

とある。また、『左経記』長和五(一〇一六)年二月二十五日条には、「午刻許、内蔵寮官人来向、請二幣物一、於小〔安脱カ〕殿令二裹備一〈内侍並□〔忌カ〕部皆以候〉余率二史官掌等一加二検察一、裹畢如レ例在置〈内蔵物請一人守護〉」とあって、当日小安殿において内侍[46]・弁・忌部・内蔵寮官人が内宮料(錦・両面・綾)と外宮料(五色絹)を包み、それぞれ小安殿の内と外にすえて内蔵寮官人がこれを護っていた[47]。なお、『西宮記』巻五十一日奉幣次第によれば「内侍女蔵人、向二八省一裹レ幣」とあるので、内侍と女官一名が幣物を包むために小安殿に向かったことがわかる。内侍や女蔵人は出立儀そのものにはかかわっておらず幣物を包むことのみに関与しているのである。

同様の行為は他の儀式にもみえる。毎年二月と七月に伊勢神宮などの二十二社に奉幣する祈年穀奉幣では、伊勢神宮の幣物とその他の幣物の差がはっきりと表れている。『江家次第』巻五祈年穀奉幣儀では、

大内中重宮城門為下裹二諸社幣一之所上(割書略)、行事弁并史早参二候於八省一。内侍乗二行事蔵人車一参入。下レ自二永福門一。其内敷二筵道一。入レ自二小安殿北面西戸一〈女官等相具、以二几杖一遮レ之〉。行事弁内蔵寮官人使忌部等相共検臨〈量二其丈尺一〉、女官裹レ之〈(中略)令二内侍懸一レ手、本須二内侍裹一レ之歟(中略)〉。次置二短脚小案置之於第一間一、斜行二薦上一。(割書略)史於宮城門裹レ幣。裹了次第立二於嘉喜門外面東西腋一。

とある。傍線部から、諸社への幣物は大内裏の宮城門において神祇官の官人によって包まれているのに対し、伊勢神宮の幣物のみ伊勢例幣の時と同様に朝堂院小安殿で女官によって包まれていることがわかる。諸社への幣物と伊勢神宮への幣物を包む場所を分けることは臨時奉幣でも同様に行われており、やはり伊勢神宮の幣物は女官が包んでいる[48]。

なお、幣物を包む際には内侍のほかに男性官人もかかわっているが、『江家次第』伊勢例幣天皇出御儀では「行事弁忌部内蔵寮官人相共裹レ幣立二高案一、其上置レ斗。於二其内一裹レ之。裹畢女官授二内侍一、内侍懸レ手、其後置二幣案上一」とあり幣物を包まない内侍にわざわざ一度幣物を渡すという次第が含まれている。また先ほど掲げた祈年穀奉幣の引用史料点線部にも、現在は女官が幣物を包んでいるが、本来は内侍が包むべきものであったとあり、ここでも内侍に包み終わった幣物

を渡している。「懸レ手」が具体的にどのような行為を指すのかははっきりと記されていないが、伊勢神宮の幣物を包む際に内侍が関与することに特別な意味があったのだろう。

また、別貢幣でも同様に内侍が幣物のことに携わっている。別貢幣は、もともと毎年十二月に行われていた伊勢神宮などの諸社や山陵への奉幣のほかに、平安時代初期から天皇の特に血縁関係のある山陵に奉幣を行うようになったもので、別貢幣の対象となる陵墓は伊勢神宮と同格の重要な国家的祭祀対象とみなされていた(49)。延喜内蔵寮式22奉諸陵幣によると、

右陵墓幣料、預前支料、具録二色目一。十二月上旬申レ省。即待二官符一請受。依件棟梁、又小刀廿柄、燈台廿基儲レ之〈自二木工寮一受用〉。前一日晩差二史生四人一、色別備賷、於縫殿寮南院候レ之。内侍以下従二内裏一退出。通レ夜裁成、達レ暁裹畢。所別盛二柳筥一合一。

とあり、儀式前日の夜、内侍らが縫殿寮で夜を徹して幣物を包み、翌日建礼門で使に幣物が渡されたことがわかる。内侍が幣物を包むのは別貢幣と伊勢例幣のみである(50)。女官は男官に比べより天皇に近侍する立場にあるため、天皇親祭の意味合いが強い祭祀のみ、内侍が幣物を包むのであろう。

女官は伊勢神宮への奉幣と別貢幣という特定の祭祀の際に幣物を包むことに奉仕していた。伊勢神宮への奉幣は八世紀の状況は史料からはうかがえず内侍の奉仕がいつまでさかのぼるのかは不明というほかない(51)が、他の諸社に対しては神祇官人が幣物を包んでいるにもかかわらず、伊勢神宮の幣物は場所を変えてまで内侍が幣物を包んでいたこと、また内侍が直接幣物を包まなくなった後も内侍が「懸レ手」というある意味非効率的な方法を取り続けていたことは看過できない。前節まで検討したように女性の奉仕には神と天皇とを結ぶものがあったことと特定の神社・山陵への幣物のみ女官が包んでいたことは無関係ではないだろう。

平安時代以降公祭となった諸社の祭りでも内侍がみえる。延喜四時祭式上には天皇が祀るものとして「凡践祚大嘗祭為二大祀一、祈年、月次、神嘗、賀茂等祭為二中祀一、大忌、風神、鎮花、三枝、相嘗、鎮魂、鎮火、道饗、薗、韓神、松尾、

表3　諸社祭祀における女官

祭　祀	女　　官	内　　容	備　　考
八十島祭	典侍	典侍と蔵人が祭使として難波に向かう 御衣筥を持って行って筥の蓋を開き振る	乳母の典侍を選ぶ(『江家』)
春日祭	斎女(儀式のみ) 内侍	使として春日社に行き，神膳の盞をとり，酒をつぐ	藤原氏の内侍から選ぶ 闈司・女史・女孺が共に向かう
大原野祭	内侍	使として大原野社に行き，神膳の盞をとり，酒をつぐ	闈司・女史・女孺が共に向かう
園韓神祭	内侍 女蔵人	神物を奉る際に内侍と女蔵人が参進する	
平野祭	炊女 内侍	炊女が山人を迎える／神膳のための薦を敷く 神膳を供する	
松尾祭	内侍	松尾社東門の北腋座に着く(詳細未詳)	
賀茂祭	内侍	使として賀茂社に向かう	闈司・命婦・女蔵人が共に向かう
梅宮祭	内侍	使として梅宮社に行き，神膳を供する	
吉田祭	内侍	使として吉田社に行き，神膳を供する	

出典　『儀式』『延喜式』『西宮記』『江家次第』より作成。

平野、春日、大原野等祭為二小祀一」があげられている。また延喜内蔵寮式には、四時祭式に規定のない率川・鹿島・香取・大神・山科・当麻・杜本・当宗の祭りの際に内蔵寮から幣物を出すことになっており、摂関期にはさらに梅宮・吉田が加わって天皇によって祀られる祭祀となっていった[52]。これらの祭りはいずれも天皇の外戚や国家にとって重要な神社の祭りであることに特徴が見出され、天皇とその王権を守護するという限定された意図をもって成立した祭祀である[53]。

これらの公祭における女官の役割を一覧にしたものが表3である。表3をみると、先ほど『延喜式』にみえた諸社のうち女官がみえるものは八つである。なお、表にみえない神社については、公祭化されたものの官幣が奉られる程度で朝廷の関与は少なく[54]、女官が関与したとは考えにくい。公祭では主に内侍が「祭使」として、実際に社頭に赴き、神膳の盞をあけ神への酒を注ぐという行為を行っていた。内侍がどのような立場で祭祀に参加していたのかについて『西宮記』巻六上申日春日祭次第によれば、

氏人集二宿院一。次向二社頭一使等着二祓所一〈北面東上〉、上官着二外候院座一〈不氏人物不レ着〉。氏六位以下任次着到。幣使内侍等参進〈置二御垣外棚一〉。幣帛参二入於瑞垣前棚一〈再拝両段退〉、諸家幣入如レ前。（中略）、内侍参入〈令二同氏人催一、開二御膳蓋一。盛二酒蓋一奉二置御前一。別二盃、一盃夜醸酒。退出着二神殿前屋内座一、朝使幷内侍以為レ上〉。氏人朝使参入着座。

とあり、傍線部から天皇の使として朝使とともに着座していることがわかる。内侍は天皇の使として社頭に赴いていたのである。また、『儀式』巻一春日祭儀では「斎女及内侍自二鳥居出入一、宣旨以下破二却社西方柴垣一、開レ道出入」とあって、斎女と内侍のみが鳥居から春日社にはいることになっていた。斎女は藤原氏出身の女性で、神を祀るために遣わされている。[55] 斎女と同様に内侍も鳥居から参入するということは、内侍は単に天皇に遣わされた使ではなく、神を祀るための祭使であったということができる。

表3にみえる祭祀は即位の際にのみ行われた八十島祭を除いて、いずれも内侍が神前に進み出でて神膳と酒のことに奉仕するというものであった。内侍は天皇の食事の陪膳も務めていることから、現人神である天皇への陪膳とある意味では通じるところがあったのだろう。諸社への奉幣や天皇の祖先への奉幣といった天皇と特にかかわりの深い神や祖先を祀る際に、女性の持つ宗教的な力を必要としたのではないか。そしてそれらの神を祀る存在が、女性の中でも特に天皇に近侍し、宗教的な奉仕も行っていた内侍だったのではないだろうか。[56]

内侍所祭祀と女官

次に、摂関期以降さかんに行われるようになった内侍所神鏡に関わる祭祀を取り上げる。神鏡はもともと蔵司の掌るものであったが、蔵司長官を尚侍が兼任することが増え、内侍司が蔵司の職掌を吸収していく中で、平安時代初期ごろには神鏡を内侍が管理するようになった。[57] 内侍所の神鏡に関わる祭祀は、『師光年中行事』に「内侍所御供〈余月亦同。寛平年中始レ之。〉」とあることから、寛平年間には成立していたと思われるが、摂関期にかけて徐々に内侍所に安置された神鏡が伊勢神宮の神体であるという意識が高まり、神鏡に対する祭祀が行われるようになっていく。(58) 斎木涼子氏は、従来の祭祀は、天皇の権威を知らしめるための班幣や社頭への行列などの可視化された祭祀であったが、この内侍所神鏡の祭祀は内侍所で行われる非公開のものであり、他の祭祀とは異なる原理が働いているとする。(59)

『師光年中行事』にも記されている内侍所御供は毎月一日、内侍所において行われていた。その詳細な内容が東山御文庫本『日中行事』にみえるので次に掲げる。

一日、内侍所御供事

典侍以下一人・行事蔵人一人参二於内侍所一。次内蔵寮官人取二御供一、付二女官一、女官取レ之、付二女史一、女史取レ之、付二掌侍一、掌侍取レ之、居二於御前大床〔子脱カ〕一。畢女史鳴レ鈴、内侍申二御祈一。但此間　主上着二御直衣一、洗二御手一而向レ方御。以三内侍帰参申二供畢由一、為レ期。

早折櫃廿合、〈白米六合・精進物四合・魚類四合・菓子四合・紙二合・合別十帖、〉幣料絹二疋、納殿色紙幣帛四帖、台盤所紙幣一帖。

東山御文庫本『日中行事』によると、毎月一日に内侍一人と行事蔵人一人が中心となって、内侍所（温明殿）で御供が行われた。その内容は、内蔵寮が出した供物を掌侍が内侍所神鏡の前に供物をすえ、その後女史が神鏡の櫃についている鈴を鳴らし、内侍が御祈を申すというものである。内廷官司である内蔵寮が供え物を準備していること、傍線部に天皇が手を清めたうえで内侍所のほうを向いて儀式が終わるまで御し、内侍が御供が終わったことを天皇に申し上げるとあることから、天皇も内侍所御供に深く関与しているといえよう。また、下級女官である女官や女史から典侍、掌侍まで内侍所を候所としていた女官が多く参加している点も特徴的である。

さらに摂関期になると、毎月の御供に加えて内侍所御神楽が年中行事となっていく。寛弘二（一〇〇五）年以降は隔年で行われるようになり、長暦二（一〇三八）年からは毎年十二月に行われるようになっていった。その次第は、①天皇が出御し御拝座につく（殿上人が前後に候ず）、②（天皇出御の前に）大膳司の御飯・四種汁物・生物・干物・窪坏物・菓子を闈司・掌侍・典侍に付して神座に供し、その後内蔵寮の折櫃物を同じように供する、③天皇の御拝、④勧盃、⑤楽人・舞人らを召して神楽、⑥給禄、⑦還御、である。

まず注目されるのは、後半部分の神楽は年中行事となってから行われるようになった新しい要素であるが、③天皇の御拝までの次第は内侍所御供とよく似ているという点である。内侍所御供と比べると多くの女官が参加しているが、内蔵寮から折櫃に入れられた供物が出され、それを女官が受け取って神鏡に供える次第はよく似ている。また天皇の御拝の際には「御拝、両段再拝、女官引〻綱鳴〻鈴」とあり、内侍所御供と同様に女官が神鏡の櫃に巻かれた綱を引き、綱についた鈴を鳴らしている。

殿上人らも天皇と共に座についてはいるが、内侍所御神楽はあくまでも内侍所に納められた神鏡を祀るための祭祀であり、重要であったのは神鏡に供物をそなえ、天皇が御拝をするという儀式の前半部分だろう。祭祀の最も重要な部分は女官と天皇によって進められたところに内侍所御神楽の大きな特徴がある。

平安時代には、それまで行われていた班幣ではなく、特定の神社に対する奉幣祭祀が中心となっていく。奉幣使は男官が務めるが、特に重要な伊勢神宮と祖先山陵への幣帛は内侍が包んでいた。また天皇外戚神や王城守護神の公祭では、内侍が社頭に赴き神膳のことに奉仕をしていた。さらに、十世紀ごろから内侍所に納められた神鏡に関わる祭祀が盛んに行われるようになったが、この中心となったのも内侍である。このように平安時代に行われた天皇との関係が特に深い祭祀には、いずれも内侍が関与していることがわかる。天皇の神祀りは内侍を通じて行われる(60)という指摘もあるように、天皇が律令制祭祀から離れてより個人的な結びつきによる祭祀を行う際には、内侍が祭祀にかかわることが必要とされた。特に内侍が深く祭祀にかかわったのは、内侍が天皇に近侍して奉仕を行う女官であったこと、そして天皇が神を祀る神今食などの儀式で天皇に奉仕することができたのは采女と内侍といった女官のみであったことからして、天皇が神を祀る際には女性の持つ霊力が必要とされたからであろう。

おわりに

摂関期、天皇に仕えた女官は男官と協力しながら儀式における補佐役や天皇の身の回りのことに携わっていた。しかし大化前代や八世紀から女官が担ってきた役割は、徐々に蔵人・殿上人にとってかわられるようになり、儀式の中に形式的に残るのみとなっていく。それは、男官の主導性の確立というよりも女官が天皇と行動を共にする存在であるがゆえに、政務・儀礼の場に天皇を必要としない政治機構が整えられた結果起こったものであったといえよう。

その一方で、女官に特徴的な奉仕もみられる。まず、節会における采女陪膳や朝夕御膳の三把といった天皇の食事に関する奉仕である。これらの奉仕は、女官が食事の陪膳を行わなかった場合には天皇自ら行うなど、男官が代わりを務めることなく女官が必ず奉仕をしていた。天皇の食事は古くから宗教性を帯びたものであったが、それらの奉仕を担えるのが女官のみであったこと、そしてその奉仕が摂関期にも残存していたことは、女官の奉仕の性格を考えるうえで注目すべき点である。

また、平安時代以降天皇は貴族社会を構成した貴族を代表して祭祀を主導する存在となっていくと考えられている(61)。天皇が特定の神との関係を強めていく中、諸社の公祭や奉幣、内侍所神鏡に関わる祭祀などの新たな祭祀がさかんに行われるようになる。そのような新しく行われるようになった祭祀を補助したのは女官、なかでも天皇の最も側で奉仕をしていた内侍であった。女官が担っていた役割の多くが男官にとってかわられるようになる一方で、祭祀において女官はなくてはならない存在だったのである。女性の持つ霊力については議論があり、女性がそもそも宗教的な力を持っていたのか時代とともに宗教的な奉仕を担うようになっていったのかは今後の課題とするよりほかないが、平安時代以降祭祀のあり方が大きく変化する中で、女官に求められていたのは天皇が執り行った祭祀を補佐し代行することであったのだろう。

（1）吉川真司「平安時代における女房の存在形態」脇田晴子他編『ジェンダーの日本史』下、東京大学出版会、一九九五年（後に『律令官僚制の研究』塙書房、一九九八年所収）。
（2）吉川真司「律令国家の女官」女性史総合研究会編『日本女性生活史』一、東京大学出版会、一九九〇年（後に同右吉川書所収）。
（3）伊集院葉子「女性の「排除」と「包摂」―古代の権力システムのなかの女官―」『女性官僚の歴史―古代女官から現代キャリアまで―』（吉川弘文館、二〇一三年）。
（4）古瀬奈津子「昇殿制の成立」青木和夫先生還暦記念会編『日本古代の政治と文化』吉川弘文館、一九八七年（後に『日本古代王権と儀式』吉川弘文館、一九九八年所収）。なお昇殿制は朝堂院と内裏が分離したのち、宇多朝にかけて徐々に公的な意味合いを持つようになっていったもので、古瀬氏は宇多朝を画期として摂関をはじめとする殿上人や蔵人所などの天皇と私的関係にある政治機構が発展し、律令官僚機構を凌駕していったとする。
（5）土田直鎮「内侍宣について」『日本学士院紀要』一七―三、一九五九年（後に『奈良平安時代史研究』吉川弘文館、一九九二年所収）、春名宏昭「内侍考―宣伝機能をめぐって―」『律令国家官制の研究』（吉川弘文館、一九九七年）、前注（2）吉川論文。ただし、古瀬奈津子「平安時代の「儀式」と天皇」『歴史学研究』五六〇、一九八六年（後に前注（4）古瀬書所収）では、平安中期における政務・儀式の中での奏上について、政務は殿上弁や蔵人を通じて天皇に奏上されるのに対して、内廷諸司からの献上・奏上は内侍所に付して奏上することになっていたと指摘する。このように女官が蔵人にその役割をとってかわられるようになったとはいえ、それぞれに役割分担ができていたものと思われる。
（6）角田文衛『日本の後宮』（学燈社、一九七三年）。
（7）大津透『古代の天皇制』（岩波書店、一九九九年）。
（8）前注（1）吉川論文、中原俊章「中世の采女について」『中世王権と支配構造』（吉川弘文館、二〇〇五年）。
（9）前注（5）古瀬論文。

(10) 前注(2)吉川論文。
(11) 前注(5)古瀬論文。
(12) 『江家次第』巻一小朝拝。
(13) 大隅清陽「儀制令と律令国家—古代国家の支配秩序」池田温編『中国礼法と日本律令制』東方書店、一九九二年（後に『律令官制と礼秩序の研究』吉川弘文館、二〇一一年所収）。
(14) 前注(5)古瀬論文。
(15) そのほか『江家次第』巻一元日宴会儀をみると「御帳懸レ帷〈掃部女孺供二奉之一、上二東巽南坤西五面帷一、垂二乾北艮三方帷一、蔵人催レ之〉」「上二南殿格子一〈掃部女孺供奉〉、洒二掃殿上一〈主殿仕女供奉〉」など、掃部女孺や主殿女孺も儀式の場の舗設を行っていた。なお、主殿女孺の奉仕については2節で述べる。
(16) 前注(2)吉川論文。
(17) 『西宮記』巻八陪膳事。
(18) 大津透「節会の御まかなひの女房」『むらさき』四二（二〇〇六年）、折口信夫「宮廷儀礼の民族学的考察—采女を中心として—」『国学院大学紀要』一、一九三一年（後に『折口信夫全集』十八、中央公論社、一九九七年所収）では、国造の娘に端を発する采女は元々その国の神を祀る巫女としての性格を持ったもので、宮廷においては神である天皇に奉仕を行っていたとし、元々采女が強い宗教性を有していたとする。
(19) 西本昌弘「九条家本『神今食次第』所引の「内裏式」逸文について—神今食祭の意義と皇后助祭の内実—」『史学雑誌』一一八—一一、二〇〇九年（後に『日本古代の年中行事書と新史料』吉川弘文館、二〇一二年所収）。
(20) 前注(8)中原論文。
(21) 同右。
(22) 『西宮記』巻三廿八日駒牽では「王卿以下着二兀子一〈経二殿南幔外一着二殿坤角幄床子一、右大将経二殿後一着二同幄一（後略）〉」とあり、南側に座を設けていたことがわかる。
(23) 前注(2)吉川論文。
(24) 前注(1)吉川論文では、天皇の身の回りのことに女房がかかわっていたことのほかに、幼少期の天皇の添い寝や教育も上の女房が行っていたと述べる。
(25) 西本昌弘「東山御文庫本『日中行事』について」『日本歴史』七一六、二〇〇八年（後に前注(19)西本書）。
(26) 古尾谷知浩「古代の中央保管官司におけるカギの管理をめぐって」『続日本紀研究』二八八、一九九四年（後に改題して『律令国家と天皇家産機構』塙書房、二〇〇六年所収）。
(27) 中原俊章「中世の女官―主殿司を中心に―」『日本歴史』六四三、二〇〇一年（後に前注(8)中原書所収）。中原氏は、主殿女孺で出身のわかるものはほとんどが母娘関係にあるとし、采女との共通点を指摘する。
(28) 橋本義則「掃部寮の成立」奈良国立文化財研究所創立40周年記念論文集刊行会編『文化財論叢』Ⅱ（同朋舎出版、一九九五年）。
(29) 本文の東山御文庫本『日中行事』は芳之内圭「東山御文庫本『日中行事』にみえる平安時代宮中時刻制度の考察―「内豎奏時事」・「近衛陣夜行事」の検討を中心に―〔含翻刻〕」『史学雑誌』一一七―八、二〇〇八年（後に改題して『日本古代の内裏運営機構』塙書房、二〇一三年所収）の翻刻を引用した。
(30) 鈴木裕之「古代「火炬屋」論―衛士と夜間警備―」『日本歴史』八〇七（二〇一五年）。
(31) 鷺森浩幸「主殿寮と年中行事」『帝塚山大学人文科学部紀要』二二（二〇〇七年）。
(32) 佐藤全敏「古代天皇の食事と贄」『日本史研究』五〇一、二〇〇四年（後に『平安時代の天皇と官僚制』東京大学出版会、二〇〇八年所収）、芳之内圭「平安時代における内裏の食事」前注(29)芳之内書。
(33) 芳之内圭「日中行事「殿上台盤事」について」『ヒストリア』二四七（二〇一四年）。
(34) 東山御文庫本『日中行事』巳剋、供朝餉事。
(35) 『西宮記』巻八陪膳事にも「朝干飯陪膳、女房候、無二女房一者五位以上候〈正下者〉」と同様の記述がある。
(36) 前注(8)中原論文。
(37) 前注(32)芳之内論文。
(38) 前注(32)佐藤論文、前注(32)芳之内論文。
(39) 前注(1)吉川論文では、東山御文庫本『日中行事』にはみえないが、女房が天皇の入浴・着衣の事も担当していたことを述べる。

(40) 東山御文庫本『日中行事』巳剋、供朝餉事。

(41) 前注(18)大津論文。

(42) 岡田荘司「平安時代の祭祀儀礼」「平安前期神社祭祀の公祭化・上—平安初期の公祭について—」「平安前期神社祭祀の公祭化・下—九世紀後半の公祭について—」『平安時代の国家と祭祀』（続群書類従完成会、一九九四年）。

(43) 古尾谷知浩「古代の内蔵寮について」『史学雑誌』一〇〇—一二、一九九一年（後に前注(26)古尾谷書所収）。

(44) 義江明子「儀礼と天皇—内侍をめぐって—」『天皇制の原像』（至文堂、一九八六年）、田沼眞弓「平安時代の内侍と祖先祭祀」『女と男の時空　日本女性史再考　Ⅱおんなとおとこの誕生—古代から中世へ—』（藤原書店、一九九六年）、斎木涼子「十一世紀における天皇権威の変化—内侍所神鏡と伊勢神宮託宣—」『古代文化』、六〇—四（二〇〇九年）、同「摂関・院政期の宗教儀礼と天皇」『岩波講座　日本歴史　第5巻　古代5』（岩波書店、二〇一五年）。

(45) 采女の宗教性について言及するものは多く、前注(8)・(27)中原論文でも内侍や采女の持つ宗教的性格に注目され、その性格が古代のみならず中世の女官にも引き継がれていることを指摘する。一方で、采女の宗教性を否定した門脇禎二『采女』（中公新書、一九六五年）や義江明子『日本古代の祭祀と女性』（吉川弘文館、一九九六年）など女性が宗教性を帯びた存在であったという前提に基づく議論には批判も多い。

(46) ここで述べる内侍とは、内侍司の次官・判官である典侍・掌侍である。内侍司の長官である尚侍は十世紀には后の称号の一つとなっていき（前注(1)吉川論文）、内侍司の実務を担当するのは典侍以下となった。

(47) 内蔵寮官人が幣物を護ることは他の儀式には全くみえず注目される。

(48) 『西宮記』巻七臨時奉幣「内侍就二八省一令レ裹レ幣〈諸社幣、史及神祇官人、於二本官若宮城一裹レ之〉」。

(49) 服藤早苗「「別貢幣」の成立と変質」『日本史研究』三〇二、一九八七年（後に『家成立史の研究—祖先祭祀・女・子ども—』校倉書房、一九九一年所収）、吉江崇「荷前別貢幣の成立—平安初期律令天皇制の考察—」『史林』八四—一（二〇〇一年）。

(50) 前注(49)吉江論文。

(51) 前注(43)古尾谷論文では、神祇令にすでに神嘗祭の名前がみえることから八世紀には伊勢神宮への奉幣が行われていたとする。八世紀に内侍が幣物のことに関与していた史料は見つけられていないが、『続日本紀』養老五年九月乙卯（十一日）条「天皇御二内安殿一。遣レ使供二幣帛於伊勢太神宮一。以二皇太子女井上王一為二斎内親王一」の「内安殿」において内侍が幣物を包んでいた可能性は否定できない。
(52) 丸山裕美子「天皇祭祀の変容」『日本の歴史8　古代天皇制を考える』(講談社、二〇〇一年)。
(53) 前注(42)岡田論文。
(54) 岡田荘司「平安祭祀制の特質と分類」前注(42)岡田書。
(55) 前注(44)義江論文。
(56) 前注(44)義江論文は、内侍は天皇のために神祀りを行う存在であり、平安時代の天皇の宮廷内外の祭祀の発展・肥大化を支えたのは内侍であったとする。
(57) 前注(44)田沼論文。
(58) 前注(44)田沼論文、前注(44)斎木両論文。
(59) 前注(44)斎木二〇一五論文。
(60) 前注(44)義江論文。
(61) 前注(7)大津書。

2章　摂関期の立后儀式——その構造と成立について

伴瀬明美

はじめに

日本における立后儀式が整えられたのは、弘仁九（八一八）年以前に制定された『内裏儀式』だったと考えられている。(1)『内裏儀式』の本文は多くが失われているが、『本朝法家文書目録』に記載された篇目に「冊命皇后式」があるためである。その内容については、「冊命皇后式」という名称が『大唐開元礼』の篇目名「嘉礼　臨軒冊命皇后」を参照したと思われるほか、所作に「再拝」が取り入れられている点も唐礼に倣ったものであり、唐礼の強い影響を受けたものであったと考えられている。(2)

皇后をめぐる儀礼はその後、弘仁十一年に服制が定められ、弘仁十二年制定の『内裏式』において元日朝賀への皇后の臨席、皇后への拝賀等が定められるなど、弘仁年間における朝廷儀礼への唐制受容の一環として整備が進められた。これらは嵯峨天皇皇后橘嘉智子の立后にともない、嵯峨天皇による嘉智子を頂点とした後宮制度の構築と相まって行われたと考えられている。(3)

ところが、儀礼が整備された途端というべきタイミングで、妻后である皇后の立后が行われなくなる。(4)妻后の立后がない期間に制定された『儀式』においても立后儀が立項され、それがまとまった式文として伝わっているものとしてもっとも古い式次第だが、その内容は以前の儀式書をほぼ踏襲するものだったと推測される。(5)

しかし、醍醐天皇治世に妻后の立后が再開されて以降、妻后の立后が通例化し、十・十一世紀の摂関期の天皇は、朱雀・花山の二人を除いて妻后皇后を立てた。この時代には『西宮記』を皮切りに『北山抄』『江家次第』といった私撰の総合的儀式書が編纂されるが、それらにみえる立后儀式には、前代の公的儀式書が定めた宣命宣制のほかにさまざまな次第が加わっている。そのことは、十世紀以降、数多く残存するようになる貴族の日記に詳細に記録されている立后関係記事からも裏付けられる。

摂関期の皇后は、政治史的視点——王権周辺の権力闘争史的視点——からみれば、天皇とのミウチ関係を築こうとする貴族たちが争奪の対象とした地位であった。貴族の日記に立后関連記事が書き残されたのもそのためである。しかし、古代日本における皇后の歴史のなかに摂関期の皇后を位置づけようとすると、甚だ心もとない像しか浮かばない。摂関政治との関係で、妻后としての皇后より母后の方が研究上でも注目されているという事情もある。

天皇家における皇后の位置と役割を中国との比較も含めて考察した梅村恵子氏は、日本の皇后には本来的に特別な役割、皇権維持のために負うべき責務がなく、天皇の唯一の正妻ではなく、基本的にはあまたの天皇配偶者のなかで筆頭者にすぎなかったとし、それでも天皇の配偶者にして「皇位継承候補者の母」の地位であった皇后位だが、それは摂関期においては、皇位継承者を確保できない摂関にとっての次善の持ち駒にすぎなくなった、と論じた。(6)また、記紀の時代から十一世紀前半までの皇后の変遷を皇位継承との関連という分析視角によって考察した山本一也氏は、皇后が常置された摂関期においては、皇嗣の母たるキサキとそうでないキサキの格差を示すには皇后—女御という序列があれば十分であり、皇后は前代の女御とほぼ同じ位置づけになったといってよいのではないかと指摘している。(7)

摂関期の皇后は、貴族間の勢力抗争の的であるゆえに后位の行方が注目されることはあっても、卓越した権威や〈争奪

成立時期を明らかにし、摂関期における皇后をとらえなおす材料としたい。
存在だったのか。それを解き明かすための一歩として、本章では、摂関期の立后儀式の在り方、その儀式としての特質や
対象として以外の）存在意義は見出しがたい地位であった、ということになるだろう。摂関期における皇后とはどのような

1　立后儀式の次第――『江家次第』「立后事」から

摂関期の立后は、前述のように摂関時代政治史における重要な要素であったために、これまでの立后をめぐる研究は、誰がどのように立后したかという経緯や背景が対象とされてきた。したがって、立后儀式については、たとえば後に言及する啓陣に関する研究[8]など、次第の一部が取り上げられることはあるものの、摂関期の立后儀式全体を対象とした考察は行われていない[9]。

摂関期の立后儀式について、もっとも体系的かつ詳細に次第を記しているのは、平安時代儀式書の集大成というべき『江家次第』「立后事」である。成立年代から考えると『江家次第』が実際に参照されたのは院政期以降であるが、『江家次第』「立后事」には後朱雀天皇中宮藤原嫄子の立后[10]や後冷泉天皇皇后藤原寛子の立后[11]の例が引かれており、摂関時代の立后儀式の在り方をふまえたものと考えられる。後述のように『江家次第』が立后儀式のすべてをカバーしているわけではないが、まずはこれを核とし、摂関期のものを中心とする古記録に記された立后儀式に関する記事から補いながら摂関期の立后儀式を復元し、その次第と内容を検討していきたい。次頁の表は、『江家次第』に記された諸次第を便宜的に項目として抜き出して番号を付し、儀式の場によって分け、時間軸に即して配置したものである。

ただし、『江家次第』をはじめ立后儀式を載せる儀式書すべては立后前日から始まるため、それをもとに次第を復元すると、摂関期の立后儀式で必ず行われたことが抜けてしまう。すなわち、立后予定者のもとに立后が決まったことを知ら

せる宣旨が勅使によってもたらされ、立后日より前に立后予定者が里邸などに内裏から退出することであり、『江家次第』もこれを前提としている。したがって、これらを「⓪立后宣旨」「⓪´立后予定者退出」とし、ここから立后儀式の検討を始めたい。

内　　裏	本　　宮（新后御所）
①所司召仰，宣命草作成	
②宣命作成・宣命使定	
③宣命宣制	
	④勅使参宮
⑤宮司除目	（⑤´宮司啓慶）
	⑥調度類の運び込み・舗設
	⑦炬火屋・時簡・御膳棚の設置
⑧啓陣召仰	
	⑨新后着座・拝礼
	⑩饗宴・給禄
	⑪大殿祭
	⑫供膳・手水
	⑬名謁
	⑭女房諸役・侍・職事以下補任，女房等饗

⓪立后宣旨

立后を告げる宣旨が立后予定者のもとにもたらされる。この儀は「立后兼宣旨」と称され、摂関期に関する研究においても用いられている。[12] しかし実際のところ、「立后兼宣旨」「兼宣旨」という名称は『小右記』『御堂関白記』『権記』『左経記』等摂関期の古記録の記文にはみられない。[13]

立后を告げる宣旨は、天皇の命を受けた蔵人が立后予定者である女御や尚侍の曹司（居所である殿舎、弘徽殿や藤壺など）に出向き、伝える。宣旨の内容は、一条天皇中宮藤原彰子の事例では「以㆓女御㆒可㆑為㆓皇后㆒、定㆓申宣日㆒」（『御堂関白記』長保二年正月二十八日条）というもので、その場には立后予定者の後見人（父など）がおり、実質的に彼らにも伝えられるものであった。定め申すべき日とは具体的には宣命宣制が行われる日であり、宣旨の目的が立后の決定を伝えるとともに立后日時の勘申を命ずることにあったことがわかる。立后日時の決定が后側にゆだねられるということは留意しておくべきである。そして、立后当日までに、立后予定者は里邸などに退出する（⓪´）。

①所司召仰、宣命草作成

立后前日、大臣が天皇の命を奉じ、外記を通じて関係所司に命を下す。また、内記に宣命草の作成を命ずる。『江家次第』本文には「以上近代或当日早旦行ㇾ之」とあるが、摂関期において、所司召仰は当日ではなく前々日などに行われている事例が多い。また宣命草は、立后当日、内弁が天皇の仰せを奉じてから作成されている[14]。

②宣命作成・宣命使定

立后当日、大臣が宣命草、次いで清書を奏して宣命を完成させる。また陣座において宣命使を定める。

③宣命宣制

天皇が南殿に出御し、南殿の前庭に列立した王卿等の前で宣命使が立后宣命を二度にわけて読み、そのたびに王卿等が称唯・再拝する（両段再拝）。その後、人々は退出し、天皇は清涼殿に還御する。皇后を定めたことを宣命つまり天皇の言葉によって王卿以下百官、天下公民に知らしめる儀式であり、立后儀式の中核である。公的な儀式書における立后儀式の記載は、ほぼこの宣命宣制のみであり、『西宮記』以降の私撰儀式書においてもこの儀は詳述されている。この儀こそが立后そのものであることは、立后儀式を記す古記録の記文中で、立后予定者が宣命宣制の後に「宮」と称される[15]ことからも明らかである。

宣命宣制儀は上述のように立后儀式を載せるすべての儀式書にあるが、宣命宣制儀の進行次第には大きな変化はみられない。大きく変化しているのは儀式の参加者で、『新儀式』では親王以下五位以上は南殿庭中に列し、六位以下は承明門外において両段再拝することになっているが、摂関期には、この儀に参入するのは王卿以下諸大夫までであり、六位以下は参加していない[16]。ここからは本宮で行われる次第も記される。

④勅使参宮（実際の時間経過を勘案して『江家次第』の記述と順番を替えた）

宣命宣制の後、次将が勅使となり、本宮に宣命の由が告げられる[17]。この勅使は新后と「親昵之人」がつとめるものであったとされる。[18] 本宮では勅使の座を設け、禄を給う。

⑤宮 司 除 目

蔵人が大臣を召し、天皇御前で、または摂政がいる場合はその直廬に大臣を呼び、中宮職の宮司[19]（大夫・亮・進等）を任ずる除目を行う。『西宮記』に「本宮進名簿」とあるように、宮司の人選についてはあらかじめ新后側から名簿などが上進されていた。[20] 除目は陣座において清書され、奏聞を経て式部官人に下されるが、清書を奏した後、新宮司達は弓場殿で奏慶を行う。⑤´彼らはこの後本宮に向かい、啓慶したのち、本宮における儀式の行事にあたる。

⑥調度類の運び込み・舗設

蔵人が使いとなり倚子一脚・大床子二脚・師子形二・挿鞋一足、膳具の銀器・台盤等が本宮に運び込まれる。倚子は紫檀地螺鈿のつくりで、座面に敷く白織物の敷物と、倚子の下に敷く毯代およびその四隅を押さえる鎮子四枚がそえられる。大床子は塵蒔螺鈿のつくりで、座面に敷く蛮絵の高麗褥があり、その上に敷く円座一枚がそえられる。使者の蔵人に対しては宣命の勅使と同様に座が設けられ、禄を給う。使者が庭に降りて再拝し退出すると、調度の舗設が行われる。御帳台の南面の茵・帖（日来の平敷の御座、すなわち「昼御座」にあたるものだろう）を、唐櫛笥を残して撤し、そこに倚子を立てる。挿鞋を鏡台の下に置き、師子形[21]を御帳台の南面の帳の左右に置き、大床子二脚を御帳の東の端に東西を妻として立てる。

これらの調度は、後出の拝礼や供膳に用いられるものである。三条天皇皇后藤原娍子の立后にあたって蔵人が挿鞋しか持参しなかったことについて、藤原実資が「見二度々例一、大床子・師子形自レ内被レ奉、而左府妨遏、仍本宮令レ造」（『小右記』長和元年四月二十七日条）と記していることから、調度類が天皇から贈られるものであったことがわかる。

調度類のうち倚子については、三条天皇中宮藤原妍子立后の事例では「掃部供二御倚子一」（『御堂関白記』長和元年二月十四日条）とみえ、後一条天皇中宮藤原威子立后の事例では「御倚子掃部寮供レ之」（『御堂関白記』寛仁二年十月十六日条）とあるように掃部寮が調備し、威子の事例では「大床子従㆓蔵人所㆒、御挿鞋内蔵寮供㆑之」と記されることから、大床子は蔵人所、挿鞋は内蔵寮によって調備されたと考えられる。それらをまとめて蔵人が本宮に運ぶが、蔵人がもたらす調度のなかに倚子が入っていない事例もあり[22]、藤原妍子立后の際には掃部寮によって倚子が舗設されていることから、倚子は掃部寮によって本宮に供されたケースがあったと推測される。しかし、大床子に関しては、記録が残っている十～十一世紀の諸事例すべてにおいて蔵人所が調備し、蔵人所によって運び込まれている。

⑦炬火屋・時簡・御膳棚の設置

炬火屋（火炬屋）が修理職によって庭に建てられ、時簡と御膳棚が中門腋に立てられる[23]。炬火屋は夜間にかがり火をたき、衛士が詰めた場所である[24]。清涼殿の炬火屋は主殿寮の管轄下にあり、主殿女官が灯火を管理していた[25]。なお、灯火に関しては、『江家次第』「立后事」には記載がないものの、円融天皇中宮藤原遵子立后の本宮の儀において、寝殿の御簾外に灯台で灯していた明かりを主殿女嬬が釣り灯楼（「灯炉」とも）に替えることが行われている[26]。この次第に関しては摂関期の他の立后にはみえないが、院政期の立后でも主殿女嬬が灯台を徹して釣り灯楼に替えている事例がみられ[27]、また院政期の多くの立后において主殿女官が釣り灯楼を掲げていることから[28]、十・十一世紀を通して継承されていたと思われ、これも立后にともなって行われる次第の一つであったと考えられるだろう。

時簡に関しては、清涼殿の殿上に置かれていたことは広く知られているが、皇后在所にも時簡が置かれ、後出の次第に「奏時」があるように、これによって時の奏が行われていたことがわかる[29]。

御膳棚も清涼殿の殿上に置かれていた。東山御文庫本『日中行事』[30]によれば、辰時に四衛府日次供御所から進上される御贄を当番の府生が御膳棚に置き、それがさらに御厨子所に付される旨が記されている。摂関期の后の御膳棚の使われ方に関する史料は見出せないが、崇徳天皇中宮藤原聖子立后の際、中門北腋に「御贄棚」が立てられたことがみえる[31]。この「御贄棚」は、炬火屋・時簡と併記されていることから『江家次第』の「御膳棚」と同じものと思われ、それが「御贄棚」

と称されていることから、皇后の「御膳棚」は清涼殿上のそれと同じく御贄の献上に用いられたと考えられるだろう。

⑧啓陣召仰

大臣が陣座において、近衛・衛門・衛府ごとに左・右の将・佐を呼び、啓陣を命じ、命を受けた衛府官人以下が本宮に向かう。(32) なお、立后儀における啓陣は三日間とされ、四日目に禄を賜って本府に帰る。(33)

⑨新后着座・拝礼

内裏から王卿以下が本宮に参り、宮亮を通じて立后の慶を啓し、皇后から返答を得る。この間、皇后は白織物の唐衣、白の羅の裳という装束で、挿鞋を履き、倚子の座に着す。このとき皇后はあらかじめ髪を結い上げている。王卿以下が前庭に列立し、再拝して御前から退出する。

ここから本格的な本宮の儀式が始まる。皇后が倚子に着すと、王卿以下は御前の庭に列立して再拝する。新后在所に倚子が設置されるのは、この拝礼のためである。(34) 通常靴を履かずに起居する殿舎のなかで、あえて靴を履き、倚子に着するという形態で拝礼を受けるのは天皇と后のみである。天皇の場合、清涼殿で天皇が倚子に座して拝礼を受ける際（小朝拝、皇太子・内親王の初覲）には靴を履いて倚子に着す。(35) 靴を履かない殿舎内で靴を履く理由は、倚子への着座が靴を履いて往来する基壇や土間に座を設けるとき座面を上げる必要があったことに由来しているという指摘から考えると、(36) そもそも倚子と靴とが基本的にセットの関係にあったためではないかと推測する。

立后時に拝礼を受ける際の皇后の装束が白であることは「白御装束」(37)「白き御装ひ」(38)として摂関期の古記録や物語類にみえるが、『江家次第』のように具体的な装束の内容は記されていない。しかし唐衣と裳を身につけることは女房装束における正装であり、それらは上半身・下半身それぞれの一番上に羽織るものであったため、これらが白色であることが「白御装束」と称された可能性は考えられる。そもそも皇后の服制は弘仁十一（八二〇）年に至って天皇の服と共に定められ（「皇后以二帛衣一為二助祭之服一、以二褘衣一為二元正受朝之服一、以二鈿釵礼衣一為二大小諸会之服一」）(39)、これによれば、立后時の服は鈿釵礼衣にあたると考えられるが、(40) 鈿釵礼衣は白衣ではない。しかし平安中期以降、女性の出仕のための装束はいわゆる女房装束になっており、摂関期の立后儀式における皇后の装束は、それをふまえたうえで、古代日本において貴色とされた白が意識されたのではないだろうか。

摂関期の立后時における皇后自身の理髪については、同時代の古記録等に詳細な記事がなく、具体的にどのような髪形に仕上げるのが正儀であるのか不分明である。藤原遵子の立后時の理髪具に「白簪」(41) とみえ、藤原威子の立后の際に姉である彰子から「御額」(42) が送られていること、『枕草子』に一条天皇中宮藤原定子の正装の際の描写として「御額あげさせたまへりける御釵子」(43) とあること、「額」と「釵子」の組み合わせに関して、院政期の立后の事例に「額許上㆓給之㆒、釵子緒用㆓白糸㆒如㆑例」（『殿暦』嘉承二年十二月一日条）とあることから、前髪を結い上げ、「額」を当て、釵子で留めたような状態かと思われる。また釵子につける緒には白糸が用いられたことがわかる。なお、理髪役には天皇の乳母である典侍などが派遣されて奉仕したことが多くの事例にみられる。

⑩饗宴・給禄

拝礼に参集した人々に亮が饗の儲けがあることを告げ、人々は対屋の母屋・庇・廊下にかけて官位別に設けられた座に着座し、饗宴が行われる。宮司や新后の近親者が勧杯をつとめる。次いで公卿以上を御前の簀子に召して穏座に移行し、御遊があり、最後に、本宮に参集した人々に官位に応じて禄を給う。

⑪大　殿　祭

神祇官が宮司の案内によって大殿祭を行う。「或先是奉仕也」とあることから、大殿祭は本宮での儀式が進行するなかで、適宜、行われるものであったようである。大殿祭は宮殿に災異がないよう祈り祓うもので、立后時のほか新嘗祭・神今食・遷幸・立太子・斎王卜定などの際に行われるとされる。摂関期の立后に関する古記録には記事が残らないが、『西宮記』「立后事」にも「神祇祭殿」とみえる。

⑫供膳・手水

新后に御膳が供される。采女六人が簀子を経て御簾のもとへ運び、そこで女蔵人に渡し、女蔵人六人が伝え取って、大床子の前の台盤（台がついた、テーブル状の台盤）に供した。陪膳は皇后側の上臈女房がつとめる。皇后は御帳台の後ろを経て大床子に座し、膳に箸を立て、座を立つ。御膳を徹し、次いでまた夕膳を供する。

摂関期の立后における供膳の在り方について具体的な記述がある記録等は残っていないが、院政期の事例を参照すると、(44)采女たちが御膳宿(45)から一の台盤、二の台盤（いずれも台付き）をそれぞれかついではこび、女蔵人が伝え取って一の台盤は大床子の前に東西妻に、二の台盤は一の台盤の右側に南北妻にして大床子の前に据え、その上に、食物を乗せた六枚の台盤（お盆）を乗せて供したと思われる。寛平～天暦期の「蔵人式」や東山御文庫本『日中行事』などをもとに天皇の毎日の食事について考察した佐藤全敏氏(46)によれば、この時期、天皇は午刻に朝膳、酉刻に夕膳と儀式的な供膳があり、それは大床子の前に台付きの大（台）盤を運び、その上に、盤を並べるものであったという。立后儀式での供膳の形態には不明な点も多いが、采女の奉仕や大床子の前の台盤二脚の置き方などは天皇への儀式的な供膳である朝夕御膳の在り方と相似している。

なお、『江家次第』では供膳のあと、これを徹して夕膳が供されているが、これは天皇と同様に一日二度の儀式的な食事を供したという意味ではないかと考える。ただし、上述のように摂関期の立后に関しては史料が乏しく、供膳に関する記述が残っている妍子・威子の立后では供膳は一度しか記されていない。よって十一世紀の初めごろまでは立后当日に二度の供膳が行われていたかどうかは不明である。しかし、威子の事例において「供二昼御膳一」（『御堂関白記』寛仁二年十月十六日条）という表現がみえ、東山御文庫本『日中行事』においては、天暦期までの「蔵人式」で「朝御膳」と称されていたものが「昼御膳」と称されていることを考え合わせると、威子の立后では、「昼御膳」を供した後に夕御膳の供進があった可能性もあるだろう。

供膳の後、御手水がやはり大床子で供される。この点も天皇と同じである。

⑬名謁

格子を下ろした後、名謁が行われる。摂関期の立后に関する記録では、格子を下ろすことについての記述はない。しかし、女房日記類においては、後述のように摂関期の后の在所における御格子の上げ下げを掃部の女官が行っていたことがみえ、院政期の立后では掃部女官が格子を下ろしていることが記されているので[47]、立后日の格子も掃部司が行ったと考えられる。

摂関期の立后事例における名謁は藤原遵子の立后の際にみえるが、行われたのは立后三日目であった[48]。院政期の立后では宮司等を対象とした名謁が行われている[49]。

⑭女房諸役・侍・職事以下補任、女房等饗

『江家次第』には新后女房中の重役（御匣殿、内侍、宣旨）は大夫が亮に命じて任人本人に告げる形で補するとあるが、摂関期の実例においては、遵子の立后に際してはこれらが令旨によって補され、彰子の立后に際しては、内侍のみ奏聞によって宮司除目につづいて補されている[50]。侍や職事の補任は、摂関期の立后については記録上にみえない。院政期の立后例には散見するため、立后儀式の一環となったのは比較的遅かったと考えられる。なお、皇后にも日給簡が作られたことが藤原遵子の立后の際にみえる[51]。

そして、『江家次第』の最後には、女房に衝重、皇后宮の家政機関所々に屯食が供されることが記される。以下は儀式書には記されないが、古記録の立后記事では立后儀式に付随してみられるものである。

⑮三日間の饗

藤原妍子・藤原威子の立后において行われたことが古記録から確認できる[52]。いずれも立后当日と同様、公卿・殿上人が参集している。

⑯内裏への還啓

新后は吉日を選んで入内する。入内した際にも新后によって饗宴がもうけられ、禄が支給される。この饗は公卿・殿上人を対象とするが、藤原遵子の立后後初入内の際には、内裏の女房・女官への饗・禄が行われた(53)。

他に、諸社奉幣、藤原氏の后なら勧学院学生・興福寺僧の参賀などが古記録にみられ、広く知られているが、ここでは立后儀式に直接関わるものを扱うにとどめる。

2 摂関期の立后儀式――儀式の意義

内裏における儀式＋本宮における儀式

上述のように、摂関期の立后儀は、内裏紫宸殿および前庭における宣命宣制を中心とする儀と、新后在所（以下「本宮」とも称する）における拝礼その他の儀式（以下「本宮の儀」と称する）(54)との二段階構成になっている。

本宮の儀は必ず宣命宣制の当日に行われており(55)、宣命宣制―新后への拝礼―新后からの賜宴・賜禄が一連の立后儀式として認識されていたと考えられる。宣命宣制と本宮における儀式が一連のものという認識は、⓪立后宣旨のなかに立后予定者側で宣命宣制の日時を決めるべき旨が含まれていることにも表れている。饗宴・禄など、本宮の儀は立后予定者側における準備が不可欠であるためと思われる。

立后は宣命宣制によって成立するが、そもそも立后宣命は、「某を皇后にする」旨を群臣に告げるものであり、皇后となった本人はその場にいない(56)。宣命宣制に参集した王卿以下は連れ立って本宮に参り、新后に対して拝礼を行い、新后から饗と禄を賜る。拝礼と賜宴・賜禄が君臣関係・主従関係の構築・確認の意味をもつということは共通認識となっており、立后本宮の儀における拝礼・饗宴・賜禄もそうした意味をもったことが指摘されているが(57)、宣命宣制と本宮の儀が一連のものとして行われることは重要であり、宣命宣制につづく本宮の儀は、新たに王権中枢に加わることを宣言された皇后が直接、王卿以下との間に君臣関係を取り結ぶ意味をもつものとしてとらえなおすことができるだろう。

「本宮の儀」の意義

前節で明らかにしたように、本宮の儀は立后儀式の諸次第のうち大きな割合を占めている。その意義の一つは前項で述べたが、本宮の儀には他の側面でも重要な意義があったことが指摘できる。

皇后在所としての威儀の整備

本宮の儀に表題のような側面があったことは、すでに中町美香子氏によって指摘されている。中町氏は、立后時および后宮在所における啓陣の意義を考察するなかで、『江家次第』「立后事」における次第を参照し、「公卿の参宮や拝礼、饗禄、大殿祭、御膳、名謁、時奏、女官・侍・職事等の補任などのほか、調度（御倚子、大床子、師子形、御挿鞋など）が運ばれ、炬火屋、時簡、御膳棚が立てられる等の、后宮の身位に応じた在所の変化が記されるが、啓陣が遣わされ候することも在所の大きな変化といえる」(58)と述べ、また啓陣・炬火屋が后位在位中にかぎり設置されていたことを明らかにし、それらが設置されていることが后宮の権威を象徴する身分標識としての機能を果たしたと指摘した。よって屋上屋を架すことになるが、ここでは前節における立后儀式全体にわたる考察をもとに、改めて本宮の儀における〈皇后在所としての威儀の整備〉という側面について論じたい。

⑥で述べたように、立后にともない、本宮にはさまざまな調度類が運び込まれて舗設され、御座の様相が改められた。(59)倚子については、⑨で詳述したとおり、立后儀式の象徴といえる。ただし倚子は立后時以外の所在は不明であり、后の在所に常時のしつらえとして置かれていたわけではないと思われる。大床子は儀式書から天皇と后が使用したことが明らかにされている。(60)また師子形も、古記録や『禁秘抄』に紫宸殿と清涼殿の御帳台の帳に鎮子として置かれたことがみえるこ

とから、天皇と后の御帳台にのみ用いられたと思われる。

これら本宮に運び込まれる調度類は、歴史物語や女房日記において、后となったこと、后であることの証としてしばしば描かれている。左は三条天皇中宮藤原妍子の立后における本宮の儀を描いた『栄花物語』「ひかげのかづら」の一節である。

> 宮の御前、白き御装ひにて、大床子に御髪上げておはしまし、御帳の側の獅子狛犬の顔つきも恐ろしげなり、

次は、おなじく『栄花物語』「かかやく藤壺」で、立后後はじめて入内した一条天皇中宮藤原彰子の曹司藤壺の様子を描いた一節である。

> このたびは、藤壺の御しつらひ、大床子立て、御帳の前の狛犬なども、常のことなから目とまりたり、

皇后となって藤壺に戻り、女御時代とはしつらえが異なった晴れがましさが描かれる。ここからは、大床子や師子形が后の在所の常のしつらえとして后自身にともなって移動されていたこともうかがえるだろう。

炬火屋や陣屋についても、大床子や師子形とともに描かれている。妍子の立后に関する前掲の一節の後には、「御前に火焚屋据ゑ、陣屋造り、吉上のことごとしげに言ひ思ひたる顔気色より（中略）さまざまことごとしけに見えたり」とあり、この妍子の後に立后した三条天皇の糟糠の妻娍子の有様を三条天皇がながめる場面（「ひかげのかづら」）でも、

> 御前に火焚屋かき据ゑて、大床子などのほどのけはひ、上の御前に御覧ずるも、「かうてこそは見たてまつらむと思ひしか……」

と描写され、大床子や師子形、そして炬火屋、啓陣などが后位の象徴として描かれている。

歴史物語を史料として古記録と同様に扱うことはできないのはもちろんだが、このように物語のなかで繰り返し描かれることこそが、大床子、師子形、炬火屋、啓陣等が后位の象徴として認識されていたことを示しているといえよう。

このように、大床子、師子形、炬火屋、陣屋などは、前節で指摘した時簡[61]、御膳棚と共に、后位を象徴するものであっ

たが、ここに付け加えたいのが殿舎の灯りとしての灯楼（灯炉）である。本宮の儀において主殿女孺が灯台を撤して灯楼に火をともす次第があったことを先に指摘したが、院政期の事例において「主殿女孺参上、撤㆓灯台㆒南階灯炉供㆑灯、依㆓冊命以後㆒也」（『吉記』寿永元年八月十四日条）と記されていることから、清涼殿同様、灯楼を用いて殿舎の灯りとすることも立后の証だったといえよう。

宣命宣制当日に諸調度が新后在所に運ばれ、諸施設が設営されることは、通常の邸宅を皇后在所に転化させる意味をもち、本宮の儀が皇后在所としての威儀を整えるという意義をもっていたことを示す。また、立后に際して運ばれる調度類、設置される設備等に天皇のそれと共通するものがみられることは注目される(62)。三種神器をはじめとする皇位のレガリアとは別の、王権のレガリアというべきものの存在を指摘できるだろう。

所司による供奉の開始

前項に密接に関連するが、本宮の儀で行われる次第がもつもう一つの側面は、所司の新后への〈供奉始〉ともいうべき点である。本宮への啓陣もその一つだが、本宮の儀の諸次第における内廷官司官人の奉仕は、新后への最初の奉仕でもあった。主殿女孺による灯りの交換、掃部寮による鋪設や格子の上げ下げ、采女の役供等である。また、『江家次第』にはみえないが、内膳司の奉仕もその一つである。立后当日における内膳司の動きについては摂関期の立后関係記事にはみえないが、堀河天皇中宮篤子内親王の立后に際して、陣屋・炬火屋を立てる記事の後に「内膳屋立後、供㆓御膳㆒」（『中右記』寛治七年二月二十二日条）とみえる。天皇の儀式的な供膳は内膳司が中心となって調備したとされる(63)ことから、天皇と同様に大床子における儀式的な供膳が行われた皇后にも同様の内膳司の奉仕があったと考えられるだろう。摂関期についても、藤原遵子が立后後に里邸四条殿から内裏に戻った後、それまで四条殿に祀られていた中宮御竈神を内膳司官人・宮主・中宮司らが内裏内膳司に移している記事がみえる(64)。立后によって新后在所には内膳竈神が祀られ、内膳司が儀式的な御膳の調進に奉仕したことがうかがえる。

なお、内廷官司の奉仕は、この日のみのハレの儀礼だったわけではない。后の日常生活における内廷女官の奉仕に関しては古記録に記述を見出しがたいが、女房日記の類には多くの事例がみえる。『枕草子』一〇〇段「淑景舎、東宮へまゐりたまふほどの事など」には、登花殿にいる中宮藤原定子をその妹で東宮居貞親王の妃となった原子が訪ねた際、原子の御手水を彼女の童女・下仕といった私的な侍女が運んできたのに対して、定子の御手水には「番の采女」が裳・唐衣に裙帯、領巾といった服装で奉仕した様子を対照的に描き、中宮の御手水のありようを「おほやけしう、唐めきてをかし」と記している。同じく『枕草子』二六〇段「関白殿、二月二十一日に、法興院の」には定子の朝の様子が次のように描かれる。

掃部まゐりて、御格子まゐる。主殿の女官御きよめなどにまゐり果てて、起きさせたまへる……

これは定子が里邸に退出していたときのことであるが[65]、毎朝、掃部女官が格子を上げ、主殿女官が掃除をしていたと思われる。内廷官司の奉仕は里邸などの行啓先でも行われたことがわかる。

『紫式部日記』にも、中宮藤原彰子が一条第で生んだ皇子の五日夜の産養に、「采女・水司・御髪上げども、殿司・掃部の女官、顔も知らぬをり、闈司などやうのものにやあらむ……[66]」といった女官たちが、儀式の様子を見ようと寝殿の縁や渡り廊下まで入り込んでいる様子が描かれる。紫式部が「顔も知らぬ」女官もいたと記しているが、この表現から逆に、多くの女官たちは日ごろから式部らが見知るほど日常的に中宮彰子に仕えていたといえるだろう。本宮の儀は、以上のように、彼女ら女官を中心とする内廷官司が后への奉仕を始める儀でもあった。

3　摂関期立后儀式の成立時期と背景

それでは、このような立后儀式はいつごろ成立したのか。この問題についても、中町美香子氏が啓陣の考察にあたり

「本宮」の場所を明らかにする目的から、『西宮記』以降にみられる里邸での儀式がいつから始まったかについて考察している。内裏における儀式と本宮の儀式が一連の立后儀式であった摂関期立后儀式の成立時期を探るにあたって、本宮における儀式の開始時期が重要であることはいうまでもない。

中町氏は『御産部類記』所引「九条殿記」天暦四（九五〇）年六月二十六日条から、醍醐天皇女御藤原穏子が立后時に里第にいた可能性が高い一方、穏子より前の妻后の立后は淳和天皇皇后正子内親王であり、その際は宣命宣制後に天皇が紫宸殿に出御して宴を賜っているなど異なった次第であったと考えられることを論拠とし、さらに円融天皇中宮藤原遵子が立后後初入内の際に勘申された「本宮慶賀例」が「延長元年（穏子立后、九二三年）以来例」であり[67]、一条天皇中宮藤原彰子の立后時にも、藤原穏子以降藤原定子までの先例が天皇に進上されたことも傍証として[68]、立后の「本宮」が里邸等の内裏外となったのは穏子の立后以降であろうと結論した[69]。本宮の儀あっての初入内（それにともなう「本宮慶賀」）であり、蓋然性の高い結論である。立后儀式が内裏と本宮の二段階構成である摂関期の立后儀式の形態が行われたのは穏子以降と考えてよいであろう。穏子の次に立后された妻后藤原安子は、内裏の儀＋本宮の儀の形態になっていることが記録からも確認できる[70]。

では、なぜ穏子以来、立后儀式が内裏での宣命宣制と本宮の儀との二段階構成になったのか。さしあたり、なぜ穏子の立后時に本宮の儀が行われたのだろうか。

穏子のみに注目するならば、当時、穏子には特殊事情があったことがあげられる。穏子は立后当時妊娠し、里邸にいたと考えられる[71]。その状況で『儀式』が記す式文に倣った立后儀式を行おうとしたならば、宣命宣制は式文どおりに行えても、立后翌日、式部の召集により群臣が参集して北中門において行う新后への拝賀を遂行するには、里邸に赴かなければならない。新后が内裏にいないという事情から、新后の在所つまり本宮における儀式が発想された部分もあったであろう。

しかし筆者は、穏子が里邸滞在中だったという事情は本質的な理由ではなかったと考える。前節で詳述した本宮における儀式は、新后への拝礼のみに限っても、『儀式』「立后事」の式文にみえる、立后「後日」に行われる群臣拝賀の在り方とは質的に違なるものであった。左に『儀式』「立后事」の該当部分を抜き出す。

後日早朝、外記召二式部省一、仰下可レ令レ集二会刀禰一之状上、時刻親王以下参入、〈五位以上在二北中門外一、六位以下稍退在レ後、〉于時内侍一人進宣、云云、五位以上・六位以下称唯、拝舞、退出、

拝礼の在り方という点に限れば、『儀式』「立后事」におけるそれは、『弘仁式』式部式に「二日皇后受賀」とみえ、以降の公的儀式書にひきつがれた正月二日の皇后への朝拝と共通する点が多い。六位以下の官人まで、すなわち百官が参集すること、内裏の「北中門」(72)の外（「『弘仁式』では参議以上は玄暉門外廊）に参集して南面して列し、いわば遥拝の形で拝礼を行うこと、内侍を通じて皇后の仰せを賜る（『弘仁式』では職大夫が令旨を伝える）ことなどである。そして、こうした皇后への朝拝は天長年間の正子内親王の皇后在位中(73)しか行われないまま、正子が皇太后となった後、皇后が立てられなくなり、廃絶していた。

百官から拝賀を受ける儀式が衰退するのは天皇も同様であり、九世紀半ば以降、元日朝賀はほとんど行われなくなり、殿上人以上から拝賀を受ける小朝拝に移行し、加えて節会という饗宴・賜禄を伴う儀式に元日儀礼の比重が移ったことは周知のことであろう。

一方、皇后受賀が行われなくなった正月二日には、左記史料を初見として、おそらく貞観十年代から、貴族官人らが太皇太后・皇太后・中宮（皇太夫人）や東宮の所在所に参賀し、宴と禄を賜ることが行われるようになっていた。(74)

親王以下次侍従已上奉二参皇太后宮・東宮一賜レ宴、雅楽寮挙レ楽、賜二衣被一、凡毎年正月二日親王・公卿及次侍従以上奉二参三宮一賜レ宴例也、而年来不書、史之闕也、

（『日本三代実録』貞観十七年正月二日条）

参賀に加わるのが全「群臣」ではなく親王以下次侍従以上という限られた人々であり、饗宴と賜禄が付随するという、本宮の儀の主要構成要素を備えた行事が后について行われていたことは注目すべきだと考える。

このように、九世紀前半から十世紀にかけて宮廷儀式の在り方が変化していた状況で、百年ぶりに妻后が立后されるにあたって、廃絶して久しい群臣拝賀を含む前代の立后儀式を踏襲するのではなく、新たな在り方が模索されたと考えるのが妥当であろう。その際、新后への拝礼の在り方として、貞観・元慶年間に行われていた正月における后御所への参賀・饗宴・賜禄が想起され、本宮の儀として立后儀式における拝礼の在り方が勘案されたのではないだろうか(75)。

さらに、任大臣大饗の影響も指摘しておきたい。任大臣大饗の初見は、延喜十四(九一四)年、藤原忠平の任右大臣にあたっての大饗である(76)。宣命によってある地位についた者がその当日のうちに拝礼を受け、参列者に饗宴と賜禄を行うという構造は、立后儀式と共通している。任大臣儀と大饗とがつづけて行われることで、任大臣儀によって天皇と新任大臣との君臣関係が、さらに新任大臣と太政官官人との官職秩序が表現されるという重層構造になっていたという指摘は興味深い(77)。立后の場合、皇后は天皇の臣下ではなく、皇后と太政官官人との間の官職秩序が表現されるわけでもないが、任命につづく拝礼と饗宴・賜禄によって秩序が構築され確認されるという点は共通する。妻后の立后の再開にあたって新しい立后儀式の次第が考案されるに際して、任大臣大饗が参照されたのではないだろうか。任大臣大饗の初見である忠平が穏子の兄であり、穏子立后時にも立后儀式の検討の中心になったと思われることも、本宮の儀の成立が任大臣大饗の影響を受けているのではないかと考える一因である。儀式書において最初に本宮の儀がみえる『西宮記』が「立皇后太子任大臣事」という項目を立て、立后・立太子・任大臣を同じ式文で語っているのも示唆的である(78)。

なお、穏子に付されたのが中宮職であること、つまり皇太夫人に中宮職を付すことをやめ、令制施行以来はじめて、皇后に中宮職を付すという令制の定める在り方を実現したという点でも穏子の立后は注目される。立后儀式においても、后位制度そのものにおいても、穏子の立后は画期であったといえるだろう。

唐礼の継受を目指した立后儀式(『内裏儀式』~『儀式』)から、当該期の日本の宮廷儀礼に即した立后儀式への転換がはかられたのである。

おわりに

本章の課題は摂関期の皇后をとらえなおすための材料提供にあったが、まさしく材料提供に終始した。摂関期の皇后とは、という問題には一歩も踏み込めなかったが、ただ一点いえるとすれば、「はじめに」であげた先行研究による評価や、十世紀終わり以降、皇后は後宮の統括という点でも固有の役割を失うという指摘[79]にもかかわらず、礼遇のうえでは女御などのキサキとは隔絶した存在であったことも疑いないということである。近年進捗著しい女官に関する研究や、摂関期の天皇・王権とは、といったより大きな問題に関する研究のなかで、さらなる糸口が示されることを期待したい。

(1) 西本昌弘「『内裏式』逸文の批判的検討—二つの「内裏式」をめぐって—」『日本史研究』三七六、一九九三年(後に『日本古代儀礼成立史の研究』塙書房、一九九七年所収)。

(2) 『内裏儀式』の式文は、後世の儀式書・古記録などに「内裏式」逸文として伝わっているものがそれにあたるとされる(同右)。

(3) 西本昌弘「九条家本『神今食次第』所引の「内裏式」逸文について—神今食祭の意義と皇后助祭の内実—」『史学雑誌』一一八—一一、二〇〇九年(後に『日本古代の年中行事書と新史料』吉川弘文館、二〇一二年所収)。なお、前注(1)西本論文によれば、弘仁十二年制定の『内裏式』には立后儀礼が定められなかったが、それは、すでに『内裏儀式』において唐礼に倣って立后儀礼が定められており、それがそのまま通用されたからだとする。

(4) 妻后の立后がこの時期に行われなかったことについて、もっとも具体的な説明を行っていると思われるのは山本一也「日本古代の皇后とキサキの序列—皇位継承に関連して—」『日本史研究』四七〇(二〇〇一年)である。筆者はその結論のすべてに賛同できるわけではないが、この時期の妻后の不在について論じるにあたっては必ず参照すべき文献であると考える。

(5) 『儀式』が編纂されたのは、皇后立后が行われなかった時期のまっただなかだが、『儀式』は唐礼受容にもとづく朝廷儀礼の整備の結実の一つとされるものでもある(大隅清陽「礼と儒教思想」上原真人・白石太一郎・吉川真司・吉村武彦編『列島の古代史7　信仰と世界観』岩波書店、二〇〇六年〈後に『律令官制と礼秩序の研究』吉川弘文館、二〇一一年所収〉)。立后儀式が入れられたのは、実用というより儀式書に備わるべき篇目と考えられたためだろう。『内裏儀式』自体が本文で述べたように唐礼の影響を強く受けたものであり、『儀式』「立皇后儀」は『内裏儀式』の本文を基本的に継承したと推測される。ただし、『新儀式』『北山抄』『江家次第』所引「内裏式」逸文(これらは前述のように『内裏儀式』逸文とされる)には「近仗服中儀服」という近衛陣引に関する記述や、拝礼方法を「再拝」とすることなど、『儀式』にはない式文がある。現存する『儀式』式文が完存ではないことも考えられるが、十世紀半ば以降の儀式書の立后儀式に『儀式』が全く引用されていないことも考え合わせると、『儀式』は『内裏儀式』より簡略化された内容として編纂された可能性も考えられる。

(6)　梅村恵子「天皇家における皇后の位置―中国と日本との比較―」『女と男の時空　日本女性史再考　Ⅱおんなとおとこの誕生―古代から中世へ―』(藤原書店、一九九六年)。

(7)　前注(4)山本論文。

(8)　中町美香子「平安時代の后宮・皇太子の啓陣」『ヒストリア』二〇四(二〇〇七年)は立后に伴う本宮(新后御所)での啓陣を考察している。なお中町氏は啓陣をめぐって立后儀式自体にも言及している。

(9)　三橋正氏は「摂関期の立后関係記事―『小右記』を中心とする古記録部類作成へ向けて―」『明星大学研究紀要　人文学部・日本文化学科』二〇(二〇一二年)において理想的な古記録データベースの形態を追及するなかで、古記録の時系列による読解ではなく部類記的読解が必要という結論のもと、サンプルケースとして「立后」を取り上げ、摂関期における四回の皇后立后(藤原遵子・藤原定子・藤原娍子・藤原威子)に関する古記録を中心とした関係史料を蒐集し、注釈を付している。これは立后儀式の考察自体を目的としたものではないが、立后の次第に関しても簡単な解説が施され、儀式の簡単な沿革と意義づけも試みられている。

(10)　この時期、妻后としての皇后は中宮職を付され「中宮」と称された。「中宮」の称の沿革については、橋本義彦「中宮の意義と沿革」『書陵部紀要』二二、一九七〇年(後に『平安貴族社会の研究』吉川弘文館、一九七八年所収)を参照。なお妻后の后位はあくまで「皇后」である。一条天皇治世、中宮藤原定子に皇后職を付して皇后と称させ、藤原彰子に中宮職を付して中宮と称させて二人目の皇后を立后したことによって、一帝に二后が立てられる状況となったが、二人とも后位は「皇后」として立后された。本章では立后時に中宮職を付された場合は「中宮」、皇后宮職を付された場合は「皇后」と称する。

(11) 二人目の皇后が立てられる場合、最初の皇后が中宮職から皇后宮職に移って皇后と呼ばれ、後から立った皇后が中宮職を付されて中宮と称するのが例となっていたが、藤原寛子の場合、最初に立后された中宮章子内親王が、寛子が立后する際に皇后宮職に移るのを拒んだため、寛子は皇后宮職を付されて皇后と称した。

(12) 「立后」(執筆者梅村恵子) 阿部猛・義江明子・相曽貴志編『平安時代儀式年中行事事典』(東京堂出版、二〇〇三年)、前注(9)三橋論文など。

(13) 「兼宣旨」は十二世紀の半ばごろから使われ始めた言葉である(『長秋記』長承三年三月二日条が筆者の管見の限りでの初見)。「立后兼宣旨」という言葉が使われる前、十一世紀終わりごろから十二世紀半ばまでの古記録では「立后宣旨」という言葉が用いられている。

(14) 宣命の文言は早くから定型化した(池田幸恵「奈良・平安時代の立后宣命」『三重大学日本語学文学』一八〈二〇〇七年〉)。

(15) このことがもっとも明確に表れているのは、院政期の事例だが、令子内親王(鳥羽天皇准母)の立后に関する『殿暦』嘉承二年十二月一日条である。令子内親王は、甥である幼帝鳥羽天皇の即位式に天皇と同輿するため、天皇の母儀に准じて皇后に立后された。その立后宣命は即位宣命に付載され、令子は天皇とともに登った高御座上で冊立されたが、摂政として終始幼帝の近くに付き添った藤原忠実は、宣命前までは令子を「前斎院」と記し、宣命後は「皇后宮」と記している。

(16) 宣命宣制は本文中に記したように立后儀式における中核的儀式だが、本章では妻后立后再開後の立后儀において新たに加わったとみられる次第を重視するため、宣命宣制に関する検討は簡便にとどめることとする。

(17) この勅使については、藤原娍子立后時における『小右記』の「以二為任朝臣一、被レ奉二新后宮一被レ聞二冊命由一」(長和元年四月二十七日条)という表現から、『大日本史料』第二編之七が「冊命文ヲ皇后ニ奉ル」という標出をつけている。しかしこの勅使は、「従二太内一有二勅使能信朝臣一、是今日有二立后宣命一由御使也」(藤原妍子の立后、『御堂関白記』長和元年二月十四日条)、「□内定頼朝臣参二御使一、可レ有二宣命一由」(藤原威子の立后、『御堂関白記』寛仁二年十月十六日条)という表現からみると、冊命文を后本人に献ずるものではなく、冊立があった由を報告する使者であったと考えられる。

(18) 藤原彰子の立后に関する『権記』長保二年二月二十五日条。

(19) この時代の皇后は基本的に中宮職を付されたため、ここでも中宮職の除目となっている。立后される后が皇后宮職を付される場合は皇后宮職除目になる。

(20) 一例として、藤原娍子の立后に関する『小右記』長和元年四月二十七日条。

(21) 御帳台の帳の鎮子として置かれるもので、二つが対になる。「獅子」、「狛犬」と表されることもある。

(22) 円融天皇中宮藤原遵子、藤原彰子の事例。

(23) 舗設の担当官司が具体的に記されるのは院政期の古記録である。崇徳天皇中宮藤原聖子の立后時には炬火屋を修理職が、時簡を内匠寮が、御贄棚（御膳棚、後述）を木工寮が設営し（『中右記』大治五年二月二十一日条）、高倉天皇中宮平徳子の立后時には炬火屋は修理職が、御膳棚を木工寮が設置している（『愚昧記』承安二年二月十日条）。

(24) 炬火屋については、鈴木裕之「古代「火炬屋」論」『日本歴史』八〇七（二〇一五年）を参照。

(25) 同右。

(26) 『小右記』天元五年三月十一日条。

(27) 『吉記』寿永元年八月十四日条。安徳天皇准母、亮子内親王の立后。

(28) 堀河天皇中宮篤子内親王（『中右記』寛治七年二月二十二日条）・崇徳天皇中宮藤原聖子（『中右記』大治五年二月二十一日条）・中宮媞子内親王（堀河天皇准母、『後二条師通記』寛治五年正月二十二日条）など。

(29) 清涼殿の時簡及び時奏については、芳之内圭「東山御文庫本『日中行事』にみえる平安時代宮中時刻制度の考察―「内豎奏時事」・「近衛陣夜行事」の検討を中心に―〔含翻刻〕」『史学雑誌』一一七―八、二〇〇八年（後に改題して『日本古代の内裏運営機構』塙書房、二〇一三年所収）に詳しい。なお、上掲の次第の「奏慶」がそうであったように、『江家次第』は皇后に対して「奏」を用いているが、古記録においては「啓慶」「啓時」と記されている。

(30) 勅封番号一四四―一六。芳之内圭氏が同右論文において全文を翻訳している。

(31) 『中右記』大治五年二月二十一日条。

(32) 啓陣については、前注(8)中町論文が詳細に論じている。

(33) 『小右記』天元五年三月十三日条。藤原遵子の立后にあたっての事例。四日目の禄についても前注(8)中町論文を参照。

(34) 藤原彰子の立后に際して、「此間大臣奉レ遣二経房中将於中宮一、被レ申下……幷可レ立二倚子一事上、〈為二拝礼一也、〉」（『権記』長保二年二月二十五日条）とみえる。拝礼と倚子との密接な結びつきについては、吉江崇氏がこの史料などから指摘している（「律令天皇制儀礼の基礎的構造―高御座に関する考察から―」『史学雑誌』一一二―三〈二〇〇三年〉）。

(35) 同右吉江論文。
(36) 川本重雄「天皇の座―高御座・倚子・大床子・平敷―」『家具道具室内史』創刊号(二〇〇九年)。
(37) 『小右記』天元五年三月十一日条(藤原遵子の立后)。藤原妍子の立后にかかる『御堂関白記』長和元年二月十四日条には「御装束白」とある。
(38) 『栄花物語』「ひかげのかづら」。藤原妍子の立后。本章における『栄花物語』の引用はすべて『新編日本古典文学全集』(小学館、一九九五年)を用いた。
(39) 『日本紀略』弘仁十一年二月甲戌条。なお、条文の補正については、前注(3)西本論文、一一九頁の注(36)を参照。
(40) 弘仁十一年の制は唐礼を参照して整備されたと指摘されている(前注(3)西本論文)。唐礼では、皇后の服は受冊・助祭・朝会は褘衣とされ、鈿釵礼衣は宴見賓客に用いるとされた。
(41) 「簪」は「加无左之(かんざし)」(『和名類聚抄』)で冠を留めるものとされているが、『類聚雑要抄』の五節の理髪具の項目に「簪」として「蔽髪(額、ひたい、後述)」があげられていることから、女性の場合は広く理髪具を指し、この「白簪」は具体的には白色の「額」だったと思われる。
(42) 『御堂関白記』寛仁二年十月十六日条。「額」は「蔽髪」のことで、『和名類聚抄』(二十巻本)に「和名比太飛、蔽髪前為飾也」とみえる。
(43) 二六〇段「関白殿、二月二十一日に、法興院の」。本稿における『枕草子』の引用はすべて『新編日本古典文学全集』(底本は三巻本系統第一類本、陽明文庫蔵本、小学館、一九九七年)を用いた。
(44) 藤原聖子の立后(『中右記』大治五年二月二十一日条)、亮子内親王の立后(『愚昧記』寿永元年八月十四日条)。
(45) 御膳宿(または御物宿)は、内裏においては配膳所にあたり、天皇の儀式的な御膳(本文後述)はここから運ばれた。『江家次第』に御膳宿について記述はなく、摂関期の古記録にも后の居所における御膳宿については記されていないが、女房日記類には藤原定子の曹司登花殿(『枕草子』一〇〇段「淑景舎、東宮へまゐりたまふほどの事など」)、一条院内裏における藤原彰子の曹司東北対(『紫式部日記』「つごもりのよる」の段)に御膳宿があったことがみえる。天暦四年の憲平親王(後の冷泉天皇)の立太子に際して皇太子居所に御膳宿が設定され、それについて藤原師輔が「采女候所須〻立〻御膳宿・御厨子〻」と記している(『九暦』天暦四年七月二十四日条)ことから、采女が御膳に奉仕する天皇・后・東宮には御膳宿が設けられたと考えられる。

(46) 佐藤全敏「古代天皇の食事と贄」『日本史研究』五〇一、二〇〇三年（後に『平安時代の天皇と官僚制』東京大学出版会、二〇〇八年所収）。
(47) 『愚昧記』寿永元年八月十四日条（亮子内親王の立后）。
(48) 『小右記』天元五年三月十三日条。
(49) 「宮司・侍等進二寝殿簀子敷一、有二名対面一、大進盛長問レ之」『中右記』寛治七年二月二十二日条。
(50) 藤原遵子に関しては『小右記』天元五年三月十一日条、藤原彰子に関しては『権記』長保二年二月二十五日条。
(51) 『小右記』天元五年三月十一日条。
(52) 『御堂関白記』長和元年二月十五日・十六日条、『小右記』寛元二年十月十七日・十九日条。
(53) 『小右記』天元五年五月七日条。東海林亜矢子氏が、皇后の役割（皇后内治制）を考えるという視点から、この興味深い事例を中心に、皇后による女房・女官への饗禄を考察している（「女房女官饗禄―後宮の中の皇后―」服藤早苗編『女と子どもの王朝史―後宮・儀礼・縁―』〈森話社、二〇〇七年〉）。
(54) 本宮における儀式について、辞書類や史料集の解説・標出などにおいて「本宮の儀」と称されており（前注(12)書、宮内庁書陵部編『皇室制度史料　后妃二』〈吉川弘文館、一九八八年〉など）、本章もそれに倣うが、摂関期の古記録においては、「本宮儀」「本宮之儀」といった用例は見出せないことを指摘しておきたい。
(55) 藤原娍子の立后は藤原道長の妨害によって内裏での儀を終える時点で深夜に及んだうえ、本宮への参入者は公卿四人のみ（殿上人は一人も参入せず）という状態であったが、饗宴・賜禄まで遂行された。
(56) この点で、皇后の「冊立」といいながら冊書によって本人に就任が命じられる唐礼とは本質的に異なっていることが指摘されている（藤森健太郎「平安期即位儀礼の論理と特質」『延喜式研究』九、一九九四年〈後に『古代天皇の即位儀礼』吉川弘文館、二〇〇〇年所収〉）。
(57) 前注(53)東海林論文。
(58) 前注(8)中町論文、二頁。
(59) 立后時以外の倚子使用としては、『西宮記』の「有上皇及母后者三日朝覲」に朝覲行幸において母后は倚子に着すことが記され、実例としては、朝覲ではないが、後一条天皇が践祚し母后の皇太后藤原彰子に拝礼した際、彰子が倚子に着した事例がある

(『御堂関白記』長和五年正月二十九日条)。ただし、母后への朝覲の際に常に倚子に着していたか否かは明らかでなく、天皇の清涼殿の倚子のように日常的に后の在所近くに置かれていたことを示す史料は見出せない。

(60) 前注(36)川本論文、満田さおり「仁寿殿・紫宸殿・清涼殿の空間構成と儀式―平安宮内裏の空間構成と儀式に関する歴史的研究1―」『日本建築学会計画系論文集』七三―六三四(二〇〇八年)。なお、本章における「后」は、皇后(中宮)に限らず、皇太后・太皇太后も含む。たとえば大床子は皇太后になっても用いられたと考えられ、近衛天皇生母の藤原得子が皇太后から女院になる際に炬火屋や陣屋にならび大床子も撤去された事例(『本朝世紀』久安五年八月三日条)を中町氏が前注(8)論文で紹介している。后位の転上にともなう礼遇の継続については論ずべき問題だが、本章は立后による礼遇の変化に焦点を当てたため、今後の課題としたい。

(61) なお、東宮に時簡が置かれたことは史料にみえないが、「啓時」は行われている(『九暦』天暦四年七月二十三日条)。時簡が居所に置かれたのが天皇・后のみであること、東宮にも時が啓されていることは、王権による「時間の支配」を考えるうえで示唆に富む。

(62) 芳之内圭氏は前注(29)論文で、時簡が譲位の際に新帝に渡される「殿上雑物等」(『江家次第』「譲位」)にあげられ、天皇の所有する重物として常に天皇在所におかれ、大切に管理されたことを明らかにしたが、この「殿上雑物等」のなかには、大床子・獅子形・御倚子などもあげられている。

(63) 前注(46)佐藤論文。

(64) 『小右記』天元五年六月二十日条。

(65) 正暦五年二月、法興院積善寺における一切経供養会に参会するため、里邸二条邸に退出していた。

(66) 寛弘五年九月十五日。引用には、『新編日本古典文学全集』(小学館、一九九四年)を用いた。

(67) 『小右記』天元五年五月六日条。本宮慶賀とは、立后後の初入内にあたり、新后の近親者に特別に叙位・加階を賜ること。

(68) 『権記』長保二年四月七日条。

(69) 前注(8)中町論文。

(70) 西本昌弘氏は、東山御文庫本『冊命皇后式』所引の「内裏式云」以降が『内裏式』の逸文ではなく、その前にある天徳二年十月二十七日の右近衛陣日記の一部であり、これらが全体として村上天皇中宮藤原安子の立后儀の全体像を伝える記録であることを明らかにした（「冊命皇后式所引の内裏式と近衛陣日記」『日本歴史』五三〇、一九九二年〈後に前注(1)書所収〉）。この右近衛陣日記から、宣命宣制の後、宮司除目につづき、本宮での拝礼、饗宴（「大饗」）、給禄が行われたことがわかる。同日記の当該部分は、宮内庁書陵部編『皇室制度史料　后妃二』（吉川弘文館、一九八八年）に翻刻されている。

(71)　そのような状況で百年ぶりの妻后として穏子が皇后とされた背景については、山本一也氏が前注(4)論文で詳述している。

(72)　玄暉門と考えられる（田村葉子「『儀式』からみた立后儀式」『国学院雑誌』九九―六〈一九九八年〉）。

(73)　具体的には天長五（八二八）年、天長七年～同九（八三二）年。

(74)　栗林茂氏は、皇后受賀儀礼と二宮大饗との関係如何を論ずる視点から、本文であげた諸后・東宮への参賀行事を検討し、受賀儀礼との違いや後代の中宮大饗との相違点を明らかにしている（「平安期における三后儀礼について―饗宴・大饗儀礼と朝覲行幸―」『延喜式研究』一一〈一九九五年〉）が、本稿においては、この時期に后にこのような行事が行われていたという点に注目するものである。

(75)　ただし、正子内親王から藤原穏子まで立后儀が行われることがなかったわけではないことは留意すべきである。仁明天皇から宇多天皇まで、妻后は立てられず、天皇の生母が所生子の即位日に即位宣命の辞別によって皇太夫人とされ、中宮職を付された。皇太夫人は后位とは同列に扱えないとする見解（前注(8)中町論文）に筆者も同意するが、彼女らは（醍醐天皇の継母・養母として醍醐天皇即位日に皇太夫人とされた藤原温子を除き）、所生子である天皇の元服などに際して皇太夫人から皇太后とされているのである。ほとんど史料がない宇多天皇生母班子女王を除き、いずれも宣命によって皇太后とされ、清和天皇生母藤原明子・陽成天皇生母藤原高子については、天皇の元服後の白馬節会の日に宣命が発せられ、併せて大赦・叙位が行われている。この場合、節会の日であるため、そもそも内裏において饗宴が行われたのではないかと想像するが、史料が正史しかなく、立后儀式の次第に関する記述はない。本文で述べた「本宮の儀の主要構成要素を備えた行事」が行われていた時期であるだけに、白馬節会とは別に立后にかかわる拝礼・饗宴等が行われていた可能性もあるだろう。しかしいずれにせよ、皇太夫人から皇太后への立后と、天皇の妻后である皇后を立てることとは儀礼の在り方として同じであったとは考えがたく、穏子立后にあたっては、妻后立后儀式の在り方が改めて検討されたと考えるべきだろう。

(76)　神谷正昌「任大臣大饗の成立と意義」『国史学』一六七（一九九九年）。

(77)　同右。

(78) 九〜十世紀の正月儀礼における拝賀から饗宴へという大きな変化については、朝賀の衰退と小朝拝の成立、節会の盛行、二宮大饗や大臣大饗の成立などについては、多くの研究があり、議論が交わされている。摂関期立后儀式の成立も、こうした宮廷儀式の変化の一つとしてとらえられるのではないかと思う。

(79) 前注(53)東海林論文。

〔付記〕 本研究はＪＳＰＳ科研費一五Ｋ〇二八一三及び公益財団法人鹿島学術振興財団研究助成金による助成を受けたものである。

3章　摂政・関白と太政官政務――解の決裁について

黒須　友里江

はじめに

摂関期においても、国家の中枢にあり国家運営を担っていたのは従来と同様太政官であった。しかし、太政官による国家運営（政務）の内実は本来の姿と比較すると根本的とも言えるほどの変化・変質を遂げており、そこには摂関期独特のシステム・方法が存在した。それらのシステム・方法、またそれらが本来の姿からいかなる変化・変質を遂げたものなのかということについては、研究が進展し、全体としてのシステム・具体的な方法両面からの把握が進んでいる(1)。

ただ、摂関期の政治を考える上で欠かせない要素が摂政・関白の存在である。摂関の特質は天皇権力の一部を代行、あるいは天皇を補佐するという性格上、天皇との関係で語られることが多い。一方で摂関と太政官との関係を考えるとき、重要な論点となるのが摂関の有する内覧という職能・地位である。内覧については山本信吉氏の基礎的かつ詳細な研究(2)に続き、春名宏昭氏が官僚機構の中での位置付けという観点から検討を深めた(3)。春名氏は、内覧が太政官政務を統轄して天皇への奏宣を独占する存在であること、摂政・関白の権能も太政官首座という地位を前提としていたことを指摘し、摂関もあくまで官僚であるということを強調した。翻って太政官政務の研究において、摂関は必ずしも検討対象に含まれるわけではない。官奏における奏文の内覧については官奏候侍制を中心として検討が重ねられているが、[4]それ以外の政務と摂関との関係となると、個別の事例は非常に多く見出せるものの、個別的ゆえにそれらを体系だって把握することは困難な状況にある[5]。しかし、太政官政務の統轄という内覧の職能がどのような形で実際の政務の中に存在したのかという問題は、摂関期の政治について考える上でより追究されるべきであろう。本章では、摂関の関与という観点から太政官政務について検討することで、摂関期の政治の一端を明らかにしたい。

1 『貞信公記』に見る忠平と太政官政務

摂関の太政官政務への関与を考えるにあたり、まず検討したい史料は藤原忠平の日記『貞信公記』である。『貞信公記』には官奏や中文[6]の記録が数多く残されているが、それらの場面以外で弁官と接触して宣下・指示をしたり報告・上申を受けたりしている記録も多い。ここでは、弁官との接触を太政官政務への関与の一つの指標として『貞信公記』の記事を分析したい。そこで、忠平の弁官を通じた太政官政務への関与について考えるため、各弁官について忠平との接触が見える回数を年ごとにまとめたのが表1である。表1は『貞信公記』全体を対象としたが、忠平が摂政となったのは延長八（九三〇）年である（延喜十一〈九一一〉年には官奏に候侍することとされたが、これは内覧とは見做されていない[7]）。

各年について接触回数が多い者に着目すると、たいてい大弁あるいは勧学院別当弁・蔵人弁であることが分かる。大弁との接触の内容で多いのは、全体の傾向と同様、忠平による宣下・指示である。ただし大弁との接触で特徴的なのは、解文を持参している事例が存在することである。天慶三（九四〇）年六月二十一日条では左大弁藤原元方が高麗牒・大宰解文を持参し、天暦二（九四八）年四月二十一日条では右大弁源等が鋳銭司銭千余貫解文を持参している。これらの事例と関係するのが、『西宮記』巻十裏書の「大弁若太宰《ママ》貢綿・鋳銭年料解文等到二其手一之後、自非二深更一外、日内必申。第一

表1　『貞信公記』に見える忠平の弁官との接触回数

年	左大弁	右大弁	左中弁	右中弁	左少弁	右少弁	その他
延喜20	橘澄清3		藤原邦基3				
延長2		藤原邦基3			藤原元方3		
3	源悦3	藤原邦基3			藤原元方3		
4	源悦8	藤原邦基1		源等1	藤原元方2		
5	源悦3	藤原邦基1			藤原元方1		
8			紀淑光1				
承平1	藤原扶幹13	平時望1	紀淑光11	藤原顕忠2		源公忠10	藤原高堪7
2	藤原扶幹5		紀淑光4			源公忠2	
4		紀淑光2					
天慶1	源是茂5	紀淑光2	藤原在衡2		大江朝綱1	源相職4	
2	源是茂2		藤原在衡5	源公忠2	大江朝綱1	源相職9	
3	藤原元方4	源清平1	藤原在衡28	源公忠4		源相職9	
8	藤原在衡1		小野好古1	藤原有相2		菅原有躬1	
9			大江朝綱1	藤原有相2			
天暦2		源等1	大江朝綱1	藤原有相2			

注　忠平と弁官との間に文書・情報のやりとりが見える記事を数えた。官奏などの政務への参加や弁官に付して奏上したことの記録，また弁官としての接触ではない記事は除いた。

上若不㆑参㆓大内㆒之時、到㆓里第㆒云々。」(8)という記載である。貢綿・年料という具体的な内容が忠平にもたらされたものと一致しているかどうかは不明ながら、この二例において他の弁ではなく大弁が解を扱っていることには意味があったと考えられる。

蔵人を兼ねる弁官が伝達者として活躍することは周知のことであるが、『貞信公記』でも同様の現象が確認できる。延喜二十年の藤原邦基、延長二～五年の藤原元方、承平元年の藤原高堪(9)は藤原氏関係の内容を宣下されていることから勧学院別当弁であったとみられるが、それ以外の内容の宣下も受けている。蔵人弁は承平元・二年の源公忠、天慶元～三年の源相職、天暦二年の藤原有相（勧学院別当弁も兼ねていたか）であり、いずれも接触回数が多い。勧学院別当弁や蔵人弁といった身近な弁官を伝達者として活用することが、忠平のときにすでに行われていたことが分かる。なお、これらの弁に関しては上申・報告の例はなく、すべて宣下である。

次に、上記以外で特に回数の多い、天慶二・三年の左中弁藤原在衡について述べる。在衡は承平・天慶の乱の処理の担当者であったようで、報告・上申あるいは指示を仰ぐため頻繁に忠平の許を訪れている。例として、天慶三年三月に見える在衡に関する記事を挙げよう(10)（該当部分の抜粋）。

一日、左中弁来、定二承縁兵雑事一。
五日、左中弁定二承国々所レ申縁兵雑事一。
七日、左中弁縁兵事申承。
十四日、左中弁申二年〔承カ〕縁兵事一。
十八日、左中弁将下来射二殺興世一之状解文等上。
二十九日、左中弁奉二縁兵雑事一。

留意すべきことは、この時点で忠平は太政官の公事を掌る職能である一上を次位の公卿に委譲しているという点である。山本信吉氏が明らかにしたように、忠平は摂政左大臣となった後も左大臣として公事の執行にあたっていたが、承平四年以降「申二一上一文」の処分など一上の職能を右大臣藤原仲平と大納言藤原保忠（保忠が薨ずると藤原恒佐、恒佐が薨ずると平伊望）に委譲しており(11)、摂政太政大臣であった天慶二・三年には一上の職能を有さなかった。忠平と在衡の接触が南所申文・陣申文をはじめとする他の政務処理の方法とどのように関係しているのか詳らかではないが、「定承」「申承」という表現からは、単なる事後報告の類ではないことが読み取れる。また、天慶三年二月十七日条「左中弁国々解文定承。或可レ令二諸卿定申一也。」や同三十日条「左中弁定二承国々解文一、之中令レ定二公卿一之事四箇修〔条〕。」のように、陣定を指示したと思しき記事もある(12)。さらに、前掲の天慶三年三月十八日条や同年四月十日条「左中弁将二来山陽道申凶賊発起疑解文等一。」のように在衡が諸国からの解を持参していることにも注目できる。諸司・諸国からの解は原則として弁官局での処理ののち必要に応じて公卿聴政に付されるが、ここでは左中弁から直接忠平に持ち込まれている。一上委譲後の忠平に解が持ち込まれているという点は、大弁が解を持参した例として挙げた天慶三年六月二十一日条と天暦二年四月二十一日条にも当てはまる。ここでは、忠平と弁官の接触のうち、摂関の太政官政務への関与の一つの特徴的な形態として、大弁による解の持参と左中弁による承平・天慶の乱（すなわち緊急事態）に関する解の持参に注目したい。

2　摂関に持ち込まれる解

『貞信公記』において確認された弁官から摂関へ直接解が持ち込まれる事象について、詳しく見ていきたい。藤原道長・頼通についてはそれぞれ『権記』『左経記』という当時の弁官の日記が残されており、摂関あるいは内覧に持ち込まれた解についての記録も多い[13]。それらを総合すると、摂関に解を持参するのは基本的に大弁であり、解の種類には以下のようにまとまりがあったことが判明する。また、摂関がそれらを見ることは形式的な行為ではなく現実的な政務処理であった。

まず挙げられるのは大宰府解である。これを大弁が扱うことは徹底されており、道長・頼通に関して確認できる実例は一例を除きすべて大弁が持参している[14]。興味深い例として、『御堂関白記』長和元（一〇一二）年九月二十一日条を掲げる。

候レ内間、理義朝臣大弐消息持来。唐人来着解文、又送レ家書一封。披見、入唐寂照消息書、幷所レ送天竺観音一幅・大僚〔違〕作文一巻也。以二解文一即返二理義一、送二左大弁許一。即理義持返申云、大弁申云、今日固物忌也。仍自不レ持。即可レ奉者。若有レ召参入者。依レ申二物忌由一留、後以二頭中将一奏聞。即被レ仰云、可レ定二申安置否由一者。即仰大外記敦頼、催二諸卿一。明日可レ定。

この日、道長の許に平理義が大宰大弐平親信（理義の父）から送られてきた唐人来着解文や寂照の消息など持参した。これに対し、道長は解のみは受け取らず左大弁源道方の許へ送らせた。しかし道方が固き物忌であったため、その指示により再度理義が道長に奉った。この道長の行動には、大宰府解は大弁が持参しなければならないという強い意識が表れている。また注目すべきは、解の処理がいずれも迅速に行われていることである。例えば、長保二（一〇〇〇）年八月十七日に左大史多米国平が朱仁聡についての大宰府解を藤原行成の許に持参すると、行成は翌十八日道長の許にこれを持参して十九日に奏上し、下されたものを二十日に国平へ下している(15)。また、寛弘元年三月二十七日には左大史小槻奉親が宇佐大宮司の濫行に関する大宰府解と文各一通を行成の許に持参し、行成はその日のうちにそれを道長の許に持参している(16)。これほどの迅速な処理は、毎日開催されるわけではない南所申文や陣申文では実現できないだろう。

そのほか、陸奥・出羽国解も大弁から持ち込まれている。『御堂関白記』長和元年八月二十九日条には、

参二大内一、着二左丈〔杖〕座一。左大弁道方為二申文一〈今日初参二結政一〉、史守重。退出後、申二陸奥・出羽解文一。又着座、覧二官奏文一。即以二経通一奏□、還着座。

とあり、陣申文と官奏の間に陸奥・出羽解文が申されている。「申」の主語は左大弁源道方と解されるが、彼は陸奥・出羽解文をわざわざ陣申文と区別して道長に申しているのである。このことは、陣申文などの代替手段として摂関に解が持ち込まれたのではなく特定の解について異なる処理方法がとられていたということを端的に示している。出羽国解については『権記』長保二年九月十三日条にも、行成が道長の許に出羽守からの貢馬解文・交易絹解文を持参したことが見える(17)。

以上の解については『左経記』長元七（一〇三四）年十一〜十二月に詳しい記録がある。長文であるため引用は控え、経緯を表2にまとめた。十一月十七日〜十九日が大宰府解、十一月二十九日〜十二月二日が出羽国解、十二月十四日〜十六日が陸奥国解に関する記事で、いずれも大夫史惟宗義賢、右大弁源経頼、関白藤原頼通、後一条天皇の間で処理されており、公卿聴政や官奏は行われていない。三例とも義賢が経頼の許に解を持参したのは左大弁藤原重尹が処理できないためであったことが記されており、まず左大弁、左大弁に不都合があれば右大弁という優先順位があったらしい。また、十二月十四日に義賢が陸奥国解文を持参した際に経頼は「僕又今明物忌也。雖レ然共称二物忌一空不レ可レ経レ日者。今日為レ申二日之内一、已及二暗夜一、明日仰二可レ申之由一取二解文一了。」と記しており、物忌をおして翌日頼通に上申したことが分かる(18)。一日たりとも解を放置しておくべきでないというこの考え方は、まさに前掲『西宮記』巻十裏書の内容と一致する。さら

表2　『左経記』長元7年11～12月に見える大宰府解，陸奥・出羽国解に関する経緯

11/17	大夫史惟宗義賢，左大弁藤原重尹が軽服で出仕できないため，太《(ママ)》宰府今年年貢解文を経頼の許に持参する。経頼，明日関白頼通に申すこととし解文を見たところ，当年新嘗会料の調絹・綿，当年料率分絹・綿，長元五年料甘葛煎，長元六年料甘葛煎の進上に関する解(計五枚)であった。
/18	経頼，大宰解文を頼通に申す。頼通の指示により，頭弁藤原経輔に付して奏上する。経輔，解文を頼通に下し，天皇の「検納せしめよ」との仰せと諮問内容を経頼に伝える。経頼は義賢に尋ね，回答する。
/19	経頼，大宰解文を義賢に下し，「検納せしめよ」と指示する。但し，甘葛煎の解文については蔵人所に納めるため経輔に送る。
11/29	義賢，重尹が所労で出仕できないため，出羽国の交易絹解文二枚を経頼の許に持参する。また，出羽の絹が路次で交易した物であること，品質に差があることなどを伝える。経頼，出羽解文とともに事情を頼通に申す。頼通，解文は頭弁に付せと指示する。
/30	経頼，道長の許に参った後，出羽解文を経輔に付す。
12/1	経輔，出羽解文を下し，「検納せしめよ」との仰せを伝える。
/2	経頼，出羽解文を左少史政義に下し，義賢に渡し「検納せしめよ」と伝えるよう指示する。
12/14	義賢，重尹が物忌のため，陸奥の去・今年料絹解文を経頼の許に持参する。経頼も今日・明日物忌であるが，明日頼通に申すこととする。義賢はまた，解文所載の絹の数が先例と異なることを伝える。
/15	経頼，陸奥解文とともに事情を頼通に申す。頼通，解文は頭弁に付し，他国の絹であっても良質なものであれば収納するよう指示する。この日は両貫首不在のため奏上できず。
/16	経頼，陸奥解文を経輔に送る。経輔，奏上ののち「検納せしめよ」との仰せを経頼に伝える。経頼，検察を加え当国・他国にかかわらず疎悪の絹は返却するよう義賢に指示する。

に、解の内容にも注目すべき点がある。大宰府は調絹・綿、率分絹・綿、甘葛煎、出羽は交易絹、陸奥は絹（交易絹も含む）である。絹・綿に関しては太政官厨家に、率分絹・綿は正蔵率分所に収納されるから、いずれも太政官の管理下にある。しかし、甘葛煎に関しては延喜大膳式下54貢進菓子条に「直納二蔵人所一」とあり、[19]十一月十九日に経頼が頭弁に送っているように、蔵人所に収納される。内容が太政官の管轄でなくとも、大宰府解であることにより関白頼通に持ち込まれているのである。太宰府解がその内容にかかわらず摂関に持ち込まれたことは、その豊富な実例からも裏付けられる。陸奥・出羽国解に関しては、事例が大宰府解と比べて少ないため断言はできないが、絹だけでなく前掲『権記』長保二年九月十三日条に出羽の貢馬解文が見え、『江家次第』巻十九・御覧陸奥交易御馬には「使入京後、国解文付レ官。大夫取レ之付二大弁一。大弁申二執政一、付二蔵人一被レ奏。暫留二御所一。」とあり、様々な内容の解が摂関にもたらされていたことが分かる。こちらも、内容にかかわらず陸奥・出羽国解であ

れば摂関に持ち込まれたと推測できる。
緊急事態における弁官から摂関への解の持参はどうだろうか。道長については長期間にわたり内覧かつ実質的な一上であったという事情もあり、明確な事例を見いだすことができない。しかし頼通に関しては『左経記』長元四年四月〜六月に、平忠常の乱に関して右大弁経頼が解などを受け取り、それらを関白頼通へ持参する様子が詳細に記録されている。該当部分を以下に掲げる。(20)

四月二十八日条

参レ殿、御共参内。於二殿上一被レ仰云、甲斐守頼信送二権僧正許一書云、忠常欲レ行二向上総一之間、忠常随身子二人・郎等三人進来了。仍随身来月間可二参上一云々。

六月七日条

自二甲斐守一送二忠常帰降之由申文一。而依レ不レ副二忠常降順状一、早可レ上之由示送了。暫留二国解一。副二彼状一可レ付二奏者一也。自二美乃国大野郡一送之由、在二状中一。兼又忠常従二去月廿八日一受二重病一、日来辛苦、已万死一生也。雖レ然相扶漸以上道云〔々脱カ〕。

十一日条

条〔修イ〕理進忠節来云、忠常子法師、去年相二従甲斐守頼信朝臣一下二向彼国一。而只今京上申云、忠常去六日於二美濃国野上と云所一死去了。仍触二在国司一令三見知并注二日記一。暫〔斬イ〕首令レ持二彼従者一上道者。又〔令イ〕且注二此由一、可レ被レ申二事由一云〔々脱カ〕。驚二此告一。以二前日所レ送之忠常帰降之由申文一、付二頭弁一令レ奏。是死去之由不レ申以前可レ忿也。

十二日条

早旦参レ殿。及二午剋一退出。修理進忠節持二来甲斐守消息一、披見有二忠常死去国解一。其状云、忠常去月廿八日受二身病一、今月六日於二美濃国原〔厚イ〕見郡一死去。仍触二在国司一令下実検并斬二其首一立二日記一且言上上云々〈副二美乃国司返牒并日記等一。

又忠常降順状一枚同加送。是前日依二遣取一所レ送也〉。重参レ殿令レ御二覧此文等一、為レ令二奏聞一送二頭弁許一。

六月十二日に、経頼は忠常死去の国解・美濃国司の返牒と日記・忠常降順の状を受け取り頼通の許に持参している。六月十一日条に見える忠常帰降の由の申文（七日条で「国解」と言い換えられていることから、甲斐国解と見られる）については頼通の許へ持参したことが見えないが、経頼の独断で直接奏上するとは考えにくく、頼通の指示があったと考えるべきであろう。ここでの経頼の動きは、前節で見た承平・天慶の乱における藤原在衡の動きと通ずるものがある。また、ここで経頼に接触し文書や情報をもたらしているのは史ではなく修理進忠節であって、なぜ彼であったのか詳しい事情は分からないが、史を通さず直接弁官の許に持ち込まれていることはこの件の緊急性を示している。前掲『西宮記』巻十裏書やそれを裏付ける実際の迅速な処理、そしてここで挙げた緊急事態において摂関に解が持ち込まれていることからは、その本質が処理のスピードにあることをうかがわせる。

ここまで弁官が解を持参する対象を「摂関」と述べてきたが、その表現の妥当性について確認しておきたい。本節で様々な例を挙げたが、大弁による解の持参、緊急時の解の持参の対象は道長・頼通に限られており、大宰府解、陸奥・出羽国解は行事関係である場合を除き他の公卿に持ち込まれた例は見いだせない[21]。道長の場合は内覧あるいは准摂政でありながら一上でもあるという事情があるため分かりにくいが、関白頼通の次位が藤原実資である時期に大弁から実資へ大宰府解、陸奥・出羽国解がまったく持ち込まれていないことは、これらの処理が一上[22]の職能ではないことを示している。さらにこのことを裏付けるのが、藤原忠実の例である。『殿暦』『中右記』には、忠実が大弁から大宰府解や陸奥国解をもたらされた記事が散見するが、右大臣忠実の上位に一上である左大臣源俊房[23]がいる時期にもそれが確認できる。忠実は父師通が薨去した康和元（一〇九九）年から関白に就任する長治二（一一〇五）年まで内覧であった。この間右大弁であった藤原宗忠はたびたび忠実に大宰府解を持参しているが、俊房に持参した例は見いだせない。宗忠が俊房ではなく忠実に大宰府解を持参していた理由は、忠実が内覧であったこと以外に考えにくい。以上のことから、忠平・道長・頼通・忠実は摂関あるいは内覧であることによって弁官から解を持ち込まれていたと判断できる。

3　摂関による決裁の意義

言うまでもなく、太政官に上申された解は通常弁官局を経て公卿聴政で決裁されるから、摂関に解が直接持ち込まれるという事象は例外的な処理方法である。このような方法の存在はどのように理解できるだろうか。

内覧の地位にある人物が文書を見ていること、またその多くが奏上されていることから、まず関連が想定されるのは官奏の奏文内覧である。しかし、摂関への解の持参は官奏の奏文内覧と以下に挙げる点で異なる。まず、上卿が存在しないこと。官奏では内覧・奏上に先立って陣座に上卿・大弁・史が集まり上卿が奏文を確認する手続きがあり奏上も上卿によって行われるが、摂関に解を持ち込む場合には前節で明らかなようにこれに該当する手続きがなく、上卿と呼べる者の関与はない。摂政が置かれている場合の官奏は上卿による確認がなく奏者弁と史が摂政の許に赴き奏文を差し出す形で行われるものの、摂関への解の持参では摂政・関白にかかわらず上卿が存在しないのであり、これをもって両者が類似していると見做すことはできない。また、官奏において大弁が関与するのは陣座における手続きまでで、それ以降に関与するのは奏者弁である。このことは、大宰府解などを扱うのが大弁に限られていることと食い違う。さらに、官奏において奏文を運ぶのは主に史であるが、摂関へ解を持ち込む際に史の同行は見られない。以上の点から、摂関への解の持参を官奏の奏文内覧と同一視することはできない。そもそも、持ち込まれる解が公卿聴政を経ていないことが、官奏との根本的な違いであろう。

では、官奏ではない奏文の内覧と同様の手続きとは言えるだろうか。仮にそのように理解すると、奏上の判断は誰が行っているのか、という疑問が生じる。つまり、弁官が奏上のための内覧として摂関の許に赴いているとすれば、当該の解を奏上するという判断はそれ以前、すなわち弁官個人が行ったということになる。しかし、当時の政治システムの中で弁官個人にそのような裁量権があったとは思われない。とすれば、奏上の判断は摂関が行ったと考えざるを得ず、したがって奏文の内覧という理解も適切ではない。摂関は上申を受け奏上という判断を下す、つまり解の決裁を行っているのである。ただし決裁とはいっても南所申文や陣申文と異なることは、手続き・作法の面から、また摂関はそれらの上卿を務めないことから明らかであり、本章で取り上げている手続きは摂関・内覧のみに開かれた決裁ルートと理解すべきである。なお、摂関に持ち込まれた解を受けて陣定が開催されることはたびたびあり、政と定が連動して機能していたの(24)と同様、摂関による決裁も必ずしも自己完結的なものではなかった。

前節で確認したように、院政期においても大宰府解などが大弁から摂関・内覧に持ち込まれている例は確認できる。しかし『殿暦』『中右記』に見えるそれらの記事は、道長・頼通の頃のものとはかなり様相を異にしている。まず、解の内容は関心が無いかのようにほとんど記されていない。また、それらの解をうけた陣定についても明確なものは管見の限り無く、蔵人に付して奏上したこと以外、ほとんど経緯が分からない。忠実は時として、物忌を理由に大弁に会わず他の者に受け取らせたり(25)解を見るのを先送りしたりしているが(26)、こういったことは道長・頼通においては見られなかった対応である。一方の宗忠についても、大夫史から受け取った大宰府解を（特に障りはなかったらしいにもかかわらず）四日後になって忠実の許に持参したことが見えるが(27)、これは前掲『左経記』長元七年十二月十四日条の経頼の考えと対照的で、特徴であった処理の迅速さに弛緩が認められる。以上のことから、大弁から摂関へという決裁ルートは忠実の頃には（少なくとも忠実や宗忠の意識の中では）形骸化というべき状況にあったと考えられる。また、院への奏上が一般的となった現実に反して大弁から持ち込まれた解に関して院奏を行った例は『殿暦』『中右記』には見えず、当時の政務処理としてどれほどの実質をともなっていたのか、疑問も拭えない。このような院政期の状況を踏まえると、大弁から摂関・内覧へという決裁ルートは、新たに開け発展した手続きというよりも、摂関・内覧の太政官政務を統轄するという権能あるいは太政官の頂点という地位を体現する手続きであり、その意味で摂関期にこそ意味を持ったと考えられる。摂関・内覧は、奏文を覧ずる以外に解の決裁というより直接的な方法でも太政官政務に関与することがあったのである。しかもそれは迅速な処理を要する解であり、摂関期には象徴的意味だけではなく実質的意味をも有していた。

この決裁ルートが発生した時期を特定することは史料的制約から難しいが、忠平以前の状況について少し考えておきたい。前述のように摂関・内覧が決裁する解に共通するのは「迅速な処理を要する」ということである。しかし一方で、忠平以降に確認できる大弁が持参した解は、一時的な緊急事態に関するものを除き大宰府、陸奥・出羽国解といった数種類に限られており、形式的な側面も否めない。また、弁官局の秩序が変化し大弁に限定した役割が発生したのは延長年間頃であり、[28]解を扱うのが大弁に限定されるという慣例は忠平の頃に生じたと考えられる。以上のように考えると、忠平以前には弁官から摂関・内覧へより多様な迅速な処理を要する解が持ち込まれており、忠平以降やや形式化して前述の数種類に固定化した、と推測することも可能であろう。事実、忠平のときには緊急事態の解は左中弁が持参していたのである。

この決裁ルートに関してもう一点検討しなければならないのが、玉井力氏による言及である。玉井氏は、奏事型吉書の初例が道長の内覧宣下時であったことから、道長の頃には奏事が一般化していたと指摘し、その根拠として『権記』に見える道長と行成のやりとりが奏事の実態面であると指摘した。[29]玉井氏は『権記』の内容について説明する中で、本章で取り上げている大宰府解の処理を奏事の代表的事例と位置付け、院政期につながる新しい庶政決裁ルートであったとした。しかし、ここまでの検討結果を踏まえるとこの理解には従えない。『権記』を見てみると、行成（頭弁、のち参議大弁）は道長（内覧・実質上の一上）に毎日のように接触しているが、解を持ち込んでいる例はさほど多くなく、全体を見渡しても藤原氏関係のものを除けば本章で指摘した数種類にほぼ限られている。それらの解の処理は院政期にも同じ形で行われ続け形骸化ともとれる状況にあり、新たな決裁ルートを開いたとは言えずむしろ摂関期にこそ意味を持った手続きと理解すべきことは前述のとおりである。院政期には院政期型奏事として史→蔵人→摂関→奏上というルートが指摘されているが、[30]

大弁から摂関へ解が持ち込まれるルートがこれにつながったとは評価できない。むしろ、本章で取り上げた解の処理は十二世紀末にも同じ形で行われていたことが確認できる。『玉葉』には九条兼実が摂政として大宰府解を受け取ったことが三度見えるが、文治二（一一八六）年五月十八日に受け取った解は大弁が持参することにこだわって兼実が十日前に一度突き返したものであり、また建久二（一一九一）年四月五日に受け取った解については誤って先に院奏が行われてしまったが改めて大弁に持参させており、兼実が摂関期のあり方を強く意識していたことが分かる(31)。本来この決裁ルートが有した迅速さはまったく失われてしまっているが、兼実は摂関の権能を示す手続きとして形を変えず行ったのであろう。摂関期に発生した特殊な決裁ルートは、いわば摂関期を象徴する遺産として院政期に継承されたのである。

おわりに

本章は、摂関の太政官政務への関与という側面から摂関期の政治を検討し、公卿聴政を経ず摂関・内覧が直接弁官から受け取り決裁を行う解が存在したことを明らかにした。摂関期にはそれらはいずれも迅速に処理されており、やや形式的な側面はあるものの、緊急時に摂関・内覧が直接太政官政務に携わるということを実質をともなって体現していた。公卿聴政・官奏という一般的な太政官の政務処理ルートからはずれたこの決裁ルートは、摂関・内覧の権能を示す摂関期ならではの手続きだったのである。

摂関期の国政運営の主要な方法は公卿聴政・官奏および陣定であったが、ほかにも行事所をはじめとする多様な方法が共存しており、その全体像を捉えることは容易ではなく、本章で扱ったのはそのごく一部である。より明確に摂関期の国家を捉えるためには、国政運営の諸要素を一つ一つ分析し国家像に還元していく作業の積み重ねが必要である。

（1）最も基本的かつ主要な太政官政務である公卿聴政・官奏の摂関期の姿を理解する上で特に重要な論文は、曽我良成「太政官政務の処理手続―庁申文・南所申文・陣申文―」坂本賞三編『王朝国家国政史の研究』吉川弘文館、一九八七年（後に『王朝国家政務の研究』吉川弘文館、二〇一二年所収）、吉川真司「申文刺文考―太政官政務体系の再編成について―」『日本史研究』三八二、一九九四年（後に『律令官僚制の研究』塙書房、一九九八年所収）である。

（2）山本信吉「平安中期の内覧について」坂本太郎博士古稀記念会編『続日本古代史論集』下、吉川弘文館、一九七二年（後に『摂関政治史論考』吉川弘文館、二〇〇三年所収）。

（3）春名宏昭「草創期の内覧について」『律令国家官制の研究』（吉川弘文館、一九九七年）。

（4）前注(2)(3)論文のほか、所功「「官奏」の成立と儀式文」瀧川博士米寿記念会編『律令制の諸相　瀧川政次郎博士米寿記念論集』汲古書院、一九八四年（後に『平安朝儀式書成立史の研究』国書刊行会、一九八五年所収）など。

（5）前注(2)山本論文でも、「内覧文書の範囲は原則としては奏上文書に限られてはいても、所詮は内覧たる執政の実力如何によることであって」（五九頁）と述べられている。

（6）『貞信公記』には官奏とセットで記される「申文」が多く見える。当時の忠平が南所申文に参加しているとは考えにくいため、これらはのちの陣申文にあたるものと解される。ただし『貞信公記』に「陣申文」という表現が一度も登場しないことや、この時期は陣申文が整備されていった時期にあたる（拙稿「弁官局からみた太政官政務の変質―摂関期を中心に―」『史学雑誌』一二四―一一〈二〇一五年〉参照）ことを踏まえると、儀式書にあるような形式の陣申文であるかどうかは分からない。そのため、陣申文の原型となる政務を想定しつつも、ここでは『貞信公記』の表記に従い、「申文」と記した。

（7）前注(2)山本論文、四六・五〇頁。前注(3)春名論文、一二五頁。

（8）この史料の存在についてはすでに玉井力「十・十一世紀の日本」『岩波講座　日本通史　第6巻　古代5』岩波書店、一九九五年（後に『平安時代の貴族と天皇』岩波書店、二〇〇〇年所収）三三～三四頁で指摘されている。

（9）藤原高堪は『弁官補任』第一（続群書類従完成会、一九八二年）に載せられていないが、承平元年二月十七日条に「有㆓官奏㆒高堪朝臣。左馬寮申諸衛御馬蒭・備前大豆未進等、下勘事仰㆓同弁㆒」とあることから弁官であったことが分かる。『貞信公記』には承平元年正月～十月の間弁官として登場する。

（10）『貞信公記』『御堂関白記』の引用は、校訂註も含め大日本古記録に従った。

(11)　山本信吉「一上考」『国史学』九六、一九七五年（後に『摂関政治史論考』吉川弘文館、二〇〇三年所収）七四～七七頁。また、これに対応する現象として承平四年五月一日を最後に忠平による奉勅上宣太政官符・諸宣旨が見えなくなることも指摘している。

(12)　両史料の「定」は同じ陣定を指している可能性もある。

(13)　道長は長徳元（九九五）年より内覧かつ事実上の一上、長和四（一〇一五）年十月二十七日に准摂政となると同時に一上宣下を受け、翌年の摂政就任にともない一上の地位を譲った。なお、この後煩雑を避けるため単に「摂関」とだけ述べる場合もあるが、内覧を考察から除外しているわけではない。

(14)　唯一、『左経記』寛仁四（一〇二〇）年閏十二月二十九日条には「大夫〔史脱カ〕奉親朝臣持㆓来大宰府解㆒云、左右大弁共有㆓所労㆒不㆑被㆑仕。仍令㆑申㆓事由於左府㆒之処、被㆑仰云、令㆓汝申㆒者。仍所㆓持来㆒也者。南蛮賊徒到㆓薩摩国㆒、虜㆓掠人民等㆒之由也。即参㆓左府㆒申㆓事由㆒。次参㆓関白殿㆒、令㆑覧㆓府解㆒。次為㆓御使㆒参㆓御寺㆒申㆓此由㆒。仰云、改年之後慥可㆓追討㆒之由、可㆑賜㆓官符於大宰府㆒」とあり、権左中弁であった経頼が扱っているが、左右大弁がともに所労であったために大夫史が左大臣藤原顕光に指示を仰いで経頼の許に大宰府解を持参したのである。この例はむしろ、大弁が大宰府解を扱うという原則の存在を裏付けるものである。

(15)　『権記』。このとき行成は頭右大弁であったので自ら奏上した。

(16)　同右。

(17)　以上のほか、絹に関する美濃国解についても同様の処理を行った例がある（『権記』長保三年正月二日条など）が、事例がわずかであるため具体的な検討はできなかった。

(18)　ただし、『西宮記』巻十裏書は解を持参する対象を「第一上」としている。これが一上を指しているとすれば、実際の手続きと齟齬することになり疑問が残る。この記載については、いつ頃のものなのかということも含め今後検討を深めたい。

(19)　延喜式にはこれ以外に、宮内式45例貢御贄条にも大宰府からの甘葛煎が見える。

(20)　この部分と前注(14)の『左経記』の引用は、校訂註も含め『大日本史料』（それぞれ第二編之三十、三〇三～三〇四・三一七頁、第二編之十六、二二三頁）に従った。

(21)　行事関係でこれらの解が摂関以外の公卿に持ち込まれる場合は持参する弁は大弁ではなく、摂関に持ち込まれる場合とは明らかに区別されている。

(22) 道長は一上の後任について特定の人物を指名せず、大納言以上の公卿に行わせるとした（前注(11)山本論文、七九～八〇頁）が、一上に解が持ち込まれるとすれば最も可能性が高いのは実資であろう。

(23) 源俊房は永保二（一〇八二）年十二月に一上のことを譲与された（前注(11)山本論文、八一頁）。

(24) 前注(1)曽我論文、四二～四六頁。

(25) 『殿暦』康和五（一一〇三）年十月十二日条。物忌により大弁に会わなかったことは天永二（一一一一）年七月二十二日条にも見える。

(26) 『殿暦』永久五（一一一七）年二月二十二日条。

(27) 『中右記』康和五年十月十七日・二十一日条。

(28) 前注(6)拙稿、四七～五一頁。

(29) 前注(8)玉井論文。

(30) 前注(1)曽我論文、四六～五一頁。

(31) 前者の例では、最初は蔵人藤原親雅が大宰府解を持参した（すなわち奏事で処理しようとした）。ただし、大夫史小槻広房はこのことについて「無㆓帥・大弐㆒之時直付㆓職事㆒、近代例也云々」（五月九日条）と述べたが、兼実が詳しく説明を求めても「申旨猶不分明」（五月十日条）であり、これ以前に大宰府解が奏事で処理されるようになっていたとは判断できない。また、後者の例では先に院奏が行われたことについて兼実が「直院奏之条、先例未㆑聞」と述べているから、人々の認識は衰退しているものの、やはり新たな大宰府解の処理方法が定着していたわけではないようである。なお、建久二年二月十五日には右大弁が大宰府解を持参し、手続き上の問題はなかった。

4章　大索と在京武士召集——王朝国家軍制の一側面

下向井　龍彦

はじめに

十世紀後半、大索《おおあなぐり》または捜盗（以下、大索）と呼ばれる京内群盗の一斉捜索・検挙において、在京武士を内裏に召集する事例が目を引く。この事実について、ふるくは天慶の乱後の武士の中央進出、近年では特定貴族に従属する「諸家兵士」から天皇に直接緊急動員を受ける「軍事貴族」への成長(1)、あるいは九世紀の「武官系武士」と十世紀の「軍事貴族」の連続性の表現などと評価されてきた(2)。また長徳二（九九六）年を最後に大索が消滅する事実については、京内治安の中枢の六衛府から検非違使への転換(3)、非職輩兵仗禁止令の消滅と相俟って軍事貴族の京内武装の野放し化などと評価されている(4)。

私はこれまで「追捕官符」に着目して国衙の国内武士動員の仕組み（＝国衙軍制）を解明してきたが(5)、内裏への在京武士動員と彼らの大索への参加は、通常の検非違使による京内犯人追捕とは次元を異にする、王朝国家の中央軍制の発動の一形態ととらえなければならない(6)。小論では、まず大索の動員手続きを復元し、ついで九世紀の六衛府主体から十世紀中葉以降の在京武士主体へと召集対象が移行していくプロセスについて明らかにしたい。

本章で私が使う「武士」概念と今日学界で流通している「軍事貴族」概念について触れておこう(7)。私は十世紀以降の平安時代の「武士」概念を、主に延喜東国乱平定の勲功者（以下「延喜勲功者」）や天慶将門純友乱平定の勲功者（以下「天慶勲功者」）を始祖と仰ぐ、王朝国家の軍事動員に応じる権利と義務を有する世襲的職業戦士と定義したうえで使用している。彼らが反乱鎮圧・謀反追討に積極的に参加するのは、勲功賞による位階官職の昇進と武名のためであった。「軍事貴族」概念は、四位五位の在京武士を社会的分業の「軍事」を担う「貴族」とみるもので、「地方軍事貴族」という場合は土着貴族子孫の広範な地方武士をさす。しかし「軍事」はたんなる社会的分業概念ではなく、国家権力の軍事に関わる全機能・全分野を包括する概念であり、武士は国家の軍事動員に応じる戦士でしかない。また「貴族」は京都に集住する公卿・殿上人であり、広くとっても受領級諸大夫層までである。「貴族」と呼びうる武士はきわめて少数であり、武士の多くは「貴族」の称に値しない。両者を合成して「軍事貴族」概念を創作し、さらに「地方」「辺境」を冠して呼称対象を拡大することにどういう積極的意味があるのか。「軍事貴族」概念は「貴族」概念を混乱させ、多様な身分・階層にわたる「武士」の概念的・類型的把握を妨げるだけである。殿上人・受領級四位五位の武士は「貴族的武士」、彼らを含む在京勤務中の武士は「在京武士」、地方在住武士は「諸国武士（国内武士）」と呼べばいいことである。彼らの共通点は、国家的軍事動員に応じる権利と義務を有する、主として延喜・天慶勲功者を始祖と仰ぐ世襲的戦士という点にある。

以下の考察で使う六国史・古記録の具体例は、表「大索と臨時夜行」の○囲み数字の番号で表す。

1　中央軍制の発動としての大索

儀式書にみる大索の次第

九世紀〜十世紀末、「京中強盗蜂起」（『新儀式』第五　捜盗事）、反乱軍上洛の風聞（㉔㉕㉞㉟）、宮廷謀反（㊸㊹(55)(56)）など

捜　盗　使(夜行)	備　　考	出　　典
		『続日本後紀』
六衛府		『続日本後紀』
六衛府		『続日本後紀』
六衛府		『続日本後紀』
左右兵衛府	弘仁以前の御馬毎夜馬寮用意に復旧	『続日本後紀』
六衛府佐已下，左右近衛各10人，巡検東西		『続日本後紀』
		『文徳実録』
左右近衛少将各１，率馬寮官人・近衛		『文徳実録』
毎坊門置兵士12人，夜行兵衛巡検	３月15日 官符で左右京に結保，保長	『類聚三代格』
		『三代実録』
諸衛府官人已下	獄囚６人，獄垣を穿ち逃去	『三代実録』
		『三代実録』
左右近衛・左右兵衛，分結４番，賜左右馬寮馬		『三代実録』
左右近衛府官人已下10人，左右馬寮細馬		『三代実録』
左右近衛左右兵衛等勇幹者，官馬	大極殿焼亡により諸衛戒厳	『三代実録』
左右近衛官人已下20人，官馬	２月27日 紫宸殿で夜警近衛捕獲	『三代実録』
遣使		『日本紀略』
捜盗使に参議差定	１月13日 藤原基経没。国制改革開始	『日本紀略』『西宮記』
四衛府官人以下	６月４日 京中結保帳作成(『類聚三代格』)	『日本紀略』
		『扶桑略記』
諸衛	同日官符で左右京職に道守屋設置指令	『貞信公記』『西宮記』
左右近衛・衛門・検非違使		『扶桑略記』
諸衛(左右兵衛・衛門)・左右馬寮馬		『扶桑略記』『日本紀略』
検非違使・諸衛・蔵人所小舎人・馬寮諸家馬		『本朝世紀』『日本紀略』『貞信公記』
諸司所々堪兵之人		『貞信公記』
外衛・検非違使		『貞信公記』
諸衛(四府)・馬寮(不勤行)	目的は橘近保の捕得か	『本朝世紀』6，29条
諸衛(四府)・検非違使・馬寮・瀧口４人副え	同上	『本朝世紀』
四府・馬寮		『日本紀略』
諸衛・馬寮	賑給使差文を例文に	『北山抄』『日本紀略』『貞信公記』
諸衛	強盗頻発。不上衛府官人解却	『日本紀略』『貞信公記』

表　大索と臨時夜行

	年　月　日	名　称	対象区域	対象犯	形　式	上　　卿
①	承和３(836)年閏５月29日	大索	城中			
②	承和４(837)年12月22日	大索	城中	盗	遣	
③	承和７(840)年２月12日	夜行	京城	群盗遍起	令	
④	３月６日	捜捕	京中	盗窃	分遣	
⑤	承和８(841)年１月14日	夜行	城中		巡検	
⑥	嘉祥３(850)年２月３日	覘捕	京中	群盗	分遣	
⑦	斉衡２(855)年１月22日	捜	宮中・京中	盗窃	詔	
⑧	天安２(858)年２月22日	捜捕	京中	強盗	遣	
⑨	貞観４(862)年３月６日	夜行／守朱雀道	左右京	盗賊	官符	
⑩	貞観７(865)年３月27日	大捜	宮中・諸司・京中		勅	
⑪	５月24日	大捜	京中		遣	
⑫	５月25日	大捜	京中			
⑬	貞観９(867)年２月27日	夜行	京内		勅	
⑭	貞観13(871)年３月	夜察	京師	多偸児	詔	
⑮	貞観18(876)年４月27日	夜行	京中	非常	分遣	
⑯	元慶２(878)年１月	夜行	京中	多偸盗	遣	
⑰	寛平２(890)年11月29日	捜捕	京中	逃賊嫌疑	勅遣	
⑱	寛平３(891)年11月29日	捜盗(大捜)				
⑲	昌泰２(899)年２月１日	夜行	京中	群盗蜂起	勅令	
⑳	延喜４(904)年３月４日	捜捕	京中	群盗	陣議	左大臣藤原時平
㉑	延長３(925)年５月30日	捜捕	京中	強盗成群		
㉒	延長９(931)年２月８日	夜行	京中	群盗	召仰	
㉓	承平３(933)年１月23日	夜行	京中	群盗	召仰	上卿
㉔	天慶２(939)年４月29日	盗捜	京中	盗人	召仰	大納言平伊望
㉕	天慶３(940)年１月12日／２月８日		宮城14門	将門	召	権中納言・使別当藤原師輔
㉖	天慶３(940)年２月28日	夜行	(京中)			
㉗	天慶５(942)年５月１日	夜行	京中	群盗	仰下	大納言藤原実頼
㉘	６月29日	夜行	京中	群盗	召仰	中納言藤原顕忠
㉙	天暦２(948)年３月29日	夜行	京中	強盗	仰	左大臣藤原実頼
㉚	６月16日	捜索(捜盗)	京中	奸犯之者	仰	右大臣藤原師輔
㉛	12月10日	夜行		群盗	仰	

捜　盗　使(夜行)	備　　考	出　　典
		『日本紀略』
六衛府・兵庫官人	右衛門少尉小野国興追捕賞	『日本紀略』
検非違使(別当から)・満仲ら武士(蔵人頭から)		『扶桑略記』
	故将門男入京対策か？	『日本紀略』
検非違使・諸衛堪武官人・馬寮		『西宮記』
検非違使・諸衛・馬寮・兵庫等官人		『西宮記』
左右馬寮に夜巡料各３疋		『西宮記』
		『日本紀略』
左右京職→保長・刀禰	検非違使申請により	『西宮記』
		『日本紀略』
		『日本紀略』
		『日本紀略』
「武射人々」を鳥曹司に召集	禁中騒動，殆如天慶之大乱	『日本紀略』
(26日に内裏鳥曹司に召集された「武射人々」もか？)	安和の変がらみ	『日本紀略』
		『日本紀略』
堪武芸之輩(衛府・検非違使も大索のため召集？)	源満仲宅放火，延焼300余家	『日本紀略』
(諸衛・検非違使・馬寮・堪武芸之輩)，蔵人所雑色以下瀧口	満仲宅放火強盗捜索	『親信卿記』『侍中群要』『百錬抄』
諸衛本陣，堪武勇五位已下局辺		『日本紀略』
		『小記目録』
	２月28日　使官人等専忘職掌	『小記目録』
諸衛夜行番		『本朝世紀』
六衛府馬寮，武者源満正・平維将・源頼親・同頼信等		『本朝世紀』『日本紀略』『権記』
検非違使		『小右記』
堪武芸五位以下を鳥曹司に候ぜしむ。左右馬寮に馬を引かしむ	長徳の変(藤伊周失脚)	『小右記』
		『小右記』『栄花物語』５
諸衛		『小記目録』
使官人	越前敦賀群盗数十人入洛の噂	『小右記』
使官人。諸条保々に道守舎を作らせる	道守舎	『小右記』
条々(保刀禰？)	捕進賞	『小記目録』『小右記』５，14条

	年　月　日	名　称	対象区域	対象犯	形　式	上　　卿
㉜	天暦11(957)年2月28日	大索				
㉝	天徳2(958)年4月11日	追捕	(京中)道々	脱獄強盗	召・宣下	
㉞	天徳4(960)年10月2日	捜求	(京)	故将門男	勅・仰	権大納言藤原師尹
㉟	10月9日	大索	(京中)			
㊱	11月14日	夜行	京中	盗	仰	左大臣藤原実頼
㊲	応和1(961)年11月15日	捜索	京中	盗	仰下	権大納言藤原師尹
㊳	11月15日	夜行	京中	盗	仰	権大納言藤原師尹
㊴	応和3(963)年7月2日	大索				
㊵	9月22日	夜行	左右京		陣定	大納言藤原在衡
㊶	閏12月13日	索				
㊷	康保4(967)年9月16日	大索				
㊸	安和1(968)年9月16日	索捕	京辺東西山野	奸盗	定行	
㊹	安和2(969)年3月25・26日	警固	諸陣三寮／諸門禁出入	謀反	行	右大臣藤原在衡
㊺	3月29日	大索				
㊻	8月3日	大索				
㊼	天禄4(973)年4月24日			強盗放火	殊召陣	
㊽	4月25日	大索(捜盗)	京中・宮中			内大臣藤原兼通
㊾	天延4(976)年3月28日	捜盗	西京辺土		仰	上卿
㊿	貞元3(978)年11月8・9日	捜盗				
51	天元5(982)年7月16日	捜盗				
52	正暦4(993)年12月4日	夜行			定	中納言藤原顕光
53	正暦5(994)年3月6日	捜盗	京中	盗人	召仰	中納言藤原顕光
54	長徳2(996)年2月5日	捜検	京内・山々	京内不静	仰	
55	4月24日				宣旨	
56	5月2日	盗人捜	京内・山々	逃隠伊周		大納言藤原顕光
57	長徳4(998)年11月15日	夜行	(京内)	強盗放火		
58	長和5(1016)年6月28日	守護・夜行	京内条々	群盗	召仰	
59	寛仁3(1019)年4月5日	夜行	京中	盗賊放火	仰下	
60	長元3(1030)年5月25日	捕進	京中	行火盗賊	宣旨	

が問題化したとき、政府は六衛府官人や後には在京武士を動員して京中条々の嫌疑人の一斉捜索・検挙を行った。これが大索である。まず故実書を中心に大索の次第を復元してみよう。[8] 以下、本節では『西宮記』(臨時八　捜盗事)は〈西1〉、同(臨時六　外衛佐事)は〈西2〉、『北山抄』(巻四　拾遺雑抄下　大索)・同(巻六　備忘略記　捜盗事)は〈北1〉、同(巻九　羽林抄　大索事)は〈北2〉、『新儀式』(第五　捜盗事)は〈新〉、『侍中群要』(京中大索)は〈侍〉と略記する。

(1)前一日、擬装賑給使差定

勅命を受けた上卿は、大索という真の意図を隠して(「秘二其事一不レ漏」〈新〉)、陣座に着いて賑給使差定を行う。上卿は外記に命じて賑給使の例文を用意させ、参議に左右京条々「賑給使差文」〈北1〉(「分配文」〈西1〉)を書かせて奏聞する。この時点で大索と知っているのは、天皇・摂関と上卿と蔵人頭だけであろう。

賑給使差定について詳しい藤原師輔『九条年中行事』(五月恒例賑給事)[9]をもとに、捜盗使差定について類推してみよう。賑給使差定[10]は外記局が保管する「旧年差文」(例文)と外記が兵部省に提出させた「(武官)補任帳」[11]をもとに行うのが「年来の例」だが、本人不在や辞退で支障が生じるので、「自今」、上卿は外記に命じて衛府・馬寮に官人出仕状況を勘申させてから差定することにする、としている。実例でも「例文・兵部歴名・外衛府幷馬寮等在京等勘文」[12]をもとに差定している。例文と武官補任帳による賑給使差定から、衛府・馬寮「在京勘文」を加えての差定に転換した「自今」は、衛府官人の未着任・不出仕が問題化した師輔大納言在任中の㉗㉘天慶五(九四二)年の夜行が一つの目安となる(後述)。捜盗使差定も本来は例文と兵部省補任帳で差定され、㉗㉘天慶五年の夜行以降は、「衛府在京勘文」が参照されることになったと思われる。

賑給使差文には、左右京それぞれ一条(北辺を含む)・二条・三四条・五六条・七八九条の計一〇区域、各区域を衛門佐以下諸衛混成三人ずつ計三〇人の諸衛府・馬寮官人が書き上げられている。問題なのは賑給使の実例には兵庫寮・馬寮官人がおり近衛府官人は入っていないのに、[13]捜盗使は近衛府官人を中心とする六衛府官人で構成され兵庫寮・馬寮官人が含まれない点であり、両者は同一ではない。擬装するさいこの点をどう処理していたのか疑問が残るが、ここでは捜盗使は賑給使と同じく一〇区域、各担当区域に複数衛府混成の三人、計三〇人であったとしておこう。「随兵」には諸衛舎人〈北1〉と瀧口武者・諸司官人堪武芸者〈西1・北1〉がなるが、私は⑱寛平三（八九一）年の大索のとき近衛舎人主体から瀧口武者・諸司官人堪武芸者主体に替わったと考えている（後述）。捜盗使は一〇担当区域計三〇人、随兵は各担当区域に三、四人〈北2〉の計三〇〜四〇人、総計騎馬六〇〜七〇騎の規模となる。その三、四倍の徒歩の補助員が加わるなら、総勢およそ三〇〇人規模の京中一斉捜索・検挙であった。だが「近例」では擬装賑給使差定はしない〈北1〉。擬装の具体例に㉚天暦二（九四八）年の大索があるから、「近例」はそれより以降である。

(2)前一日、擬装賑給使召仰

差文を奏聞し勅許を得た上卿は、外記に六衛府官人・左右馬寮官人各一人、今日不参公卿家司各一人を呼び出させる（参内公卿には直接伝える）。外記は彼らに賑給使差文を示し、明日卯一点（午前五時）を刻限に、差定された少将・佐以下官人に「舎人」らを率いて参内させるよう命じる。その口上は、「明日俄可レ行二賑給事一、依二倉卒一、当日可レ給二料物一、但如レ此之時、非レ無二狼藉事一、各帯二弓箭一可レ候」〈北1〉所引㉚である。また外記に命じて随兵とする瀧口武者と諸司官人堪武芸者を催して瀧口陣に待機させておく〈西1・北1〉。馬寮には御馬各二〇疋を建礼門（内裏外郭南門）前に牽き出すよう、公卿家にも馬を提供するよう命じる〈北1〉。公卿拠出分を含め六〇〜七〇疋いたなら、捜盗使と随兵の馬がまかなえる。

(3)前一日、京周辺要害固守のための検非違使差遣

さらに上卿は、賑給使＝捜盗使とは別に、嫌疑人の京外逃亡を阻むため、極秘のうちに検非違使各二人を会坂・龍華・山崎・大枝山・宇治・淀などの「道々」に差遣し「固衛」させる〈北1〉。このように前日の大索準備は、すべて極秘のうちに進められる。

⑷当日未明、捜盗使差文への変更と馬の分配

当日、「寅時」〈西1〉・「卯時以前」〈北1〉(午前三時〜五時ごろ)、上卿が陣座で参議に命じて、急遽、偽りの賑給使差文を捜盗使差文に書き改めさせ、また外記に命じて、春華門(建礼門東隣)前で馬寮と公卿家が牽いてきた馬を、捜盗使衛府官人・随兵たちに分配させる〈北1〉。

⑸捜盗使上首への出動指令

擬装賑給使に差定された衛府官人は「舎人」を率いて参内し、所属衛府の詰所(陣)で待機する〈北1〉。刻限の卯一点に上卿は外記に命じて〈西1〉、各区域担当使三人の上首(「手々使頭」〈西1〉・「上臈」〈北1〉・「上首」56)の近衛少将・外衛佐以下一〇人を一人ずつ陣座前に召し出し、直接口頭で「嫌疑者を捜捕せよ、『条々』を捜索し終えたらその方面の山も『踏索』せよ」と出動を命じる〈北1・西1・西2〉。召集された六衛府官人はここではじめて大索であることを知る。

捜盗使上首のうち、五位以上の少将・佐らは「尋常装束」(闕腋袍の武官束帯、近例は朝服布袴)で土庇の膝突に着いて命を受け、六位(将監・尉ら)は「布衣」(狩衣)で小庭に控え上卿から呼ばれて膝突に進み出て命を受ける〈西1・西2・北1・北2・侍〉。指令を受ける順序は臈次ではなく参上順であった〈北1〉。直接指令・直接復命は、捜盗使の忠勤意識を高める。本来は出動指令を受けるときは弓箭を着けず、復命のときだけ弓箭を着けたが、「近代」(近例)はいずれも弓箭を帯するという〈西1・北1〉。「近代」は賑給に擬装しなくなったからであろう。なお捜盗使として召された「武者五位六位」の装束は「宿衣」(直衣)・「布衣」で、被り物は「烏帽子」でよかった〈侍〉[14]。この捜盗使「武者」は「在京武士」のことである。その初例は34 35天徳四(九六〇)年である。

⑹捜盗使の京中条々出動

上卿から口頭指令を受けた捜盗使衛府官人上首は、配下の捜盗使官人とともに騎馬帯仗して、同じく騎馬帯仗した随兵

らを率いて担当区域（「分配」条々）に向けて出動し、一斉捜検を行う〈西1・北1・北2・新〉。

⑺蔵人所の宮中大索

京中大索と同時に宮中大索も行われた。勅命を受けた蔵人頭は、蔵人所雑色以下を召集し、内裏・大内裏諸司所々を捜検させる〈北1・新・侍〉。瀧口武者が京中大索の随兵に分配されないときは宮中大索に「差副」された〈侍〉。具体例は㊼㊽天禄四（九七三）年である。本章では宮中大索について詳しくは触れない。

⑻捜盗使の復命

捜盗使官人たちが捜盗終了後帰参すると、上首が陣座前で出動時と同様に膝突に着き、口頭で「当条を捜し求むるに、嫌疑者候わず」〈西1・北2〉などと担当区域の捜索完了を上卿に報告し、上卿が天皇に奏聞して大索は完了する〈西2・北1・新〉。拝命時は弓箭を持たない「尋常装束」であった五位官人の帰参時の装束は、弓箭を帯した「朝服布袴」（束帯の袴を指貫に替えた略装）であった〈北2〉。拝命後、活動的な布袴に着替えたのだろう。「近例」では拝命時も帯仗布袴であるというのは〈北2〉、既述のように賑給に擬装しなくなったからである。

⑼酒　宴

帰参した捜盗使官人・随兵たちの慰労のため、「厨家」（侍従厨家か）が「小饌」を用意し、酒肴が振る舞われる〈北1〉。酒宴を通じて衛府官人・在京武士・随兵らの国家（天皇）への忠誠意識、京内治安維持の責任意識、連帯感と競争意識が昂揚し、自身の活躍ぶりが吹聴されたことであろう。大江山の酒呑童子退治説話の原型は、このような酒宴の場で生まれたのかもしれない。[15] 酒宴の場所は諸衛府本陣（左近衛少将なら日華門の陣）か。在京武士の場合は鳥曹司か（㊹㊺）。

⑽夜　行

〈新〉は「捜盗事」に「夜行」も含め、検非違使と諸衛尉以下を結番させ馬寮の馬を給して「毎夜」京中を巡検させ、瀧口武者を加え遣わすこともある、とする。この夜行は時限的な臨時夜行である。瀧口武者の加遣の初例は㉘天慶五（九四二）年である。

以上の次第から大索で京内全域に出動する捜盗使六衛府官人は一〇区域計三〇人、随兵三〇〜四〇人であったこと（全員馬寮・諸家提供馬に騎乗）、捜盗使差定・召仰・馬分配・復命のすべてで上卿が主導し外記が手続き事務を行ったことが明らかになった。王朝国家の軍事動員の一形態である大索において、太政官（上卿・外記）が重要な役割を果たしていたことを重視したい。

捜盗使「随兵」の「瀧口武者」と「諸司官人堪武芸者」

〈西1・北1〉には、「瀧口武者」と「諸司官人堪武芸者」を召すことを割書で注記している。だが近衛少将・外衛佐以下の捜盗使差定と同列の扱いではない。前項では彼らを捜盗使「随兵」と断じて論じたが、それを故実書相互間の微妙に異なる表記に注意を払いながら証明しよう。〈西1〉では、外記が「諸司官人堪武芸者」を催して「瀧口等」（清涼殿東北渡廊の瀧口陣）に着させるとある。〈北1〉では、近衛少将以下が捜盗使になり、「瀧口武者」も加え「諸司官人堪武芸者」も召し加えるが、「近例」では外記が「例」をもとに差定して上卿に覧ずるとする。瀧口武者[16]は、諸家が推挙した候補者の名簿をもとに蔵人頭が近衛府で試して採用し、瀧口陣を詰所として蔵人頭の指揮下で清涼殿の宿直を任務とする天皇親衛隊である。その瀧口武者が外記に召集されるのは、同じく蔵人所所管の内豎が叙位・除目などにおいて外記の指揮に従うのと同じである[17]。

ここで参考になるのが、㉕摂政藤原忠平が平将門入京に備えて宮城十四門守固のために「諸司所々堪兵之人」を召集するさい、左中弁に命じて諸司所々に「交名」を提出させ、交名を外記に下して彼らを諸門に配属させていることである。この「諸司所々堪兵之人」は「諸司官人堪武芸者」にあたる。大索でも、本来は上卿が弁―史を通じて諸司所々に提出させた交名をもとに外記が差定していたのを、天慶の乱後、弁―史を介さずに外記が直接諸司所々に交名を提出させて差定し上卿に覧じるようになったと考えたい。諸司官人堪武芸者召集に、本来、弁―史が関与していたなら、大索における太政官の役割はいっそう重要であったことになる。弁―史が交名を提出させ、外記が差定して上卿に交名を覧ずる諸司官人堪武芸者の召集方法は、上卿が近衛次将・外衛佐以下を捜盗使に差定する方式とは異なっており、彼らは捜盗使ではない。諸司官人堪武芸者と併称される瀧口武者についても、〈西1〉に捜盗使が「当条山辺」を「捜検」するさい「瀧口人」を「副」える、とあるように、捜盗使そのものではなく捜盗使に副えられる存在だった。

ここで注目したいのは、〈北2〉の「随兵三、四人」である。捜盗使上首の近衛次将は「傔下」(捜盗使次席ら衛府官人)だけでなく「随兵三、四人」を率いて捜検に出動するという。〈西2〉では捜盗使外衛佐には「副兵」がいる、とする。実例では、㉔「条々」に派遣される諸衛捜盗使は「随兵」を率いていた(『本朝世紀』)。〈西2〉の「副兵」は〈北2〉・㉔の「随兵」にあたる。近衛次将だけでなく外衛佐も捜盗使は「随兵三、四人」を従えたのである。この近衛次将・外衛佐以下捜盗使が率いる「随兵三、四人」は、本来は衛府「舎人」が勤めるものだが〈北1〉、「瀧口」や「諸司官人堪武芸者」が加わり、「舎人」にとってかわったとみるべきであろう。捜盗使の随兵が瀧口武者であったことは、〈西1〉の捜盗使に「瀧口人」を「副」えるとあること、〈侍〉に瀧口武者が京中大索に分配されないとき宮中大索に召集する、とあることからわかる。また㉘諸衛・検非違使の「夜行」に瀧口武者が毎夜四人(府別一人)「副」えられているのも、捜盗使上首がどの衛府の官人であれ随兵には瀧口武者が副えられたことを裏付けている。また㉘から随兵が騎馬だったこともわかる。

大索の京内区域割は一〇区域であるから随兵は全体で三〇~四〇人必要である。当初定員一〇人規模の瀧口武者では不足する。諸司官人堪武芸者は瀧口武者だけでは足りない「随兵」要員を補充するために「瀧口陣」に召集されたのである。以上から、京中条々捜盗使随兵に瀧口武者と諸司官人堪武勇者が宛てられていたこと、彼らが騎馬であったことが明らかになった。

以上、本節では以下のことを論じた。すなわち、大索を中央軍制の発動ととらえた場合、天皇（摂関）・太政官＝公卿集団の国家意思として大索が決定されると、上卿は外記を通して六衛府から捜盗使三〇人（のちには在京武士も）を差定・奏聞して召集し、同じく外記に命じて随兵として瀧口武者・諸司官人堪武芸者を召集して捜盗使上首の指揮下に分配し、彼らは上卿の号令によって出動し、任務終了とともに復命・奏聞する。この上卿による（外記を介しての）六衛府官人・瀧口武者・諸司官人堪武芸者の召集・指令・復命は、天皇（摂関）―太政官（上卿―外記）による国家軍制の発動ということができる。「先例」「故実」を握る上卿（公卿集団）・外記、すなわち太政官の関与なしに大索が実施できない点は重要である。

2　大索の展開

九世紀の六衛府官人・近衛舎人主体の大索

宝亀十一（七八〇）年二月、新羅との朝貢関係を解消すると、国家体制の「帝国的構造」＝中央集権的統制を緩和する政治改革が始まり、[18]その一環として京の「帝都」的な維持・管理や治安対策も緩められ、「宮廷都市」（王朝都市）へと変容を始める。京職は直接行政的に京内道橋整備・清掃や非違検察を行うことをやめ、京内住人（王臣家・官人・雑人）を居住区で「保」に編成し、道橋清掃修理や非違検察などの都市機能を肩代わりさせるようになった。京職行政は「保」による清掃・治安維持の定期巡回チェックと怠慢住人の制裁という間接関与になり、王臣家をいかに街区清掃・治安維持に協力させるか、弾正台と京職との権限配分をめぐる紛糾が続く。[19]このような京職の京内行政機能の低下のなかで、京内道橋の破損・不潔化は進み、昼夜を問わず強窃盗が出没するようになる。そして弘仁六（八一五）年前後に、個別の盗賊事件の犯人追捕に特化した検非違使が衛門府官人の出向のかたちで設置された。外交路線対立を伴わない九世紀宮廷の矮小な権力闘争では、主導側が「謀反」事件をでっち上げ、近衛次将に「勇敢近衛」を率いて不満分子（と目された人々）を攻囲・拘束させたが、その動員方式は大索と似ている。[20]

九世紀の京内治安を以上のようにとらえて、九世紀の大索を表をもとにみていこう。政府が「京中群盗」多発に危機感を抱いたとき（⑥⑦⑧）、囚人多数が脱獄したとき（⑪）、大索が実施された。初見は①承和三（八三六）年閏五月。群盗海賊が全国的に問題化する承和年間において、先駆けとなる群盗対策であった。[21] その後宇多即位（仁和三〈八八七〉年）までのおよそ五〇年間に、大索は八回行われている（②④⑥⑦⑧⑩⑪⑫）。大索の主体は六衛府少将・佐以下官人であった。捜盗使衛府官人に率いられる随兵は「近衛」（⑥⑧）と明記され、とくに⑥では「六衛府佐已下」が「左右近衛各十人」を率いたとある。故実書の次第どおりに一〇区域分担なら一区域に衛府官人三人、随兵近衛二人という計算になる。[22] 衛門府・兵衛府官人が捜盗使であっても、随兵は近衛であったことに注目したい。九世紀の大索においては、近衛舎人が武装力の中心だったのである。

九世紀に、通常の京中「毎夜」夜行が、『延喜式』の規定どおり兵衛二人によって担われていたことは、⑤⑨によって知られる。だがそれとは別に、③承和七（八四〇）年以降、とくに六衛府（③）、左右近衛府・左右兵衛府の四府（⑬⑮）、左右近衛府（⑭⑯）に、「詔」（⑭）・「勅」（⑬）によって臨時夜行が命じられる場合があった。「毎夜」（⑮）とあるが、「群盗遍起」（③）、「多偸児（盗）」（⑭⑯）、大極殿焼亡の「非常」戒厳（⑮）などを理由とする時限的な特別警戒であった。臨時夜行の随兵は「勇敢近衛・兵衛」（⑮）が勤めたが、随兵兵衛は通常夜行の延長であろう。九世紀の臨時夜行が近衛府・近衛舎人中心であるのは、十世紀の臨時夜行が検非違使・衛門府・兵衛府の担当で近衛府が外れていたのと際立った違いである。

以上、九世紀の大索が、六衛府官人が「勇敢近衛」を随兵として京中群盗を一斉捜索するものであり、臨時夜行でも近衛府「勇敢近衛」が中心となることが多く、謀反事件での動員を含め近衛府が中央軍制の中軸に位置づけられていたのである。九世紀の大索で外記が六衛府官人召集に関与したかどうかははっきりしないが、『儀式』『内裏式』で賀茂祭警固での六衛府召仰を上卿が直接内豎に命じていることは、九世紀の大索に外記は関わらなかったのではないかという推定に導く。

捜盗使「随兵」の瀧口武者・諸司官人堪武芸者への転換

宇多天皇が国制改革に乗り出した寛平三（八九一）年、「参議」を捜盗使とする異例の大索が実施された(18)。このとき武官を兼帯する参議は左中将藤原有実・右衛門督藤原時平であり（『公卿補任』）、「次将」有実だけでなく本来対象外の「督」時平まで差定されたのなら、いっそう特別の意味をもったことになる。関白藤原基経が正月十三日に死去し、この年、天文異変・旱魃・京近郊山火事などが重なって京中住人の不安は募っていた（『日本紀略』。京中盗賊記事はない）。改革のスタートにあたり、宇多はまず京中治安維持に積極的に取り組む姿勢を京中全住人（王臣家・官人・庶民）の前に示したのであろう。このときから捜盗使「随兵」に、宇多が新たに清涼殿宿直警衛親衛隊として創設した「瀧口武者」と「諸司官人堪武芸者」が加えられたと考えたい。

瀧口武者創設の背景として、九世紀末〜十世紀前半に行われる近衛舎人の削減と遊興的競技武芸や舞楽への専業化などにみられる、近衛府の宮廷競技奏楽機関化（非軍事化）政策を想定しなければならない(23)。そのような衛府改革の一環として、大索捜盗使随兵は近衛舎人主体から瀧口武者・諸司官人堪武芸者主体へと転換したのである。武芸から縁遠くなっていた近衛少将に、九世紀末以降も捜盗使上首の任が勤まったのは、随兵を瀧口武者・諸司官人堪武芸者が勤めるようになったからであった。

それでは諸司官人堪武芸者とはどのような人々だったのだろうか。十世紀以降の検非違使追捕官人や瀧口武者・春宮帯刀の構成をみると(24)、武芸に通じた非武士中下級官人のなかに延喜勲功者子孫・天慶勲功者子孫＝在京武士が混在するが、武士の比率は圧倒的に低かった。摂関期の京内での盗犯追捕や内裏・東宮の警備には、激烈な騎馬個人戦・疾駆斬撃戦を戦う武士的武芸は要求されず、嫌疑人は追捕宣旨や別当宣を振りかざしただけで震え上がるのが一般的だった。追捕官人・瀧口・帯刀が武士である必要はなかったのである。そのような構成は、十世紀前半における延喜勲功者子弟の在京化から始まっていた。「内舎人」小野景興、「左馬允」平貞盛、「瀧口」平将門ら在京武士は、㉑延長三（九二五）年の大索で「諸司官人堪武芸者」「瀧口武者」として召集されたかもしれない延喜勲功者子孫である。[25]

しかし天慶の乱以前における延喜勲功者子孫＝武士の地位は、せいぜい馬允・内舎人・瀧口程度であり、大索捜盗使になりうる「諸衛佐以下」にはほど遠かった。このようにみるなら捜盗使随兵となった諸司官人堪武芸者は、瀧口や帯刀と同様に六位七位の非武士下級官人と馬允・内舎人クラスの在京武士で構成されていたといえよう。

なお十世紀の臨時夜行は、九世紀と同様に㉒「近日群盗満京」（類似の表現に⑲㉓㉘㉙）という盗賊の横行や、㉖将門入京の噂や㉗㉘駿河貢納物盗犯橘近保（純友捕得勲功者橘遠保兄弟か）の京内潜伏に対して、時限的に「毎夜」（⑲㉓㉘）行っているが、夜行主体から近衛府は除外されていく（㉓㉖。臨時夜行の「諸衛」は、近衛府を除外した「四府」〈㉘㉙〉ではないだろうか）。それは近衛府の非軍事機関化の結果であり、天慶の乱以降の夜行衛門府・兵衛府官人のなかには在京武士も含まれていたであろう。一方、通常の夜行が、九世紀と同様に夜行兵衛二人による巡検であったかどうかは問題である。⑲昌泰二（八九九）年の保長任命・結保帳作成、㉑延長三（九二五）年の道守屋設置は、夜行を含む京内の日常的治安維持が「保」に任されていったことを示しており、その傾向はその後いっそう進行していく（(59)(60)）。

大索と衛府官人「未到不上」問題

天慶五（九四二）年六月二十一日、「東西軍功定」後の三月二十五日〜二十九日の勲功除目で衛府を拝任した「左衛門少志巨勢広利、左兵衛少志大神高実、右兵衛権少尉藤原遠方、右馬権少允藤原成康、兵庫権少允藤原為憲」[26]ら天慶勲功者＝

武士が、一二〇日の程限が迫っても[27]「未到不上」のため、前日、本司にその理由に付き勘文（前記の「在京勘文」）を提出させたが、公卿議定は解任とはせず訓誡とした（『本朝世紀』）。天慶勲功者に配慮した寛大な措置である。天慶の乱後、多数の勲功者が衛府（馬寮・兵庫寮を含む）官人に任用され、[28]そのうち右の五人が在国のままだったのである。それが露顕したのは、㉗五月一日宣旨で夜行を命じられながら「勤行」していなかったことが発覚し、本府本司に勤務状況＝「在京勘文」を提出させたからであった。大索・夜行で諸衛に「在京勘文」の提出を義務づけるようになったのは、この時からであろう。㉘六月二十九日の再度の夜行指令で四府官人の随兵に「瀧口」を府別に一人副えるよう命じられたのは、夜行に結番するはずであった「未到不上」衛府官人「武士」の郎等武力を補うためではなかろうか。

その後も「未到不上」衛府官人は跡を絶たず、㉛天暦二（九四八）年十二月十日の夜行指令後の十五日、「諸衛官人多不上者」との理由により臨時除目で「解却」している。夜行は群盗抑止策であると同時に、「在京勘文」によって衛府官人の「未到不上」状況を摘発し、彼らに精勤を促す機能も果たしていたのである。

衛府拝任天慶勲功者には精勤者もいるはずであるから（天慶五年の「未到不上」は五人だけである）、天慶五（九四二）年以後の大索（㉚㉜㉝）で捜盗使として召集された諸衛官人三〇人には、何人かの武士が含まれていたとみてよい。㉝天徳二（九五八）年四月、六衛府・兵庫官人に脱獄囚八人の追捕が命じられたが、追捕の恩賞で右馬助に任じられたのは、延喜勲功者子孫＝武士の右衛門少尉小野国興であった。こうして天慶の乱後の大索での捜盗使衛府官人や夜行衛府官人には武士が含まれるようになり、彼らは自身の郎等を随兵として大索に参加したのであった。しかしこの段階ではまだ捜盗使を六衛府次将・佐以下に限定する官人構成は維持されていた。非武士の捜盗使衛府官人の随兵は瀧口武者・諸司官人堪武芸者であり、彼らのなかには武士もいたはずである。

3　在京武士主体の大索

やがて天慶勲功者子孫＝武士から、衛府官人をステップに五位に叙され受領になるものも出てくる。㉞天徳四（九六〇）年十月二日、「故将門男入京」の噂に、使別当には検非違使に「捜求」を、蔵人頭には天慶勲功者源基経子息「前武蔵守」満仲、姓不詳義忠、天慶勲功者大蔵春実に「伺求」を命じさせた。彼らは衛府官人ではない五位の前司か在京官人か散位であった。はじめて天慶勲功者（子孫）＝在京武士が衛府官人ではない立場で京中捜検を命じられた。次に述べる理由から、この七日後の㉟十月九日に行われた大索に満仲らは捜盗使として出動したとみてよいであろう。

前日に召集され、当日早朝に出動するという大索の次第からいえば、以下の在京武士の内裏召集の実例はすべて大索の前日または数日前であり、史料上その関連が明記されていなくても、大索への出動を想定した召集であろう。㊹安和二（九六九）年三月二十六日、満仲が左大臣源高明の家人らを密告し、「禁中騒動、殆如二天慶之大乱一」というパニックのなか、「武射（＝武者）人々」が「鳥曹司」に召集された。彼らは三日後の㊺大索に、六衛府官人とともに捜盗使として出動したはずである。㊼天禄四（九七三）年四月二十四日未明の強盗による前越前守満仲宅放火、数百家延焼という惨事のなか、「殊」に「宣旨」で「堪武芸之輩」が「陣頭」に召集され、㊽翌二十五日、上卿内大臣藤原兼通が陣座で「京中手分」して大索を行った。この㊼の在京武士召集は、㊽六衛府官人とともに捜盗使として京中条々に分遣するためである。㊽で「瀧口」が宮中大索に差し副えられたのは、京中大索の主役が在京武士に代わり、彼らの郎等集団が瀧口武者にとってかわったことを示す。天延四（九七六）年三月二十七日、上卿が外記を通して、「明日寅刻」に、「諸衛佐已下舎人以上」は弓箭を帯して各「本陣」で待機し、「堪武勇五位已下」は弓箭を随身して外記局辺で待機しておくよう命じ、㊾翌日寅刻「西京辺土」の大索に分遣している。外記を通して捜盗使を召集するのは、大索本来の手続きである。㊳正暦五（九九四）

年三月六日の大索では上卿使別当中納言藤原顕光が外記提出の「例文」にもとづき「旧の如く」六衛府を召集して京中条々に分遣したが、六衛府官人とは「別」に「武者」源満正・平維将・源頼親・源頼信を召し捜盗使として「山々」に差遣している。

さて、関白藤原道隆没後の内大臣藤原伊周との権力闘争を制した右大臣道長は、⑮長徳二(九九六)年四月二十四日、花山院射撃・女院呪詛・大元帥法私修の罪状によって伊周配流宣命を得て公卿を召集し、伊周・隆家兄弟一党を左遷する除目を強行した。道長は、六衛府には諸門閉鎖・諸陣警固を命じるとともに、「宣旨」で「堪武芸五位以下」を「鳥曹司」に召集し待機するよう命じた。検非違使別当権中納言藤原実資は「辰初」(午前七時)に参内し、右大将大納言顕光とともに道長直廬に呼ばれて説明を受けたが、道長の指揮のもと顕光を上卿とする陣座での伊周・隆家配流手続きにおいて、検非違使佐らへの指示も道長が直接行うなか、使別当実資はただ見守っていただけであった。在京武士召集についても、実資は日記に伝聞体「云々」で記しており、関与していない。召集された「堪武芸五位以下」は『栄花物語』(第五)では「内には陣に、陸奥の国の前守維叙、左衛門尉維時、備前々司頼光、周防前司頼親など言人々、皆これ満仲・貞盛子孫也、各つは物どもを数知らず多く候」とあり、「満仲・貞盛子孫」の在京武士たちはそれぞれ多数の郎等を率いていた。

この在京武士四人とその郎等集団の召集が大索と連動していることは、『栄花物語』が続けて「世には盗人あさりとひつぐる」と書いていることからわかるが、七日後に行われた伊周捜索を目的とする大索㊻に、彼らは六衛府官人とともに捜盗使として分遣されたのである。「早朝」、陣座で捜盗使差定が行われた。上卿顕光は、使別当実資も同席するなか、「山々・(京内)条々」捜盗使定文を作成して自ら奏聞し、捜盗使「上首」五位六位を陣座前膝突に召して担当区域の捜盗を命じ、「入夜」、捜索活動を終えた捜盗使は帰参・復命した。実資は捜盗使等に「多失錯」があったと日記に書いている。故実・次第に疎い在京武士が拝命・復命のさいに失錯したのだろう。先例どおり捜盗使が一〇区域で「山々」はその延長だったなら、在京武士四人で四区域、残り六区域は六衛府官人が瀧口武者・諸司官人堪武芸者を引率して分遣されたことになるが、㊸のように「山々」を「京内」から区別して在京武士に捜索させたなら、京内一〇区域は六衛府官人担当になる。

このように、㉞天徳四(九六〇)年以降の在京武士の内裏召集は大索と連動しており、たんに「大索」・「捜盗」とあるだけの㊴㊶㊷㊸㊻㊿も、在京武士を特別召集して行われたとみるべきである。㉞以降の大索で在京武士を内裏に召集するときは、蔵人頭を通じて「宣旨」で行い(㉞㊼)、「鳥曹司」に待機させることもあり(㊹㊺)、外記に命じて外記局周辺で待機させることもあった(㊾)。「鳥曹司」は内裏内郭東南角鉤型の部屋であり、節会で公卿らが陣座から承明門外弁に移動するさいに靴に履き替える場として使用されるが、鷹の飼育場所ともいわれる。(29) 大索に出動するまでの在京武士たちの「宿所」としてふさわしい。上卿が彼らを陣座に召して京内条々山々の捜盗を命じるときは、他の六衛府官人と同様に外記に呼び出させ、直接口頭で伝達する。装束は宿衣か布衣、烏帽子であった(『侍中群要』第七 京中大索)。「宣旨」で内裏召集された在京武士といえども捜盗使の拝命・復命は太政官(上卿―外記)主導であったことに注意したい。

以上みてきたように、天慶勲功者子孫＝武士が五位に叙され受領を勤めるまでに政治的地位を高めると、彼らは在京武士として、六衛府官人とは別途、捜盗使として召集されるようになったが、㊻長徳二(九九六)年五月を最後に、大索自体が行われなくなった。この最後の大索において、在京武士を含む捜盗使は伊周の身柄を確保することができなかった。捜盗使とは別に、伊周が愛宕山に隠れているという情報を得た使別当実資は非武士の使官人(佐・尉・史生各一人)を愛宕山に馳せ向かわせ、伊周が出家して中宮定子邸に帰ったことを知った中宮邸守護中の非武士の検非違使志が、乗車逃走しようとする伊周の身柄を確保した。在京武士を郎等集団もろとも召集しての大がかりな一斉捜索のわりには、大索ではなんの成果も得られなかった。逆に、保刀禰などの京内情報網をもつ、京内犯罪捜査・追捕の専門機関である検非違使が、使別当実資の指揮のもと機動的に対応し、伊周の身柄を確保したのであった。大索が今回をもって終焉した要因を考えるうえで示唆深い。

おわりに

以上本章では、王朝国家の中央軍制の発動の一形式である大索において、上卿―外記（弁―史も）が捜盗使の六衛府官人と随兵の瀧口武者・諸司官人堪武芸者を召集していることから、天皇（摂関）のもとで太政官が大索の動員主体であったことを明らかにするとともに、九世紀の六衛府だけの動員から十世紀後半に天慶勲功者子孫＝在京武士主体の動員へと転換していく過程を眺めてきた。上卿が六衛府官人から京内一〇区域計三〇人の捜盗使を差定して外記を通して召集し、その上首を陣座前に呼び出して捜盗を命じる召集手続きには大きな変化はみられない（九世紀の召集手続きに外記が関与しなかった可能性あり）。変化は、⑴九世紀末に捜盗使随兵が近衛舎人から瀧口武者・諸司官人堪武芸者に転換し、⑵十世紀前半には瀧口・諸司官人となった在京武士が最初は随兵として、⑶ついで捜盗使衛府官人として参入するようになり、⑷十世紀中葉、ついに在京武士が六衛府官人とは別途、捜盗使に指名されるようになった点にあった。この変化は、九世紀末における近衛府の非軍事機関化、瀧口武者の設置、十世紀に延喜・天慶勲功者（子孫）＝武士が登場して衛府官人から五位・受領へとその地位を高めていく過程とパラレルに進行し、昇任コース（兵衛尉→衛門尉→五位→受領）に乗った源平の在京武士たちが、非武士六衛府官人と並んで捜盗使に差定され自己の郎等集団を率いて任務につくにいたった。大索の変容過程のなかに、武士の政治的地位の上昇過程がみごとに反映しているといえる。それは地方諸国において、国衙が「追捕官符」で国内武士を動員する国衙軍制の成立過程と対応しており、より大きくとらえれば律令国家から王朝国家への転換の一部である。

大索に在京武士を動員することにどのような意味があったか。第一に、天皇（摂関）の意を受けた上卿から、直接、在京武士一人一人が捜盗使を拝命し復命することは、天皇・政府・貴族たちが武士を国家の軍事力ととらえていることを示し、武士も自ら国家の軍事力との使命感を自覚する。天皇・政府は、在京武士を有事において天皇＝王朝国家の軍事動員に従う権利と義務を有する世襲戦士として位置づけているのである。第二に、大索は在京武士の有事における緊急動員であるとともに、天皇＝王朝国家の在京武士動員が有効に機能するかを試す軍事演習の機能も果たす。第三に、在京武士が郎等集団を従えて条々・山々を捜検することは、天皇＝王朝国家が在京武士を忠実な国家軍事力として従属させていることを京内住人に印象づけ、在京武士は、沿道に群がる男女貴賤の注目を浴びることで英雄的戦士として自己を顕示する。

その大索が、㊻長徳二（九九六）年を最後に消滅したのは、第一に、最後の大索で伊周の身柄が、在京武士を動員した大索によってではなく、使庁の独自の情報網を活用した機動的捜索によって確保されたことである。検非違使の捜査・追捕能力の高さは明白であり、このとき内覧右大臣道長・使別当実資ら公卿集団は、ものものしい大索の実施に疑問を抱くことになった。第二に、道長は、宮廷の平和、京中の平和を、自身が実現していることを、大索を行わないことによって示そうとしたのではないか。京中の治安は、尋常の検非違使の追捕勘糺機能と「保」「保刀禰」（㊾㊿）によって維持される。第三に、大索は在京武士にとって京内貴賤に見物される晴れ舞台であり、道長政権は在京武士の過剰な英雄化を警戒し、在京武士が目立つ機会を抑制しようとしたのではないか。

大索の消滅によって、摂関政治全盛期に京内貴賤が英雄的武士に喝采を送る機会は、追討使の出京や凱旋入京を除いてほとんどなくなったが、その代替的役割を果たしたのが、春日祭で摂関家嫡流子弟が上卿・祭使を勤めるときの、在京武士の行列供奉であった。(30) 春日祭武士供奉は、道長・頼通が王朝国家の軍事指揮権を実質的に掌握していることを見物の人々に顕示するとともに、武士行列を見物する機会を人々に提供した。春日祭への武士供奉と綺河原での笠懸は、大索に代わる摂関期全盛期の武士見物ショーであった。

在京武士召集は、白河天皇が、道長・頼通が行った春日祭の武士供奉に示唆を得て源義家を行幸に供奉させたことから復活する。その後の御幸供奉、南都北嶺嗷訴における防御・内裏警固、武士御覧など、院によって頻繁に行われた在京武士召集は院政期王朝国家の中央軍制の発動であるが、その源流を辿ると、大索における在京武士召集に行き着く。

(1) 元木泰雄『武士の成立』（吉川弘文館、一九九四年）「第三　摂関時代の『兵の家』」。氏は「諸家兵士」を王臣家が編成した私的軍事力組織（実態は王臣家人）と考えているが、政府が王臣家に宣旨で家司・家人を兵士「役」として提供させる場合の表現であろう（後述する「諸司官人堪武芸者」が諸司に課した兵士「役」であるのと同じである）。彼らは同時に下級官人であり、特定王臣家に全面的に隷属しているわけではない。氏が提示する「諸家兵士」「軍事貴族」を含む多様な武士関連概念の問題性については、拙稿「書評　元木泰雄『武士の成立』」『日本史研究』四三四号（一九九八年）参照。

(2) 高橋昌明『武士の成立―武士像の創出―』（東京大学出版会、一九九九年）「第1部第四章　武官系武士から軍事貴族へ」。高橋氏は九世紀の武官系武士＝近衛官人と軍事貴族（私のいう在京武士）は家系的には断絶しているが、大索への参加、装備・武芸の継承という点で継承性があり、その点で近衛官人＝武官系武士は中世武士の源流であると主張する。しかし、大索に在京武士が参加するようになっても近衛官人もそれまでどおり参加しており、両者は継承・連続ではなく並存である。宮廷競技儀礼の娯楽的武芸として洗練されていった衛府官人の律令的武芸・装備と、延喜・承平・天慶の追討戦のなかから生み出された武士の中世的実戦的武芸・装備の間には継承より断絶がある。両者を隔てるのは、反乱鎮圧の実戦経験、勲功の名声と恩賞獲得の有無である。近衛官人と武士の間に連続性はない。「武官系武士」という紛らわしい概念はやめるべきであろう。

(3) 庄司浩「検非違使追捕活動拡大過程の一考察―特に衛府夜行と大索記事を手がかりに―」立正大学史学会編『宗教社会史研究』Ⅱ（雄山閣出版、一九八五年）。

(4) 前注(2)高橋論文。在京武士の京内武装横行の野放し化は実態とは異なるだろう。

(5) 拙著『日本の歴史07　武士の成長と院政』（講談社学術文庫、二〇〇九年）一三〇～一四九頁で既発表論文をもとに包括的に提示した。

(6) 私は、九世紀末・一〇世紀初頭の寛平・延喜国制改革から一二世紀末の鎌倉幕府成立までの国家体制を王朝国家ととらえる立場に立つ。『歴史学事典　第12巻　王と国家』（弘文堂、二〇〇五年）「王朝国家」の項（下向井執筆）、『戦後歴史学用語辞典』（東京堂出版、二〇一二年）「王朝国家」の項（今正秀執筆）および前注(5)拙著四四～四七頁参照。

(7)「軍事貴族」概念の問題性については、拙稿「軍事貴族」(『歴史学事典　第7巻　戦争と外交』弘文堂、一九九九年)、前注(5)拙著一二四頁参照。
(8)大索の手続きについては、すでに高橋昌明『酒呑童子の誕生』(中公新書、一九九二年)「第一章　酒呑童子の源像」が簡潔にまとめているが、私の視点に立って詳述する。
(9)『群書類従』巻八三。また『江家次第』(巻七　賑給使事)。
(10)五月の恒例賑給使については、川本龍市「王朝国家期の賑給について」坂本賞三篇『王朝国家国政史の研究』(吉川弘文館、一九八七年)が詳細な検討を加えている。
(11)『小右記』治安三(一〇二三)年五月二十三日条。
(12)『除目抄』(『群書類従』巻一〇九)。除目に式部省の文官補任帳とともに提出される。
(13)前掲注(10)川本論文の第1表による。
(14)『西宮記』(臨時八　捜盗事)「召人五位、或宿衣随人、或布衣」とある「召人」は、『侍中群要』(第七　京中大索)「応レ召二武者五位六位一」にあたると思われる。このとき武士は甲冑を着けていない。大索中もであろう。
(15)前注(8)高橋書は酒呑童子伝説に関するすぐれた文化史的・思想史的研究である。
(16)瀧口武者については、吉村茂樹「瀧口の研究」『歴史地理』五三巻四号(一九二九年)、米谷豊之祐『院政期軍事・警察史拾遺』(近代文芸社、一九九三年)、野口実「摂関時代の瀧口」福田豊彦編『中世の社会と武力』(吉川弘文館、一九九四年)。
(17)『延喜式』(巻一一　太政官　校書内豎)。なお拙稿「議所に内豎所簡を立つ」『史人』四号(二〇一二年)。
(18)拙稿「光仁・桓武朝の軍縮改革について」『古代文化』四九巻一号(一九七七年)。
(19)北村優季『平安京—その歴史と構造—』(吉川弘文館、一九九五年)「第一章　平安初期の都市政策」などを参照。
(20)たとえば承和の変では右近衛少将藤原富士麻呂、右馬助佐伯宮成らが「勇敢近衛」を率いて橘逸勢邸を攻囲・捕得している(『続日本後紀』承和九〈八四二〉年七月十七日条)。
(21)『続日本後紀』承和五年二月九日条・十日条・十二日条、同七年二月二十三日条。
(22)九世紀に全国的に展開する群盗海賊については、下向井龍彦・稲葉靖司「九世紀の海賊について」地方史研究協議会編『海と風土』(雄山閣、二〇〇二年)。京中群盗の実態は多様だが、郡司富豪層の調庸運京請負との関連でとらえる必要があろう。

(23) 笹山晴生『日本古代衛府制度の研究』（東京大学出版会、一九八五年）「Ⅲ　第一　平安前期の左右近衛府に関する考察」、拙稿「書評　笹山晴生『日本古代衛府制度の研究』」『法制史研究』三七号（一九八八年）、拙稿「部内居住衛府舎人問題と承平南海賊」『内海文化研究紀要』一八・一九号（一九九〇年）、鳥谷智文「王朝国家期における近衛府府務運営の一考察」『史学研究』一九九号（一九九三年）、山本佳奈「相撲儀礼の転換」『九州史学』一五六号（二〇一〇年）、齋藤拓海「近衛府と競馬」『広島大学大学院文学研究科論集』七一号（二〇一一年）。笹山論文は九世紀末〜十世紀初頭に近衛府の軍事警察機能が急速に「失われた」とするが、それは非軍事機関化政策の結果である。

(24) 朧谷寿「十世紀における左右衛門府官人の研究」『平安博物館研究紀要』五号（一九七四年）、前注(16)野口論文、前注(23)笹山書「Ⅳ　第一　春宮坊帯刀舎人の研究」。

(25) 延喜勲功者高向利春の子息と推定され、「野別当」と称した中世武蔵七党横山党の祖と考えられる、武蔵小野牧を本拠とし「興」字を兄弟通字とする小野四兄弟（景興・諸興・永興・国興）のうち（土田直鎮「平安中期の武蔵国」『府中市史史料集』第一三集、一九六六年〈後に『古代の武蔵を読む』吉川弘文館、一九九四年所収〉、拙稿「王朝国家国衙軍制の成立」『史学研究』一四四号〈一九七九年〉など）、景興は同年三月東宮啓陣に採用され（『類聚符宣抄』第四、延長三〈九二五〉年三月二十九日外記宣旨）、翌年十一月五日の北野行幸に親王鷹師として参加しており（『西宮記』臨時四　野行幸）、㉑の大索のとき在京していたはずである。貞盛は承平五（九三五）年まで左馬允として在京しており（『将門記』）、将門は承平元（九三一）年以前、藤原忠平の家人として在京し（『将門記』）、通称の「瀧口小二郎」（『尊卑分脈』）は忠平に推挙されて瀧口武者になっていたことを示すであろう。

(26) 為憲は伊豆武士団工藤・狩野氏らの祖（『尊卑分脈』）。高実は緒方氏ら大神姓豊後武士団の祖か。遠方・成康は承平南海賊の軍功で任官（『貞信公記抄』天慶三〈九四〇〉年正月十九日条）、遠方は純友乱博多津合戦で活躍（『純友追討記』）。巨勢広利は不明。

(27) 天慶五年には閏三月があり、六月二十一日は三月二十五日から一一五日目にあたる。

(28) 藤原秀郷が下野守に任じられた除目では「任人数十人」であったが、その多くは将門追討賞によるものであろう（『日本紀略』）。

(29) 二条良基著という『嵯峨野物語』（『群書類従』巻三五六）に「大内には鳥の曹司という所に鷹を数連つなぎをかる」「延喜御

門（醍醐）は又ことに（御鷹狩）御興行ありし也。鳥の曹司の鷹も此時数十連つなぎをかる」とある。
(30) 齋藤拓海「摂関・院政期の春日祭と武士」『史学研究』二六一号（二〇〇八年）。

5章　摂関期内裏における玉座とその淵源

大隅清陽

はじめに

筆者は以前、「座具から見た朝礼の変遷」[1]と題する拙稿で、養老儀制令12庁座上条に規定された、朝堂上での官人相互の礼についての検討を行ったが、その際、当時における跪伏礼は、倚子や床子・榻などの高さを持つ座具を使用する者に対し、それを使用しない平座の者がとるものであったことに注目しつつ、七〜九世紀における立礼の段階的な採用の過程は、朝堂における座具の使用者の範囲が、皇親から大臣、五位以上、六位以下へと拡大していったことと不可分の関係にあることを明らかにした。一方、当該期における天皇の玉座の形態については、記紀の伝承や形象埴輪なども参考に、古墳時代以来、床や胡床などの高さを持つ座具が王位や首長権を表象する威信財であったこと、正倉院御物に、今日「赤漆槻木胡床」と呼ばれている倚子があること、延喜掃部式52御座条で、紫宸殿に「黒柿木倚子」が常設されていること、宋・陸游の『老学庵筆記』に「高宗在二徽宗服中一、用二白木御倚子一。」とあり、宋代の玉座は倚子であったことなどから、少なくとも律令制期においては倚子を基本としたと推定した。

官人間の礼と座具の関係を考察した旧稿においては、天皇の座の形態は副次的な問題にすぎなかったのだが、その後、吉江崇氏は、律令制期における天皇の座の基本形は、御帳台の中に床子を置いた「帳中床子型」と、床子の代わりに倚子を置く「帳中倚子型」の二類型から成り、「帳中床子型」が本来の形態で、紫宸殿の御座も平安初期以前には「帳中床子型」であって、殿舎名や門号をはじめ宮中の礼儀が唐風に改められた弘仁九（八一八）年前後に「帳中倚子型」に改められたとして拙論を批判した。(2) その一方、仁藤敦史氏は、正倉院御物の「赤漆槻木胡床」と、『東大寺献物帳』が天武→持統→文武→元正→聖武→孝謙と相伝されたと記す「赤漆文槻木厨子」との共通性を強調し、その素材である槻が、飛鳥寺西広場の槻に見られるような神聖性を持つことから、天皇の玉座は律令制の成立当初から倚子であったとして拙論を支持しており、(3) 律令制期の玉座については、倚子説と床子説とが並立する状況にある。

また、建築史の川本重雄氏は、『西宮記』『北山抄』『江家次第』等の平安中後期の儀式書や古記録を用いて平安時代における天皇の座について考察し、大極殿、豊楽殿、紫宸殿、仁寿殿、清涼殿のそれぞれにおいて、倚子・大床子・平敷が様々に使い分けられていることを踏まえ、倚子が、政務や宴会などにおいて、天皇が本来座すべき場所を視覚的に示すのに対し、大床子は見物を伴う儀礼によく用いられ、平敷は、床子上面に敷かれた座具を床面に下ろした略儀であることなどを指摘している。(4)

川本氏の考察の前提となっているのは、満田さおり氏の論文「仁寿殿・紫宸殿・清涼殿の空間構成と儀式」(5) であり、そこでは、『江家次第』『北山抄』に見える年中行事のうち、天皇が出御する四二の儀について、各殿舎の座のしつらいが整理されている。座具については、倚子は内裏では天皇と皇太子だけが使用すること、平座は仁寿殿では繧繝端帖（東庇）、紫宸殿では高麗半帖（南庇）、清涼殿では昼御座（東庇）・円座（東庇）・半畳（東庇・広庇）・高麗半帖（広庇）・短帖および畳（庭）など様々なものが用いられ、大床子は紫宸殿の儀で天皇の座としてのみ用いるとする。

川本・満田両氏による建築史的な研究は、座具のみでなく殿舎の空間構成にも配慮した精緻なものであるが、平安中後期の儀式書を用いた共時的な分析であるため、個々の政務・儀礼の歴史的性格や、内裏の構造の歴史的変遷を踏まえた議(6)

論になっていない。また、考察の対象が平安中後期の内裏に限定されており、日本の宮殿建築が、本来、朝堂・曹司などの大陸風の建築（基壇・礎石建・瓦葺）と、内裏などの日本的な建築（掘立柱・板敷床・檜皮葺）という異なる要素を併せ持っていたことに対する配慮も足りない。例えば川本氏は、内裏殿舎の座具使用やしつらいは、紫宸殿のそれが最も古い形態を残し、仁寿殿、清涼殿の順に、土間床（座具・靴使用）から板敷床（平敷・靴不使用）へという歴史的な展開を読み取ることができるとし、紫宸殿のみならず、仁寿殿や清涼殿も、古くは土間床または大陸風の基壇建物であったとする。確かに、平安時代の紫宸殿は、靴を履いたまま土足で昇殿することを原則としたが、これは本来、大極殿や朝堂などの大陸風の基壇建物で行われていた作法が、宮中儀礼の唐風化に伴い、ある段階で内裏でも用いられるようになったと見るべきで、建物自体の変化と結びつけるのには無理があるだろう。川本氏の見解は、大陸風だった奈良時代の文化が、平安時代には国風化するという古いタイプの文化史理解に基づくと思われ、固有法的な性格の強かった飛鳥・奈良時代の国制や文化が、奈良時代後半から平安前期にかけて唐風化してゆくという、近年の古代史研究の共通理解とは異なっている。

以上の研究状況を踏まえ、本章では、建築史学の成果に歴史的な視点を加えることによって、平安前中期の内裏における天皇の座具使用の歴史的な展開を明らかにすることを試みたいと思う。

1　摂関期儀式書から見た天皇の座具使用

本節では、考察の前提として、前述の川本・満田両氏の研究に依拠しながら、摂関期から院政期にかけての内裏における天皇の座具使用の状況について、簡単に整理しておく。依拠する史料は、当該期の儀式書のなかでも、座具を含む敷設について最も詳細な情報を有する『江家次第』を中心とし、適宜『北山抄』『西宮記』(7)や古記録も参照する。川本・満田両氏の作業と同様に、紫宸殿、仁寿殿、清涼殿という殿舎別に、それぞれ倚子、大床子、平座という座具がどのような形で用いられているかを概観することにしたい。

紫宸殿

尋常倚子（黒柿木倚子）と平文倚子

『江家次第』巻第一・元日宴会には、「次装二餝御帳帷一〈掃部女孺供奉、見レ上。〉、次撤二尋常御倚子一、鋪二唐錦毯代一、立二平文御倚子一。」とある。七日、踏歌、新嘗の節会も基本的に同様であり、紫宸殿における節会の際には、母屋中央に常設されている御帳台の中に置かれた「尋常倚子」を撤去し、「平文倚子」を立てることになっていた。この尋常倚子とは、延喜掃守式52御座条に、

凡御座者、清涼、後涼等殿設二錦草墪一。〈高麗錦表、薫地錦縁、緋東絁裏。〉紫宸殿設二黒柿木倚子一。行幸赤漆床子。〈並敷二錦褥一。〉其神事并仁寿殿等座、設二短帖一如二常儀一。中宮草墪亦同レ御。

とあるうちの「黒柿木倚子」に相当し、本来は紫宸殿に常設された日常政務用の倚子であったと考えられる。『江次第抄』第六・四月二孟旬儀所引の江記逸文には「寛治二年四月朔日、（中略）、勘二村上御記一、旬日、不レ可レ敷二毯代一、亦可レ立二黒柿御倚子一、云々。」とあり、前掲の『江家次第』にあるように、毯代は平文倚子とセットで用いるので、村上朝では、旬政においては平文倚子を立てず、紫宸殿に常置されていた黒柿木倚子を用いていたことが確認できる。

大床子

『江家次第』巻第八・釈奠紫宸殿内論議装束には「御帳東間敷二二色綾毯代一、四角置二帛裹鎮子一。其上並二立平文大床子二脚一。〈東西妻。〉其上敷二高麗褥一。其上敷二菅円座一枚一。」とあり、釈奠内論議においては、紫宸殿母屋中央に常設されている御帳台の東の間に大床子二脚を立て、その上に高麗褥と菅円座を敷いて御座とした。しかし、『江家次第』に先行する儀式書である『北山抄』巻第二・釈奠内論議事に「天皇御二南殿一、着二帳中御座一。〈若有二余熱一、母屋懸二御簾一、御帳東間、

立二大床子一御。〉」とあるように、帳中の御座に着座するのが本来のあり方で、大床子を御帳台の外に立てるのは「余熱」がある場合の便法であり、それが『江家次第』の段階では慣例化していたことが知られる。

次に、大床子を母屋ではなく南廂に立てる例を見る。『江家次第』巻第八・相撲召合装束では「額間設二御座一、敷二紫二色綾毯代一、立二塵蒔大床子一双一、鋪二高麗褥一。〈近例其上供二円座一枚一。〉」とあり、南庇の額間（東第五間）に大床子二脚を並べ、その上に高麗褥、円座を敷いて御座とした。ただし、『同』相撲召合の分注には「須レ御二大床子一。然而近代御二件間前一、即以二大床子上円座一為二御座一。」とあり、本来は大床子に御すべきであるが、「近代」は大床子の上の円座をその前に下ろして御座としていたことがわかる。

平　座

『江家次第』巻第五・祈年穀奉幣には「東第一間南廂、立二廻大宋御屏風一、開二巽角一、其中敷二小莚二枚一。〈艮坤為レ妻。〉其上供二高麗半帖一枚一。」とある。神事の事例であるが、紫宸殿の東第一間の南廂に大宋御屏風を立て廻らし、その中に小莚二枚と高麗半帖を敷いて御座としている。南廂の東第一間は紫宸殿全体の東南の隅にあたり、仁寿殿、清涼殿の石灰壇に相当する神事用の場であった。

仁　寿　殿

螺 鈿 倚 子

『北山抄』巻第三・内宴事・裏書所引の蔵人式に「当日早朝、南廂東第二間鋪二繡毯代一、立二螺鈿倚子一、其東西立二置物御机一。〈御倚子等在レ所。〉」とあり、内宴に際しては、蔵人所に保管されている「螺鈿倚子」を南廂第二間に立てて御座とする。この螺鈿倚子の性格については後述するが、内裏における天皇の御座としては、仁寿殿で催される内宴でのみ使用される特殊な倚子である。

大床子と平座

『江家次第』巻第八・仁寿殿東庭相撲に「東廂南面一間〈壇北一間〉、簾中又東西行又立㆓御屏風二帖㆒、其御簾内鋪㆓満広莚㆒、其南間設㆓大床子御座㆒。（中略）敷㆓毯代㆒置㆓鎮子㆒如㆑常。大床子前敷㆓平敷御座㆒。〈繧繝。〉」とあり、仁寿殿東庭で行われる相撲に際しては、東廂第一間に大床子の御座が設けられるが、その前に平敷の御座も敷かれ、天皇は平敷の方に座す。平敷の御座が略儀で、大床子の御座が本来の姿であったのは紫宸殿の相撲召合と同じで、『西宮記』恒例第二・七月・内取に「内取。〈先於㆓本府㆒有㆓内取㆒〉仁寿殿壇上立㆓御倚子若大床子㆒。〉」とあるように、本来は、一間南の石灰壇上に倚子または大床子を立て御座としていたことがわかる。

清涼殿

殿上倚子

『江家次第』巻第一・小朝拝事に「垂㆓母屋御簾㆒、蹔撤㆓昼御座㆒、敷㆓二色綾毯代㆒〈四角置㆓鎮子㆒。〉、立㆓殿上御倚子㆒。〈幼主時、御倚子前置㆓承足㆒。〉」とあり、清涼殿で元日に行われる小朝拝に際しては、東廂南第三間に常設されていた昼御座を一時的に撤去し、その場所に「殿上倚子」と呼ばれる倚子を立て御座とする。

『江家次第』巻第十・五節帳台試・同御前試事には「垂㆓清涼殿東廂御簾㆒、其内南第三間逼㆓御簾㆒鋪㆓毯代㆒〈或二色綾〉、立㆓御倚子㆒。」とあるが、この「倚子」は『西宮記』恒例第三・寅日夜有御前試では「侍御椅子」とあり、この場合の「侍」は「殿上」と同義と考えられるので、五節帳台試・御前試においても、東廂南第三間に殿上倚子を立て御座としたことがわかる。

また、『江家次第』巻第六・石清水臨時祭試楽に「下㆓清涼殿東庇御簾㆒〈反㆓燈楼綱㆒。〉、孫廂南第三間供㆓御座㆒〈東向〉、敷㆓二色綾毯代㆒〈去㆓御簾㆒八寸、有㆓鎮子㆒。〉、其上立㆓殿上御倚子㆒。〈幼主時置㆓承足㆒。〉」とあり、石清水臨時祭試楽においては、東の廂ではなく、孫廂の南第三間に殿上倚子を立てて御座としている。

なお、前掲の小朝拝や石清水臨時祭試楽に見られるように、殿上倚子の使用に際しては、幼主の場合には「承足」（足をのせる台）を置くとある。こうした注記は、紫宸殿の尋常倚子や平文倚子、仁寿殿の螺鈿倚子には見えず、殿上倚子に固有の何らかの性格と関連するものと思われる。

大床子

川本論文(8)が指摘するように、清涼殿の母屋に常設されている大床子が年中行事で使用される例は殆どなく、『西宮記』恒例第二・六月・一日内膳司供忌火御飯に「立二御台盤一基一、於二大床子御座一供レ之。」とある供忌火御飯や、『江家次第』巻第七・解斎事に「次宸儀着二御大床子一〈御直衣〉。女房二人〈著二釵子一〉、供二奉御手水一。（中略）其儀采女二人舁二御台盤一立。（中略）立二於昼御座大床子前一如レ常。〈不二警蹕一。〉次蔵人供二御粥一。（中略）次主上経二朝餉一着二御昼御座大床子一、次三箸嘗レ之。」とある神今食の後暁の解斎などで、天皇は、大床子の前に据えられた台盤の料理を儀礼的に食している。昼御座の大床子御座が、天皇の儀礼化した食事に用いられる例は、日中行事である朝夕御膳にも見られるが、これについては第3節で後述したい。

平座

清涼殿における平座の形態と、使用される主な儀式を、川本論文の整理(9)により示すと以下のようになる。

①東庇の昼御座…供御薬
②昼御座の前に短帖を敷く…除目、叙位、官奏、御斎会内論議
③東庇南第三間（階間）に大床子の円座を移し敷く…盂蘭盆会、相撲内取
④東庇の南端または北端に短帖を敷く…六月・十二月晦日の御贖
⑤東広庇南第三間に大床子の円座を移し敷く…賀茂祭使

⑥東広庇南第三間に半帖を敷く…石清水・賀茂臨時祭御禊、御燈、平野祭使発遣

大まかな用途としては、清涼殿東廂に常設されている昼御座は天皇の私的行事に、昼御座の前に敷設される短帖は政務に、大床子の円座は見物に、短帖・半帖は神事に用いられると整理することができる。

2　仁明朝以前における内裏の玉座

前節で見た摂関期内裏における玉座の多様な形態は、どのようにして形成されたのだろうか。本節ではその前提として、奈良時代後期から平安時代前期にかけての内裏の玉座のあり方について考えてみたい。

『続日本紀』神護景雲三（七六九）年九月己丑条の宣命には、いわゆる宇佐八幡宮神託事件に際して、「天皇召二清麿床下一、勅曰、」とあり、称徳天皇の御座は床であったことがわかる。管見の限り、これは、『続日本紀』において天皇の御座の具体的な形態を示す唯一の史料であるが、称徳朝を政治の乱れた時期とする一般的なイメージもあって、例外的な事例と見なされがちだったのではないだろうか。しかし、『日本紀略』延暦二十二（八〇三）年三月庚辰条の遣唐使への賜餞では「遣唐大使葛野麻呂・副使石川道益賜レ餞。宴設之事一依二漢法一。酒酣、上喚二葛野麻呂於御床下一賜レ酒。」とあり、「漢法」を全面的に用いたとされるこの宴席での桓武天皇の御座は床であった。また葛野麻呂は、酒たけなわにして「床下」に喚されたとあるので、遣唐使以下の座は平座であったと推定される。

なお「漢法」の語は、『類聚国史』巻三十二遊宴および『日本紀略』の弘仁四（八一三）年九月癸酉条にも「宴二皇太弟於清涼殿一。具物用二漢法一。」という形で見えている。この宴席の際のものと思われる『経国集』巻十四所収の嵯峨天皇の雑言詩は「清涼殿画レ壁山水歌」と題し、それに対する菅原清公等の応酬からも、その壁が唐風の山水画によって飾られていたことがわかる。またこの記事は、清涼殿という殿舎名の初出でもあるが、弘仁九（八一八）年の殿舎門号の唐風への

一斉改称以前の記事であることから、目崎徳衛氏は、「清涼殿は、当初から内部を唐風にしつらえ唐風の雅名を命じた休息所的宮殿として、嵯峨天皇によって新設されたものではあるまいか。しかし位置からしても対屋的であるこの新殿舎は、朝廷の行事すべてに正格が尊重された嵯峨淳和朝では、仁寿殿に替って常御殿とされることはおそらく無かったと推察される。」[10]と述べている。

清涼殿を初めて常御殿としたのは仁明天皇であるが、『続日本後紀』天長十（八三三）年六月壬戌条に「天皇不予。公卿陪二候殿上一。」、同月癸亥条に「公卿率二衆僧一、共侍二殿上一。勅引二右近衛大将従三位橘朝臣氏公幷前大宰大弐従四位上朝野宿祢鹿取於御床下一、拝為二参議一。」とある。仁明天皇の不予の際、公卿や衆僧が清涼殿上に陪候しているが、御座が床であること、また橘氏公らが「床下」に召されていることから、公卿・衆僧等の座は平座であったことがわかる。同様の例として、『続日本後紀』嘉祥三（八五〇）年二月甲寅条に「御病殊劇、召二皇太子及諸大臣於床下一、令レ受二遺制一。」、同月乙卯条に「御体病殆、衆僧入二御簾中一、繞二御床一而奉二加持一。」とあり、皇太子以下の諸臣や衆僧など多くの人々が清涼殿の母屋に入り、床下に召されたり、御床を取り囲んでいる。第1節で検討した十世紀以降の清涼殿では、母屋は天皇が占有する空間で、臣下の座は廂か孫廂に設けられ、両者の間は御簾で隔てられるのが原則なので、九世紀の清涼殿の内部構造は、摂関期のそれとは大きく異なっていたと考えられる。

一方、内裏正殿である紫宸殿については、『続日本後紀』承和元（八三四）年七月庚申条に「是中旬之初也。上御二紫宸殿一、賜二侍臣酒一。乃至促二親王大臣座於御床下一、令二囲碁一焉。夕暮而罷、賜二親王大臣御衣・次侍従已上禄一、各有レ差。」とあって、紫宸殿における賜酒の際の御座は床であった。[11]途中から親王・大臣の座を「御床下」に移し、御前で囲碁を打たせていることから、親王以下の座は平座であったことがわかる。天皇が高さのある座具に座し、臣下が平座なのは、仁寿殿で行われる内宴の御遊などと共通している。また承和三年六月戊午条では「天皇御二紫宸殿一、賜二侍臣酒一、且令二囲碁一。天皇依二炎熱一、脱二御靴一。勅二侍臣一、同亦脱レ之。」とあり、通常は全員が靴を着用していたらしいが、臣下が平座で靴を用いるのも内宴と共通する。嵯峨朝に創始された内宴は、文人による賦詩・披講や管弦の御遊などを中心とする唐風色の強い儀礼であるが、紫宸殿において、恐らく毎日の天皇聴政の後に随時行われていたこれらの賜酒・囲碁も、内宴よりは略儀であるものの、「漢法」を強く意識したものだったのだろう。

十世紀以降の紫宸殿では、母屋中央の御帳台の中に尋常倚子（『延喜式』では黒柿木倚子）が常設され、旬政などの政務に用いられていたこと、また吉江崇氏が、この倚子は本来は床子であったが、弘仁九（八一八）年の儀式唐風化に伴って倚子に変更されたと推定していることは前述した[12]。しかし、『続日本後紀』承和七（八四〇）年五月戊戌条に「天皇除二素服一、着二堅絹御冠橡染御衣一、以臨レ朝也。御簾及屏風之縁、並用二墨染細布一。但御座者、施二簟於砥礪之上一、不レ立二御榻一。」と見え、淳和太上天皇への服喪のため、仁明天皇が、臨朝のための御座として簟《たけむしろ》を砥礪《といし》の上に施したものを用い、榻＝床を立てなかったとあることから、少なくとも仁明朝までは、毎日の聴政に用いる御座も倚子ではなく床子であったことがわかる。吉江氏が、紫宸殿の「帳中倚子」の成立を弘仁九年前後に求めたのは誤りで、母屋中央に置かれた「帳中床子」が、臨時の賜酒だけでなく、毎日の聴政にも共通して用いられていたのである。なお管見の限り、『日本文徳天皇実録』および『日本三代実録』には、天皇の御座の形態を示す史料は見出せない。

時代をやや遡ると、『寛平御遺誡』に「延暦帝王、毎日御二南殿帳中一、政務之後、解二脱衣冠一、臥起飲食。」とあるように、桓武天皇は、終日、南殿（紫宸殿）の帳中で政務や臥起飲食を行っていたが、「臥起」とあるので、この場合の座具は倚子ではなく床子がふさわしい。また「帝王平生昼臥二帳中一、令レ遊二小児諸親王一。或召二釆女一、時令二洒掃一。」とも見え、自らは帳中の床子の上に横臥しつつ、我が子を帳中に入れて遊ばせていたという。「南殿」と明記する前者とは異なり、後者は後の仁寿殿に相当する内裏後殿での話かと思われるが、公私の別なく、桓武天皇は、終日、御帳台の中の大床子の上で過ごしていたのである。

吉江氏も指摘するように、養老職員令43主殿寮条の頭の職掌に「帷帳」、同55内掃部司条の正の職掌に「供御牀」があるが、養老令には「倚子」の語は見えない。「帷帳」と「牀」を組み合わせた「帳中床子」こそが、令制当初からの玉座の基本形であって、天皇は帳内の大床子の上で終日過ごしていた(13)。また、前述の仁明朝や桓武朝の事例から推測すると、御帳台と大床子のセットは、恐らく奈良時代以来、内裏の前殿（正殿）と後殿（正寝）にそれぞれ一組ずつが常置されており(14)、嵯峨・淳和朝には紫宸殿と仁寿殿、仁明朝では紫宸殿と清涼殿がそれにあたっていた。十世紀以後の内裏において、御帳台が常設されているのが紫宸殿と清涼殿のみであるのは、その名残と考えることもできよう。

3　九世紀後半における座具使用の展開

内裏の前殿（正殿）と後殿（正寝）に常設されていたと思われ、御帳台と大床子から構成されていた九世紀前半までの天皇の御座は、どのようにして、十世紀以降の多様なあり方へと展開していったのだろうか。本節では、倚子、大床子、平座のそれぞれについて、その展開過程を考えてみたい。

倚子使用の展開

通常の年中行事ではないが、大嘗会関係の節会における天皇の座について検討した吉江崇氏は、辰日節会の悠紀帳と巳日節会の主基帳が、『儀式』では帳中床子型であるのに対し、『西宮記』以降の儀式書では帳中倚子型となっていることから、九世紀後半成立の『儀式』と十世紀後半成立の『西宮記』の間のある時期に、床子から倚子への転換が起きたことを指摘している(15)。また豊明節会については、吉江氏も指摘するように(16)、『兵範記』仁安元（一一六六）年十一月十八日条に「早旦撤二両国御帳幷標等一、装束司装二飾高御座一如レ例。帳三面褰レ之。高座外壇上敷二青絹一、撤二高座一、敷二錦毯代一、立二平文御倚子一。」とあって、十二世紀の段階では平文倚子を用いている。

十世紀において、平座と倚子の使い分けが見られるのは、天皇と皇太子の元服儀である。『西宮記』臨時七・天皇元服儀には「貞観・元慶例、所司設二御座於南殿帳内一。〈晋礼、設二大床子一。唐礼、鋪二筵薦一。貞観・元慶、依二唐礼一平鋪。〉承平、土敷上加二御茵一。〈今案、帳台御畳上、加二土敷・茵等一。〉」とある。所功氏が指摘するように、この「貞観・元慶例」とは、貞観六（八六四）年に大江音人が唐礼により作成した儀式文によるもので、そこでは大床子を用いる晋礼ではなく、唐礼に基づいて筵薦の平鋪を用いている(17)。一方、皇太子元服の場合は、『西宮記』臨時七・皇太子元服に「其日平明、所司、装二束紫宸殿一。其儀、御帳中、鋪二毯代一、立二平文倚子一。〈延木十六年十月廿三日殿上記云、掃部寮請二蔵人所平文倚子・置物御机・錦毯代等一、敷二御座幷皇太子尋常座一、如レ常。〉」とあり、掃部寮が、紫宸殿の帳中に蔵人所から請い受けた平文倚子を立て、天皇の御座としている。

西本昌弘氏によれば、皇太子加元服儀は、弘仁十二（八二一）年成立の『内裏式』に先行する儀式書である『内裏儀式』に篇目として存在したと考えられ(18)、その儀式文の成立は天皇元服より古いが、現存する『内裏式』『儀式』は、一般に天皇や皇太子の座の形態を明記しないので、『内裏儀式』の段階で倚子を御座と規定していたかは定かではない。その一方、『儀式』における悠紀帳・主基帳が大床子を用い、貞観六年成立の天皇元服儀における天皇の御座が平座であることを踏まえると、天皇の倚子使用は、貞観の頃においても必ずしも一般的ではなかったと考えられよう。

以上の点を踏まえ、まず紫宸殿に常設されていた尋常倚子＝黒柿木倚子について考えてみる。第1節で見たように、この倚子は、延喜掃守式52御座条に、

凡御座者、清涼、後涼等殿設二錦草墪一。〈高麗錦表、薫地錦縁、緋東絁裏。〉紫宸殿設二黒柿木倚子一。行幸赤漆床子。〈並敷二錦褥一。〉其神事幷仁寿殿等座、設二短帖一如二常儀一。中宮草墪亦同レ御。

という形で見えているが、第2節で述べたように、少なくとも仁明朝までは、紫宸殿の御帳台の中には大床子が常設されていたので、「紫宸殿設二黒柿木倚子一。」の部分は、弘仁式ではなく、貞観式か延喜式の段階で加えられた規定と考えられ

る。この式文全体の骨格がどの段階で定まったのかを特定するのは難しいが、冒頭の「清涼、後涼等殿設二錦草墪一。」に見える「草墪」は、十世紀以降の儀式書等には全く見えず、むしろ嵯峨朝の「漢風」による清涼殿のしつらいとの関連を想起させるので、全体としては、延喜式よりも貞観式以前の状況を示しているのではないだろうか。その点で注目されるのは、『日本三代実録』貞観十三（八七一）年二月十四日甲寅条に「天皇御二紫宸殿一視レ事。承和以往、皇帝毎日御二紫宸殿一視二政事一。仁寿以降、絶無二此儀一。是日、帝初聴レ政。当時慶レ之。」とある著名な記事である。清和天皇は、貞観六（八六四）年正月に東宮前殿で元服した後、翌貞観七年十一月に東宮より内裏仁寿殿に遷御するが、紫宸殿での聴政を始めるのは、前掲のように貞観十三年のことであった。その二年前の貞観十一年四月には貞観格が撰進され、またこの聴政復興の半年後にあたる貞観十三年八月には、貞観式が撰進されている。以上の諸点から、紫宸殿の尋常倚子（黒柿木倚子）は、太政大臣藤原良房により主導・演出された天皇親政の復興の動きの中で、貞観格式の編纂・施行とも連動する形で導入され、貞観式に規定されたと考えておきたい。

次に、清涼殿で用いられた殿上倚子について考える。『西宮記』臨時四・所々座体・同殿上侍臣座に「有二四間一。南一〔東カ〕間壁下立二御倚子一。〈南面。〉三間立二王卿大盤一。〈四尺。〉四間立二侍臣大盤一。〈五尺二脚。〉西北小戸下置二日記櫃一、其南方立二日給簡一。」とあるように、殿上倚子は、清涼殿南廂の東西四間にわたって設けられた殿上間の東一間に南面して置かれていた。大盤、日記櫃、日給簡という倚子以外の備品は摂関家侍所と共通しており、美川圭氏の指摘するように、殿上人の侍候空間である殿上間は、天皇との人格的主従関係を維持・統制する場であった[19]。

天皇が殿上間に出御することは通常はないため、殿上倚子は、必要に応じて東廂や母屋などに移して御座とした。その代表的な例が、年頭にあたり、天皇が殿上人との人格的な主従関係を確認する小朝拝であり、『建武年中行事』正月には「小朝拝に候よし奏するとき、御殿のも〔母〕屋の御簾をたれて殿上の御いしをひさしの御座の方にたつ。〈かもんれうたんだいをしく。〉六位蔵人二人これをかく。蔵人頭もやのうちにて、御くわ〔靴〕をたてまつる。すなはち御簾をか丶げさせて出させ給、御いしにつかせ給。」とある。殿上倚子を担ぐのが六位蔵人であることから、この倚子が蔵人所の管理下にあり、掃部寮は関与しないことがわかる。

殿上倚子と蔵人の関係については、『侍中群要』第一・上格子事に「次上二小蔀一、次取二御座覆一〈殿上御倚子。〉、小板敷乃西乃妻乃長押上ニ有棹ニ懸レ之。」とあり、毎朝蔵人が、殿上倚子の東上に設けられていた小窓である小蔀を開くとともに、倚子に掛けられていた覆を取る（夜には小蔀を閉じ覆を掛ける）ことが注目される。前述のように、殿上間に置かれた状態の殿上倚子に天皇が着座することは通常はないのだが、この小蔀と倚子は、壁を隔てた母屋や東廂の昼御座に居る天皇の存在と、その潜在的な視線を象徴する備品であったことを保立道久氏が指摘している[20]。

このように殿上倚子は、昇殿制や、それに基づく殿上人と天皇との人格的主従関係と密接な関連を持っていたが、古瀬奈津子氏が指摘するように[21]、昇殿制が政治的な制度として確立したのは宇多天皇の寛平年間なので、ここでは殿上倚子も、昇殿制の確立に伴い、清涼殿に殿上間が設けられた寛平年間に、その備品の一つとして成立したと考えておきたい。

最後に、紫宸殿の平文倚子と仁寿殿の螺鈿倚子について考察する。第1節で見たように、主に紫宸殿での節会で用いられる平文倚子は、掃部寮が御帳台の中の尋常倚子を撤去して設置していたが、本節で前掲した『西宮記』臨時七・皇太子元服によれば、その保管場所は蔵人所であった。また、仁寿殿での内宴にのみ用いられた螺鈿倚子も、『北山抄』巻第三・内宴事・裏書所引の蔵人式に「御倚子等在レ所。」とあり、蔵人所に保管されていた。ただし『北山抄』本文に「掃部寮立二御倚子一。〈用二蔵人所螺鈿倚子一。有二繍毯代一。〉」とあるように、設置は掃部寮が担当しており、平文倚子、螺鈿倚子ともに、掃部寮のみが管理する尋常倚子と、蔵人所のみが管理する殿上倚子の中間的な形態であったことがわかる。

通常は蔵人所が保管し、儀式の際に掃部寮が借り受けて設置するという管理形態が共通すること、平文と螺鈿は、金銀等の薄板と貝の真珠層という材料の違いはあるものの、漆工芸の装飾技法としては共通点が多い（平文には「金貝」という別称もある）ことを考えると、この両者は、紫宸殿（内裏前殿・正殿）用の平文倚子と、仁寿殿（内裏後殿・正寝）用の螺鈿倚子のセットという形で、同時に成立したのではないだろうか。その時期としては、尋常倚子が成立した清和朝と、殿上倚子が成立した宇多朝の間で、仁寿殿が常御殿であった期間が考えられ、より具体的には、天皇が紫宸殿に出御して行う朝儀の復興が図られた光孝朝の仁和年間を想定しておきたい。(22)螺鈿倚子は、本来は内廷的な行事全般での使用を予定していたのだろうが、宇多朝以降、天皇の常御殿が清涼殿となった結果、内廷行事の場も清涼殿が中心となり、そこでは前述のように、新たに成立した殿上倚子が用いられたため、実質的には、仁寿殿で行われる内宴専用の倚子になってしまったと考えられよう。

大床子使用の展開

第1節で見たように、内裏において天皇が大床子を御座とするのは、清涼殿での儀礼的な食事を除くと、紫宸殿と仁寿殿の儀に限られる。釈奠内論議の御座は、本来は母屋中央に置かれた「帳中床子」であったが、「余熱」などにより床子を帳台の外に出すようになり、『江家次第』の段階では恒例化していた。一方、紫宸殿での相撲召合、仁寿殿の東庭相撲などでは、庭での行事を見物するため、庭に面した廂に床子を立て御座とした。どちらも基本的には、本来は御帳台の中で用いるのが原則だった大床子を、何らかの理由で、帳台の外で使用するようになったものと考えることができる。

平座使用の展開

これも第1節の要約になるが、紫宸殿の相撲召合、仁寿殿東庭相撲、清涼殿の盂蘭盆会、相撲内取、賀茂祭使などでは、本来は大床子を用いるべきところを、さらに大床子の円座を下ろして御座とした。紫宸殿や仁寿殿の例では、大床子の前や横に円座を敷くことによって、本来は大床子が座であることを視覚的に示している。

一方、紫宸殿の祈年穀奉幣、清涼殿の御贖、石清水・賀茂臨時祭御禊、御燈、平野祭使発遣などは天皇が自ら行う神事であるが、屛風等で天皇の姿を隠すことが多い。神事における平座使用の淵源については後考を俟ちたいが、黒須利夫氏は、平安初期に整備される祈雨、郊祀、御燈、山陵祭祀等における天皇親拝を、桓武朝を画期とする中国礼制の継受という文脈で位置づけることを提唱しており[23]、天皇の平座と神事との関係も、天皇制の中国化という観点から検討する必要があろう。

なお、清涼殿での叙位、除目、官奏などの政務では、昼御座の前に敷かれた短帖が用いられたが、これらは寛平年間に清涼殿が改造されて以後の成立と考えられるため後述する。

寛平年間における清涼殿の改造

前述のように、大床子や平座を単独で御座とする傾向は、本来は御帳台の中に置かれていた大床子を外に出し、さらにその上の円座を下ろすことによって、「帳中床子」が、帳台と大床子と円座の各要素に分解してゆくという動きと一体のものであった。その背景には、平安時代に入り、内裏行事に見物・遊興的な要素が強まったこと、平安時代的な宮廷社会の形成によって、天皇と一部の侍臣との一体感が強まり、天皇の姿を帳台で隠す必要が薄れたこと、それに伴って、夏季の暑さへの実質的な対応が許容されたことなどを挙げることができるだろう。

こうした変化は、実態としては、九世紀を通じて徐々に進行していたと思われるが、恐らくそうした変化を追認する形で、天皇の常御殿としての清涼殿のしつらいが固定化したのが宇多朝の寛平年間であった。角田文衞氏が指摘するように、この時期に、前述の殿上間が成立したほか、母屋や廂も複数の壁で区切られ、南半分は昼御座を中心とする公的空間、北半分は夜御殿、朝餉間、上御局などから構成される私的空間となって、十世紀以降の儀式書や古記録に見える清涼殿の構造が成立するのである[24]。

これに伴い、天皇の御座も、御帳台と大床子、平敷の昼御座の三つの要素に分解することになったが、御帳台は、小朝拝で皇太子が出席する場合に殿上倚子を設置するなど、ごく限られた場面でしか用いられず、大床子も、朝夕御膳などの儀礼化した食事にしか使われなかったので、天皇の通常の御座は、昼御座を中心とする平座となっていた。政務・儀式等で、天皇の空間と臣下の空間を区別する必要が生じた場合には、紫宸殿儀のように御帳台で遮蔽することができないため、母屋と東廂の間か、東廂と孫廂の間に御簾を懸けることによって、天皇の日常的な生活空間である母屋と、臣下の座のある廂とを区分するようになったのであろう。

こうした清涼殿の空間構成と座のあり方の転換は、近年研究が進んでいる天皇の食事の変化からも裏付けることができる。佐藤全敏氏は、十世紀以降の内裏における天皇の食事が、律令制以来の伝統を持つ朝夕御膳と、平安時代に新たに成立した朝干飯御膳の二種類から成り、十世紀には前者は儀礼化して実質を失っており、実際の食事は後者に移行していたことを明らかにした(25)。本章でもたびたび言及したように、朝夕御膳は、清涼殿の母屋の大床子に着して御大盤を用いて行われ、食器は銀器・銀箸・銀匙であった。食材は内膳司・進物所が管轄する律令制的な贄・調で、天皇が毎日それを食べることは、天皇による全国の支配を確認する「食国之政」そのものと言えよう。これに対し朝干飯御膳は、西廂の北側の独立した部屋である朝餉間で、平敷畳に着し、土器・木箸を用いて行われた。食材は御厨子所が畿内・近江などの近国から調達する新しいタイプの贄で、全国からの服属儀礼としての性格は認められない。

佐藤氏は、九世紀末以降の諸文献における両者の時刻の変化を追うことで、前者の形骸化と後者の創始の時期を、十世紀初めの延喜年間に求めたが、その後、芳之内圭氏は、新出の東山御文庫本『日中行事』等の分析によって、変化の時期を宇多朝の寛平年間に修正した(26)。天皇の食事の転換は、清涼殿の改造による天皇の御座のあり方の転換とも軌を一にしていたのである。

おわりに

律令制成立当初から九世紀前半までの内裏における天皇の玉座は、前殿（紫宸殿）と後殿（仁寿殿ほかの常御殿）に置かれた御帳台の中の大床子であった。九世紀後半の清和朝に、紫宸殿の御帳台の大床子が尋常倚子に変化し、天皇主宰の朝儀の復興が図られた光孝朝には、節会等の宴会用として、紫宸殿の平文倚子、仁寿殿の螺鈿倚子が蔵人所に備えられた。さらに、昇殿制を通じ、天皇と侍臣との人格的主従関係が政治制度として確立した宇多朝に、殿上間に殿上倚子が設けられ、清涼殿での儀式で用いられるようになる。その一方、「天皇は、御帳台の中の大床子の上で終日過ごすべきである。」という通念も次第に形骸化し、儀式の性格や季節などに応じて、大床子を御帳台の外に出したり、さらには大床子の円座を平座として用いることも行われて、天皇の日常生活の合理化が進んでゆく。十世紀以降の清涼殿において、御帳台、大床子、平敷の昼御座が独立して併存しているのは、その一つの帰結と見ることができる。

大床子を用いる朝夕御膳が、平敷畳を用いる朝干飯御膳に変化するのは、在地首長制的または畿内政権的な構造に規定されていた律令制期の天皇が、宮廷社会における人格的主従関係や、蔵人所を頂点とする天皇家産機構にも基盤を置く新たな王権に転換したことに対応している。そもそも、『古事記』崇神天皇段に見える「神床《かんどこ》」の語が示すように、古代における床は、天皇をはじめとする首長層の座具・寝台であると同時に、神の降臨する依り代としての性格も持っていた。床子を基本としていた九世紀前半までの天皇の座が、倚子や平座などの多様な形態に変化してゆくのは、神話的・氏族制的なイデオロギーに依拠し、様々なタブーにも制約されていた奈良時代までの天皇が、平安初期以降に中国化し、現御神として祀られる客体から、人間として神を祀る主体へと変化したこととも関連すると考えられよう。

また、今回は詳論できなかったが、中国における座具使用については、第三節で見た『西宮記』臨時七・天皇元服儀に

「晋礼、設二大床子一。」とあり、旧稿で指摘したように(27)、唐の閻立本筆と伝える『歴代帝王図巻』における陳の文帝が、高い榻にあぐらをかいて坐す姿で描かれているほか、南北朝から唐にかけての正史には、宮中に榻が置かれていたことを示す史料が散見する。その一方、倚子については、中国史の黄正建氏が、正倉院御物の「赤漆槻木胡床」(黄氏も指摘する通り、この名称は明治期の修理の際に付けられたものである)が、唐代文献に見える縄床(倚子の一種で、座面に藤縄で編んだ網を用いたもの)の実物にほかならないこと、七世紀末の文武朝においても、唐への留学から帰国した道昭が縄床を常用していたことを指摘している(28)。更に縄床に関して、『旧唐書』巻十六穆宗本紀長慶二(八二二)年十二月辛卯条に「上於二紫宸殿一御二大縄床一、見二百官一。」とあり(29)、日本の嵯峨朝と同時代に、唐大明宮における常朝の場であった紫宸殿で(30)、倚子型の座具である大縄床が、百官朝見のための玉座に用いられていることが注目される。九世紀前半まで、天皇の玉座は大床子であるべきとの伝統に固執していた日本の支配層が、貞観年間以降、その倚子化を進めることになった背景については(31)、東アジアの文化交流史の文脈での検討も必要であろう。

以上、粗雑な議論に終始したため、多くの誤りを含むことを恐れるが、本章が、天皇の御座のあり方を通じて、その王権としての特質を考えるという新たな研究の捨て石となれば、望外の幸せである。

(1) 大隅清陽「座具から見た朝礼の変遷―養老儀制令12庁座上条の史的意義―」池田温編『日中律令制の諸相』東方書店、二〇〇二年(後に『律令官制と礼秩序の研究』吉川弘文館、二〇一一年所収)。
(2) 吉江崇「律令天皇制儀礼の基礎的構造―高御座に関する考察から―」『史学雑誌』一一二―三(二〇〇三年)。
(3) 仁藤敦史「古代王権の表象―槻木・厨子・倚子―」『家具道具室内史』創刊号(二〇〇九年)。
(4) 川本重雄「天皇の座―高御座・倚子・大床子・平敷―」『家具道具室内史』創刊号(二〇〇九年)。
(5) 満田さおり「仁寿殿・紫宸殿・清涼殿の空間構成と儀式―平安宮内裏の空間構成と儀式に関する歴史的研究1―」『日本建築学会計画系論文集』七三―六三四(二〇〇八年)。

(6) 代表的な業績として、橋本義則『平安宮成立史の研究』(塙書房、一九九五年)。
(7) 以下、『江家次第』『北山抄』『西宮記』は神道大系本に拠る。
(8) 前注(4)川本論文、六一頁。
(9) 同右、五九～六一頁。
(10) 目崎徳衛「仁寿殿と清涼殿」『宇津保物語研究会報』三、一九七〇年(後に『貴族社会と古典文化』吉川弘文館、一九九五年所収)二六七頁。
(11) 類例として、『続日本後紀』承和三(八三六)年三月甲戌条、同六年十月己酉朔条など。
(12) 前注(2)吉江論文、四七頁。
(13) 同右、四四～四七頁。
(14) 前殿(正殿)と後殿(正寝)を持つ平安宮内裏の基本的な構造が、平城宮の初期段階まで遡ることについては、橋本義則「平安宮内裏の成立過程」(前注(6)橋本書所収)を参照。
(15) 前注(2)吉江論文、四四頁。
(16) 同右、三八～三九頁。
(17) 所功「「元服儀」儀式文の成立」『神道学』一〇六、一九八〇年(後に『平安朝儀式書成立史の研究』国書刊行会、一九八五年所収)四七四頁。
(18) 西本昌弘「『内裏式』逸文の批判的検討」『日本史研究』三七六、一九九三年(後に『日本古代儀礼成立史の研究』塙書房、一九九七年所収)二四〇～二四四頁。
(19) 美川圭「公卿議定制の類型とその性格―坂本賞三・安原功両氏の批判にこたえて―」『史林』七四―六、一九九一年(後に『院政の研究』臨川書店、一九九六年所収)九二～九五頁。
(20) 保立道久「内裏清涼殿と宮廷説話」小泉和子・玉井哲雄・黒田日出男編『絵巻物の建築を読む』東京大学出版会、一九九六年(後に『物語の中世』講談社学術文庫、二〇一三年所収)一六三～一七八頁。
(21) 古瀬奈津子「昇殿制の成立」青木和夫先生還暦記念会編『日本古代の政治と文化』吉川弘文館、一九八七年(後に『日本古代王権と儀式』吉川弘文館、一九九八年所収)三四四～三四六頁。

（22）神谷正昌「九世紀の儀式と天皇」『史学研究集録』一五、一九九〇年（後に『平安宮廷の儀式と天皇』同成社、二〇一六年所収）一一三～一一六頁。
（23）黒須利夫「拝礼する天皇―桓武親拝の史的意義―」『史境』四六（二〇〇三年）。
（24）角田文衛「平安内裏における常御殿と上の御局」『平安博物館研究紀要』二、一九七一年（後に『角田文衛著作集　第四巻　王朝文化の諸相』法蔵館、一九八四年所収）二五～二七頁。
（25）佐藤全敏「古代天皇の食事と贄」『日本史研究』五〇一、二〇〇四年（後に『平安時代の天皇と官僚制』東京大学出版会、二〇〇八年所収）。
（26）芳之内圭「平安時代における内裏の食事」『日本古代の内裏運営機構』（塙書房、二〇一三年）。
（27）前注（1）大隅論文、二六一～二六二頁。
（28）『続日本紀』文武天皇四（七〇〇）年三月己未条。
（29）黄正建著・河上麻由子訳「唐代衣食住行の研究と日本の資料」『東方学』一二一（二〇一一年）一四五～一四八頁。
（30）『資治通鑑』巻二百四十二唐紀五十八穆宗長慶二（八二二）年十二月辛卯条も参照。
（31）松本保宣『唐王朝の宮城と御前会議―唐代聴政制度の展開―』（晃洋書房、二〇〇六年）第二部第三章、唐代常朝制度試論。

〔付記〕本章は、ＪＳＰＳ科学研究費（課題番号二五二八四一二一、二六二八四〇九三、二六三七〇七六四）による研究成果の一部である。

Ⅱ部　財政と地方支配

1章　摂関期の財政制度と文書
——京庫出給と外国出給

神戸航介

はじめに

摂関期の財政制度は近年急速に研究が進んだ分野である。大津透氏の業績を嚆矢として、中込律子氏、上島享氏らによって受領による朝廷への貢納の仕組みが明らかになり[1]、最新の研究状況は大津氏による岩波講座の論文に示されている[2]。大津氏は同論文において、摂関期国家財政形成には二つの画期があったとした。第一は九世紀後半〜十世紀初頭にかけてであり、位禄・大粮・年給など人件費及び官衙費の財源を地方財源へ移行した時期である。第二は十世紀後半で、正蔵率分・永宣旨・召物など儀式運営費の再編が行われた。このように朝廷が受領から何を収取したかについてはかなり明らかになっている。しかし、受領からの収取は決して無秩序に徴収されていたわけではなく、朝廷における様々な財政手続きによって徴収権が裏づけられていたはずであるが、先行研究ではその事情については十分に明らかにされていない。そこで本章では、朝廷における財務手続きについて、その場で用いられる文書の機能を中心に検討したい。具体的視角は以下の二つに分けられる。

一つは儀式料物の調達における出給手続きであり、特に請奏についてである。請奏については内蔵寮請奏を中心とする古瀬奈津子・古尾谷知浩両氏の研究や、任官申請も含め文書としての請奏全般を検討した玉井力氏の研究などがあるが(3)、料物出給手続きを摂関期の財政史に位置づけるためには、もう少し事実関係を整理する必要がある。これは大津氏の言う第二の画期に対応するものであり、「京庫出給」の変化の検討である。

もう一つは、第一の画期に対応する「外国出給」の仕組みについてである。これに関連する近年の研究としては、渡邊誠氏が俸料官符の実態を解明し、さらに斎院禊祭料の徴収手続きを分析した下向井龍彦氏が、太政官符による諸国への物品出給命令を「官符国宛制」と呼び、その成立が十世紀前半にあることから、十世紀後半画期論に再検討を促したことが注目されるべきだろう(4)。ここでは下向井・渡邊両氏の手法に学びつつ、典型的な外国出給である位禄と大粮について手続きの復原を試み、官符国宛制の理解を進めたい。以上二つの財務行政手続きの構造を解明し、この時代の国家財政全体の性格に迫ろうと思う。

1　請奏の機能とその意義

請奏の手続きと機能

本節では儀式料物の請求方式である請奏について、その機能と意義を検討する。請奏とは、ある官司が行事に先立ち他の保管官司や財源から料物を分受する許可を得るために奏上する手続き、およびそこで用いられる文書のことである。まずは代表的な料物請奏である内蔵寮請奏を例に、請奏の手続きを見ていきたい。具体的な手続きの過程は『西宮記』巻十三御修法に、以下のようにある。

頭若蔵人奉レ勅、仰二候所陰陽師一、令レ勘二申日時一奏聞。仰二阿闍梨一令レ出二支度一、仰二内蔵寮一令レ進二請奏一。奏下二上卿一、上卿下レ弁、弁下レ史賜二宣旨諸司一、令レ催二渡分物等一。

ここから古瀬奈津子氏は次のように整理している。[5] まず行事蔵人が内蔵寮に命令して請奏を作成させ、天皇に奏聞した後上卿に下される。その後、弁―史と太政官の命令系統を経て保管官司へと出給を命じる宣旨が出され、物資が受け渡される。

文書としての内蔵寮請奏の実例は、『江家次第』巻六平野祭に、

内蔵寮

請五色絹八疋　生絹十二疋　糸十五絇　綿百屯　調布綿十五段　布綿（木カ）五斤

右、来月日平野祭御幣料、以㆓諸国所㆑進率分内㆒依㆑例所㆑請如㆑件。

年月日

正六位上行少属

正六位上行少允

とあるものから知られる。様式を整理すると、まず冒頭は請求官司名と「請」より始まり、ついで請求する物品を列挙した上で、用途と財源を明記し、「所㆑請如㆑件」と結び、年月日と内蔵寮の属・允の署名がある。このような文書様式的特徴は他の請奏の実例でも同様である。[6] この文書様式は非公式令的文書様式「請」に分類できる。玉井力氏が注目したように、「請」様式の物品請求は正倉院文書中にもほぼ同様のものが見え、[7] さらに平城宮出土の請求木簡にも類似する「請」様式の文書がある。[8]「請」という文書様式自体は八世紀から存在していたのであるが、後にも触れるように官制上の統属関係にある上級官司に物品を請求する場合には解形式の文書が用いられるのであり、「請」は令制的管隷関係のない官司間での請求一般に用いられた様式と考えられる。

請奏が奏上される過程についてうかがうことができる史料として、宮内庁書陵部蔵九条家本『神今食次第』[9]（函架番号九―一五一二）の次の記事を紹介したい。

一　侍従厨請奏事

兼十余日可㆓奏下㆒㆑之。有㆓続文㆒。可㆓復奏㆒㆑之。〈件請奏体注㆑奥。無㆓行幸㆒之時仰㆓其由㆒令㆑続㆓其例㆒。〉

（中略）

一　請奏〈雖㆑無㆓行幸㆒必奏下。但無㆓行幸㆒之時米廿石也。〉

目録様如㆑此。

六月

四日奏文〈奉源中納言〉

侍従厨申請今月十一日神今食王卿幷上官以上饗料以㆓諸国所㆑進年料内㆒被㆑宛㆓給種々物㆒事

米卅石〈従㆓大炊寮㆒請〉　東蚫廿斤　薄蚫廿斤　楚割廿斤　蚫廿斤　堅魚廿斤　干鳥廿斤　白魚廿斤　押鮎廿斤

腊廿斤　醬三斗　塩三斗

　已上従㆓大膳職㆒申請

酒三斗　酢一斗　糟一斗五升

　已上造酒司申請

仰令㆑勘㆓給例㆒。〈又被㆑仰㆚可㆑勘㆘無㆓行幸㆒例㆖之由㆙。〉

同九日覆奏

続文云、治暦四年六月十日給例、米廿石、東鮑廿斤、〈下宮内〉薄蚫廿斤、蚫廿斤、堅魚廿斤、干鮭廿斤、白魚廿斤、干鳥廿斤、雑魚腊廿斤、醬一斗、塩三斗、酢一斗五升、〈下宮内〉白糟一斗。

仰任㆓続文㆒依㆑請。

これは神今食における太政官の官人に対する饗料を侍従厨が申請した請奏手続きの事例であるが、全体の様式を見るに、『侍中群要』巻三に載せる「奏書目録」と一致し、これは蔵人を通じた文書の奏上の後、蔵人によって作成される奏書目録、ないし奏書目録を基礎資料として作成される御目録からの引用と見てよいと思う。[10] ここから請奏の奏上の過程を復原すると、物品を必要とする部署から「請」様式で申請されたものが、蔵人によって物品の出給を各官司に割り当てられ、これを整理した文書が奏上されたと考えられる。その後、天皇から出給の先例を勘申するよう指示されるのが例であったらしく、後日先例を続文の形にして覆奏し、天皇の決裁を受けたのである。[11] この事例は後三条天皇期の侍従厨請奏の場合であるが、『侍中群要』の記載や後掲の『親信卿記』天延元(九七三)年五月二十二日条などから、十世紀後半以来の料物請奏一般の手続きと見て差し支えないと思う。

請奏の作成、及び裁可を得た後の料物徴収のあり方についてさらに知見を加えたい。まず、前掲『西宮記』巻十三御修法の手続きの中に見える「支度」の語に注目する。支度とは一般的に予算や見積もりを意味するが、ここでの支度の具体的内容がうかがえるのは、孔雀経法の準備に関する『親信卿記』天延元年五月二十二日条である。[12]

①孔雀経御修法七箇日支度

大壇所

名香少々　白膠香　紫鑛　安息香　薫陸香　沈香　白檀香　龍脳香　蘇蜜少々　白芥子　孔雀尾五茎　五色糸一条

〈長各三丈五尺〉

護摩壇

聖天供十四度

十二天供七度

神供七度

阿闍梨一口　修僧廿口　行事僧一口

承仕沙弥五人　雑仕十三人　駈使三人

已上、小雑仕等可レ通二用諸壇一。
行事僧、、、、　助幹
阿闍梨、、、、　寛静

御修法供奉諸司②（中略）
内蔵寮申請③
銭四十八貫　絹十二疋　綿二百五十屯　信濃布十段　調布廿端　糸二絇
以上大宰綿代
同申請
白米卌五石　糯米六石二斗　大豆三斗　小豆三斗　大角豆五斗　胡麻五斗　大麦三斗　小麦三斗
以上大炊寮
油一石二斗〈主殿寮〉　塩二石〈大膳職〉
諸国率分

①は前掲『西宮記』の言う「支度」に相当するもので、阿闍梨が提出した実際の文書を書き写したものである。この支度に記された物品の数量や僧侶の人数等に基づき布施や料米など必要物資が蔵人によって把握され、諸司に召仰（行事準備の指示）が行われる。この蔵人が召仰を行う諸司を書き上げた②の記載がある。そして③が内蔵寮に申請させた物品の目録であるが、前掲の『西宮記』より申請の形式は内蔵寮請奏であったと考えられ、内蔵寮請奏の初見史料である。ただし③は内蔵寮請奏をそのまま書き写したのではなく、前掲の九条家本『神今食次第』の記載と同様に財源の供出元も書かれている。したがってこれは内蔵寮請奏を受けて、蔵人が奏上以前に物品を整理し、財源を割り当てた段階の記載と見ることができよう。『春記』長久元（一〇四〇）年五月十八日条に、「御読経料物、蔵人成二請奏一、奏下蔵人支配充二行之一」と、

蔵人が「支配」を行うとも見え、これは内蔵寮請奏において出給官司の割り当てを蔵人が行うことを意味していると思う。

請奏の作成に先だって支度が作られることは、『延喜式』などに定数がある場合には必須ではないだろうが、臨時の行事ではしばしば儀式書や古記録に見え、例えば『西宮記』巻七臨時御願には四角四堺祭で陰陽寮が「支度」を進めるとある。この「支度」は『西宮記』の頭書によると請奏と同様のものであり、古記録にも四角四界祭にあたり陰陽寮が請奏を奉ると見える。[13] 臨時の行事での請奏は「支度」とも称されたことがわかる。[14]

請奏が支度とも称されたことは、請奏には行事ごとの予算機能があり、臨時の料物請求の際にはまず支度という見積もりが作成され、これに基づいて請奏がなされることを意味する。請奏の起源を奈良時代の「請」様式に求めた玉井氏は、正倉院文書中で「請」と一体となって作成される「注文」という口頭申請のための別添資料とも言うべき文書に注目したが、[15] 物品の請求の前提として予算書のような請求品目リストが作成されるのは一般的な現象なのであり、請奏もそのような役割を果たす場合があったと言えよう。

次に請奏作成から料物徴収までの流れについては、『春記』長久元年八月二十五日条及び二十八日条が注目される。

(二十五日)又令レ申云、御誦経請奏、依二御拝間一不レ可二奏下一者、預召二仰所司一如何。(中略)即以二書状一遣二示御誦経料調布五百段事一。是可二催儲一由也。成二下文一可レ給二小舎人一之由有二返事一。件事等依二前例一可レ行之由、仰二蔵人章行一了。

(二十八日)御誦経可レ被レ行事、先日申二関白一各令レ仰二諸司一。調布五百段〈以二書状一示二大蔵卿一、即以二後下文一小舎人催二取諸司一、催二渡内蔵寮一。是例事也。〉□□等皆各仰□也。

後朱雀天皇の中宮嫄子の一周忌による御誦経が八月二十八日に行われることになったが、このときは「御拝間」であるため、仏事である御誦経請奏を奏上できなかった。そこで記主資房は行事上卿源師房に、あらかじめ所司に召し仰せておいてはどうかと提案し、師房の許可を得て書状を送ることにより調布五百段を用意しておくよう大蔵卿に伝達した。大蔵卿は「下文」を成し小舎人に与えるとの返事を送り、実際に当日の二十八日には下文を持った小舎人が諸司より料物を催し、内蔵寮に渡したのである。このときは請奏作成ができなかったため大蔵卿への書状という形で料物徴収を円滑にしたのであり、本来は文書としての請奏がこのような役割を担っていたと考えられる。さらに下文を使者に渡し使者が料物を徴収するという方式は、「是例事也」とされているように一般的な徴収方式だった。ここで言う「下文」とは川本龍市氏が明らかにした諸司切下文のことである。[16] 諸司切下文は十世紀後半に初見し、[17] 行事費用を弁備すべき官司が諸国に対して料物の進済を要求する文書である。切下文は物資を必要とする官司の下級官人に対して保管官司から手渡され、下級官人が直接在京受領の弁済所等に赴き徴収した。請奏による料物申請の場合でも、蔵人所が割り当てた出給官司が切下文を作成し、申請官司に渡すという文書の授受によって出給がなされていたと考えられ、その際請奏は出給を円滑に進めるための出給命令という役割を果たすことがあったのである。

請奏の成立とその意義

以上、請奏による物品出給の流れを見てきたが、こうした手続きは律令制や延喜式制のあり方とは大きく異なっている。この点について論ずる前に、請奏によらない請求方式の存在を確認しておきたい。律令制から延喜式制までの一般的な諸司財政の申請方法は、倉庫令（5）倉蔵給用条に「倉蔵給用、皆承㆓太政官符㆒」とあるように、太政官符による出給命令を得ることを原則としたが、[18] その前段階として物品を必要とする官司から太政官への請求がある。佐藤全敏氏が指摘するように、[19]『延喜式』に規定された物品の請求方法として「申官請受」「申省請受」などがあり、行事ごとに八省などは直接、職・寮・司は所管の省を経て太政官に物品を請求し、太政官での決裁を経て保管官司へ出給を命じる官符が出されるのである。

この手続きは摂関期にはどうなっていたか。この点について、佐藤氏も触れているが、『朝野群載』巻十五陰陽道に載

せる、万寿二（一〇二五）年の年紀を持つ次の文書が注目される。(20)

陰陽寮解(a)　申下請写二来年料暦一用物上事

合暦百七十九巻

料紙三千三百卅九張

　麻紙千枚　御暦褾紙料

御暦十三巻　料紙屋紙三百六十張

御七曜一院・太皇太后宮・皇太后宮・春宮各一所上頒暦百六十六巻料調上紙二千九百卅一張〈二字分空き〉廿七枚

筆百卌二管　兎毛筆卅四管〈御暦料〉　鹿毛筆九十八管〈頒暦料〉

墨十五挺　上三挺〈御暦料〉　中十二挺〈頒暦料〉

軸百八十一(五カ)枚　花軸十九枚〈御暦料〉　檜軸百六十六枚〈頒暦料〉

上朱砂十一両　綺二丈五尺五寸〈御暦料〉　上絹三丈〈大豆篩料〉

阿膠三両　礪一面　長畳四枚　竹拾(衍)十七棟

白米六石七斗七升五合〈五石造案御暦博士幷生徒書手等間食料、一石七斗七升五合図書々手装潢等単九十六人料〉

大豆五升　紙続料

塩一石二斗四合〈一石造案暦博士幷生徒書手等料、二斗四合図書寮書手装潢等単九十六人料〉

腊魚一斗九升二合　同書手装潢装束料

滓醤一斗九升二合　同書手装潢等料

写頒暦書手廿九人　大舎人四人〈各一巻〉　内竪三人〈各十巻〉　諸司大士(史生カ)廿二人〈各四巻〉

　已上目録

(b)麻紙十枚〈下中務〉　紙屋紙三百六十張　調上紙二千九百卅一張　兎毛筆廿四管　鹿毛筆九十八管　上墨三挺　中墨十二挺　花軸十九枚〈左弁官下木工寮〉　檜軸百六十六枚　上朱砂十一両〈下中務・内蔵〉　綺二丈五尺五寸　上絹三丈〈下大蔵〉　阿膠三両　礪一面　長畳四枚〈下宮内〉　左弁官下　山城国竹拾柒棟　白米六石七斗七升五合〈下宮内〉　大豆五升　塩一石二斗四合〈宮内〉　腊魚一斗九升二合　滓醤一斗九升二合　写頒暦書手廿九人〈下中務〉

右、写来万寿三年暦料用度雑用料依レ例陰陽寮所レ請如レ件。

　万寿二年七月四日　　　　　左少史小野朝臣奉政奉

　　　　　　　　　　　　　　　右少弁藤原朝臣

(c)左大臣宣、旨（宜カ）レ宛レ之。

（a）の部分は翌年の暦を書写するための料物を陰陽寮が申請した解文で、所管の中務省を経て弁官へ提出されたものである。文書様式としては「請」の内容を持つ解であるが、ここでは書留文言がなく末尾に「已上目録」とあり、この文書自体は弁官のもとで申請物品を抽出し作成された目録である。弁官はこの目録に基づき（b）の文書を作成するが、これは「下某司（出給官司を管轄する省）」という出給官司の割り当てを行ったものである。そして最後に（c）で上卿の認可が記される。このような文書は全体として「官切下文」ないし「大宣旨」と呼ばれている[21]。そして佐藤氏が指摘したように、陰陽寮から申請されている物品は『延喜式』の規定とほぼ一致することから、「申省請受」という手続きは右のようなものであったと考えられる。同様の手続きは他の儀式料物の調達にも見られ、『西宮記』巻十八祈雨止雨奉幣には、

　弁進二神祇官幣料請文一。上卿見レ之返給〈或奏レ之。然而依レ用二年料物一、不レ可レ奏歟〉。

とあり[22]、臨時の祈雨・止雨奉幣の際に弁官が「神祇官幣料請文」を進め、上卿の認可を得た後、官司へ出給を命じる種々の宣旨が出される。ここで「請文」と称される文書は他にも「神祇官勘文」「治部省請文」などの文書が見えるが[23]、太政官に対する諸司ごとの請求として作られる解形式のものと考えられ、先の大宣旨の（a）陰陽寮解に相当する。これを受け太政官では弁官が出給官司を割り当て、出給官司に太政官から出給命令が出される。これらはまさに『延喜式』に見ら

れる「申官請受」の手続きそのものであろう。このように、摂関期の儀式の前提として、律令制以来の太政官ルートによる出給手続きが機能していたことが知られるのである。実際にはこうした手続きの後、保管官司で切下文が発給されるだろう。さらに請奏との関係で言えば、この請文・勘文は場合によっては奏上され、奏上される場合に「請奏」と呼ばれる点が注目される。奏上される場合とは、後には曖昧になったようだが、率分を用いる場合には必ず奏上された。大蔵省請奏の実例は節禄にのみ見られるが[24]、率分や大宰府貢綿など特定の財源を用いる場合に請奏が作成されたらしい。

さて、請奏の中でもとりわけ大きな位置を占めるのは内蔵寮請奏である。内蔵寮請奏の歴史的意義の解明に最も肉薄したのは古尾谷知浩氏の研究である[25]。古尾谷氏は律令制下における内蔵寮からの出給について、「奉口勅索物」といって太政官を経ず、直接天皇の意志が実行されたと指摘する。そして平安時代の内蔵寮請奏についても言及していて、「太政官を通さずに天皇の意志をより直接的に承ることができるという形態を残している」と評価する。内蔵寮請奏が天皇の許可を直接承る点について、「奉口勅索物」のあり方を継承しているとの見通しは妥当だろうが、ここでは具体的な史料を用いて内蔵寮請奏の成立についてもう少し詳しく考えてみたい。

『親信卿記』天延元（九七三）年六月十二日条に、次のようにある。

十二日、供二直嘗御粥一事如レ例。主水司奉二御盥一。請奏給二出納一令レ行。即返納時返二給請奏一。

これは「請奏」という文書の年紀が明確な史料上の初見であり、大殿祭の翌日の主水司による直嘗御粥供奉の場面であるが、御盥の出納に請奏が用いられている。『西宮記』巻四神今食に「彼司所レ進請奏不二奏聞一、直給二出納一。返上之日、彼司即請二本奏一」[26]とあるのに対応する手続きで、同書によると、早旦、主水司が蔵人所に保管されている御粥垸一口・馬頭盤・御箸・匙などを請求するが、このとき主水司が出給を申請する文書を作成する。この文書が「請奏」と称されたが、実際は奏上されず、蔵人所の出納に直接請奏が渡され、出納が食器類と引き替えに請奏を受け取った。そして後日、主水司が食器類を返却する際に請奏も主水司に返されるのである。このような御用の物品の出納手続きに、請奏の原型を求めることができるように思う。供御薬儀の薬・雑器の出納に請奏が用いられるのも同様の手続きだと考えられ[27]、請奏の原型は蔵人所など内廷の保管官司が管理する御用の物品の出納許可を天皇に得るためのものであったと考えてみたい。

御用の物品の請求方法としては、延喜内記式16位記料物条に、内記が位記料物について奏を作成し、内侍に進め、奏覧の後羅・綺などは内侍所から、色紙は蔵人所から、軸は内匠寮から出給するとあるのが典型的な例である。同様に、蔵人所・内侍所・内蔵寮・主殿寮などに対し「奏請」という形式で物品を受ける規定が『延喜式』にしばしば見え[28]、御用の物品を扱う官司への出給依頼は内侍を介し天皇に許可を求める必要があったらしい。

このような内侍の機能は九・十世紀の交に蔵人に吸収されていく[29]。『西宮記』巻二内宴が引く蔵人所承和例では、内宴に必要な物品を蔵人所が内蔵寮以下の諸司・所々から召すことが規定されていた。内廷官司への物品請求を蔵人が担うようになっていったのであり、内蔵寮請奏の作成指示を蔵人が行うのもこうした関係によるものと考えられる。内蔵寮請奏は内廷官司・所々の行事運営費の調達に用いられ、例えば『行成大納言年中行事』四月、御灌仏に、

諸司

内蔵〈作物所申請米十五石、請奏下二上卿一、自二大炊寮一請。同所申請絹二疋三丈、手給〔作〕布二端、紙二帖、已上山形帖料、作物等料。書司申請五色水料桶五口、杓五柄、白米三斗、茜黄蘗移花、《已上書下》御布施紙廿帖、《積折敷・高坏》導師禄大褂一領。〉(後略)

とある。これは御灌仏にあたって蔵人が召仰を行う諸司を記載した部分だが、引用した内蔵寮の項によると、作物所の申請を蔵人が受け、蔵人の指揮のもと内蔵寮に請奏を作成させ、請奏で調達したことがわかる(後段の「書司申請」も同様のルートか)。このように宮中所々の申請をもとに、蔵人所が内蔵寮請奏を媒介として所々の行事財源を確保していたわけであるが、ここでの蔵人所への申請が、内蔵寮に保管された御用の物品の請求という論理形式を取ることによって成立し、内蔵寮請奏が作成されるのではないだろうか。

以上、内蔵寮請奏の成立の背景について、御用の物品の請求という側面を見てきた。蔵人が内蔵寮請奏を主導することの背景は右のように考えられるにしても、請奏の特質はそれだけではない。十世紀後半以降に見える請奏は、それ以前の奏上を経る物品請求とは異なり、他の保管官司や財源からの分受を前提とするものである。請奏を行った官司については本論では紙幅の都合上再検討する余裕がないが、仮に古尾谷・玉井両氏の整理に従えば内蔵寮のほか神祇官・行事所・大蔵省・陰陽寮・主殿寮・斎院司などがある。このうち独自の財源ルートを持つ官司に注目すると、大蔵省の請奏は先述のように節禄などの経費として、率分蔵に別納される正蔵率分などを請求するものである。行事所の財源は行事所召物があるが、『小右記』寛仁元（一〇一七）年十一月六日条で、「但先猶召二国々一。有二不足一者、可レ進二請奏一者」(30)と、行幸料について先に国々に召したのだから不足があれば請奏を進めるべきだと述べているように、召物や永宣旨料物など行事所の独自財源でまかなえない分を請奏で請求していた。

内蔵寮については、勅旨交易などがあるものの、律令制本来のあり方としては財源の大部分は大蔵省からの分受によって成り立っていた(31)。ただし大蔵省からの分受は年に一度行われるものであり、請奏のように行事ごとに行われるべきものではない。これが請奏による請求へと変化した背景には、常に保管官司に物品のストックが存在する状況ではなくなり、率分や切下文など十世紀後半に成立する新たな収取制度に対応して請奏が成立したと考えるのが自然だろう。これにより行事ごとに受領から必要分を調達する方式が一般的になったため、物品を必要とする官司もそのつど財源の分受を申請する必要が生じたのである。そこで用いられたのが請奏であり、内蔵寮請奏によって太政官ルートを介し大蔵省などへの出給命令（実質的には切下文の発給命令）が出されるのである。

先に述べたように、官方官司の請奏にも、率分を用いる場合には請奏が必要なのであり、請奏はかろうじて確保されていた儀式財源を、天皇の決裁のもとに、内廷官司も含めた国家機構全体で共有するための手段であったという評価もできるように思う。この時期の官衙財政は「諸司財政の独立」といった側面が強調されてきたが、請奏の成立の意義を以上のように考えるなら、儀式料物を確保するための国家機構による統合の側面も見逃してはならないように思われる。

2　摂関期の外国出給と政務

位禄定と位禄官符

位禄は四位・五位の官人に対して支給される給与で、本来大蔵省に保管される調庸から支給されたが、次第に地方財源から支出するようになり、延喜七（九〇七）年に年料別納租穀制が成立する。[32]これは諸国に収納される租穀から毎年一定量を別置して位禄料等に充てるというもので、延喜民部式下52年料別納租穀条に負担する二五国とその額が設定され、官符の到来に従って位禄等を支給した。これにより、誰がどの国に位禄を受けるのかを毎年定める必要が生じ、そこで位禄定という政務が成立する。

位禄定については既に詳細な研究があるが、[33]それらに学びつつ次第を整理すると次のようになろう。[34]まず上卿が陣に着し、大弁が文書の準備が整ったことを申す。上卿は許諾し、史が筥文を置く。この筥文には以下の文書が用意される。①諸大夫歴名、②命婦歴名、③主税寮別納租穀勘文、[35]④官宛文、[36]⑤目録、⑥去年書出（一世源氏・女御・更衣・外衛督佐・馬寮頭助・二寮頭助・外記・史）、⑦去年書出（殿上分）。[37]さらに『小右記』治安三（一〇二三）年四月二十八日条によれば、⑧「出納諸司・外衛佐・馬寮助・諸道博士・大夫史・外記史文」が含まれることがあった。これは特定官職に就いている者を確認するためのリストであろう。これらの文書を上卿が確認し、目録を筥に入れ殿上弁ないし蔵人に付し奏聞する。[38]返給後、大弁に⑨一世源氏等当年書出、⑩殿上分当年書出を書かせ、事前に官所宛にて定められた位禄所弁を呼びこれに給う。⑨は非兼国の特定官職等にある者で当年に位禄を支給すべき人々、⑩は殿上分について、それぞれ割り当てる国と人数を挙げたリストと考えられる。そして後日、位禄所の弁が私家にて、具体的に受給者がどの国に位禄を受けるのかを定め充てるのである。

位禄所弁の定め充て以前に、「分」を持つ諸権門から⑪殿上・院・宮・大臣家分の交名が下される。「分」とは山下信一郎氏が明らかにしたように、天皇（殿上）・院・宮・大臣家がそれぞれ持つ位禄受給者を推薦する権利であり、この時期の位禄が特定の官職や身分にある者に対する限定的な給与に変化したことを意味している。ここでは「分」をめぐる文書の動きに注目すると、目録奏上儀終了後に「分」を持つ者それぞれに対し、割り当て国と受給可能な四位・五位の人数を記した「位禄文」と呼ばれる文書が送られる。『西宮記』をはじめとする儀式書には殿上分についての記載しかないが、院・宮・大臣家でも同様だったと考えてよい。殿上分の位禄文の実例は『江家次第』に、

殿上

伊賀二人〈四位一人　五位一人〉　信濃二人〈四位一人　五位一人〉

丹後二人〈四位一人　五位一人〉　但馬二人〈四位一人　五位一人〉

紀伊二人〈四位一人　五位一人〉　淡路三人〈五位〉

長保三年五月十三日

とあり、給主はこの国名の下に受給者として推薦する者の姓名を注して位禄所弁に下すのである。[39]『小右記』治安三年五月二十五日・六月七日条によれば、実資家の分の位禄についても、国名と人数を記した位禄文が実資のもとにもたらされ、これに受給者を書き入れて史に下したという流れが見える。このようにして給主から史を通じて位禄所弁に下される文書が⑪そのものであると考える。[40]そしてこれらを参照しつつ、位禄所弁は全体の定め充てを行うのである（吉川氏は⑫歴名型充文を作成したと想定する）。

さて、ここで問題としたいのは、こうして諸国に割り当てられた位禄の支給方法である。『西宮記』によれば、「殿上分官符」「女官符」「旧官符」などの請印が行われており、官符による支給だったことがわかるが、[41]ここで俸料官符に関する

渡邊誠氏の研究が注目される(42)。渡邊氏は、十世紀以降の史料に見える俸料官符の「俸料」とは列見・定考の際に太政官官人・内記・内記史生に支給される列見定考禄のことで、諸国の公田地子を収納する太政官厨家から支給されるものであること、俸料官符は太政官厨家が発給する、諸国に対して俸料の支出を命じる官符であること、そしてこの官符は諸国ではなく受給者に交付され、受給者側が諸国（の弁済所など）から直接受給するという支払い方法だったことを明らかにした。

渡邊氏が明らかにした右の仕組みが、位禄の場合にもほぼあてはまるのである。すなわち、位禄の場合も位禄官符が作成され、そこには受給する者の名と位階が記載され(43)、これを受給者本人に授与し、受給者側が国司から直接給付を受けるのである。先に示した治安三年の実資家分の位禄の場合でも、八月二十日条に「史恒則進下給二位禄一官符三枚上。信濃致行、但馬内位、紀伊永輔」とあり、位禄官符が人ごとに一枚ずつ作成され、給主を通じて本人に下付されたことがうかがえよう。なお、位禄官符の作成は位禄所の弁・史が担当し、次上卿や位禄所以外の弁・史が宣旨を奉じた場合でも、官符には一上の宣とし、位禄所の弁・史の署名を必要としたらしい(44)。さらに『権記』長徳三（九九七）年八月二十八日条には、

差二小舎人調為善一、遣二越中守業遠朝臣宅一、仰下博士致明朝臣位禄代可二充下一之由上。是先日依二致明愁申一、有二　宣旨一所レ仰。其位禄官符日者紛失、今日適求出。仍所レ遣也。此次亦同示下送比朝臣・守隆朝臣・命婦豪子位禄代同可二下行一之由上。

とある。これより以前、博士致明朝臣が自らの位禄官符を紛失してしまったが、この日見つけ出したことにより、越中国の受領高階業遠の京宅に小舎人を派遣して位禄の支給を命じたのである。位禄官符を保管するのが受給者本人であることがわかるとともに、官符を受給者側の使者が受領の京宅まで持参し位禄を受け取るという流れが想定できる。

また『類聚符宣抄』巻四帝皇（荷前）、天暦十（九五六）年七月七日宣旨には、荷前使を懈怠した者に対して位禄官符に捺印しないことが罰則とされた事例があるが(45)、同様に荷前使不参により位禄を奪われる例は同書にいくつか見られ、「位禄を奪う」という処分が具体的には位禄官符に捺印しないことを意味するとわかる(46)。なお、『小右記』長和五（一〇一六）

年三月十六日条が引く『貞信公記』承平四（九三四）年九月二十二日条に「仁和代位禄官符」と見えるのが一応位禄官符の初見記事で、仁和年間（八八五〜八八九）に既に位禄官符が存在したことがわかるが、この位禄官符がここまで検討してきた機能を持つような文書だったかは定かでない。

こうした位禄官符による支給は、実際には受領側の申返により必ず受け取れるわけではなかった。このような未給位禄の処理方法については、『西宮記』巻三位禄事によると、位禄所弁による当年分の定め充てが終わった後、⑬充遺勘文が殿上に進められる。これは当年分の位禄を充て終えた後の別納租穀の残高を記載した文書であろう。そして旧年の未給位禄を受け取ることを申請する者がある場合に、蔵人が天皇の仰せを受けて実際の支給状況を調べ、⑬とつきあわせて支給を許可するのである。次いで「自レ官申者勘二続充遺給否等一入二官奏一」とあるのは意味が取りにくいが、先に蔵人が天皇に奏上する未給位禄が殿上分のことであるとすれば、特定官職の受給者や大臣家分などの未給位禄について述べていると考えられるのではないだろうか。[47]ともかく、太政官ルートで申請される未給位禄は別納租穀の残高と支給状況を調査した上で官奏に入れ天皇の裁可を得るのである。さらに『北山抄』巻六下宣旨事、古年位禄等事には、未給位禄の処理についてより詳細な記載がある。

先勘二給不・別納租穀充遺有無一被二裁許一也。雖レ申二請年々料一、一度先給二一箇年料一、至三于給二両年料一、希有之恩也。但年中度々申請、不レ在二此例一。若以二旧官符申返等一申レ改、只勘二充遺一給レ之。当年料者不レ勘二給不一。但奏二目録一之後奏レ之。又参議以上・内侍・殿上人、旧年料間以二正税一充給。祭使次将幷献二五節舞姫一之人有下給二不動一之例上。兼国之人、或以二往年位禄一申二請当年正税一、非レ無二其例一。古年季禄申二改年国一者、不レ被二裁許一。奉二仕祭使等一之輩申二請未行一、先勘二給例一未レ行被レ裁二許之一。以二次上卿及他弁史一雖レ奏二宣旨一、官符猶称二一上宣一、其所弁史署レ之。

これによると、未給位禄は位禄の支給状況と別納租穀の残余を勘じた上で裁許するとあり、『西宮記』の記載と一致する。また複数年分を申請したとしても、一度に支給されるのは一年分のみで、二年分を支給することは希であったらしい。

ただし年中に複数回申請があった場合にはこの限りではなかったようである。なお、『別聚符宣抄』延喜十三（九一三）年四月二十二日宣旨で、位禄定後に別納租穀の用残を勘申し、当年料を優先することとされており、未給位禄より当年位禄が優先される方針はこのときに定まったらしい。

さらに、もし旧官符の申返があって「改申」する場合は、別納租穀の残高を確認した上で支給する、とある。ここでの「改申」は後段に「申二改年国一」とあるのと同じと考えられ、「改年」すなわち年度を改めて支給を受けること、「改国」すなわち受給する国を変更することを申請するのである。(48)『別聚符宣抄』延喜十六年五月十三日宣旨には、

左大弁橘朝臣澄清伝宣、右大臣宣、奉レ勅、位禄王禄衣服等改国改年、宜下経二奏聞一然後給上之。若給二旧年遺一者、官符面注二其年遺一。但以二当年給一限二定数内租穀一、不レ可レ宛二去年以往料一者。（後略）

とあり、位禄・王禄・衣服等の改国・改年は奏聞を経て給うことがこのときに定められた。また未給位禄がある場合には位禄官符に注されることとされている。実例としては『小右記』万寿四（一〇二七）年四月二十一日条に、左少弁源為善が周防国が申返した位禄を大和国に改国することを求めたことが見え、『権記』長保四（一〇〇二）年三月十日条では、大和国が申返した自らの位禄を但馬国の新委不動穀に改める官符を、位禄代を下行させるべく下向する但馬守高階道順に渡している。このように、位禄官符による受給者の徴収権を、改国・改年によって保証していることは注目すべきであろう。

大粮申文と大粮官符

大粮は諸司に配される衛士・仕丁・采女・女丁などに支給する生活給のことで、民部省が管轄する庸米を充てるのが律令制本来のあり方であった（賦役令5計帳条）。しかしこちらも位禄と同様に、庸米の不足に伴い九世紀中葉から十世紀初頭にかけて正税へと財源を移行していき、年料租舂米制が成立する。延喜民部式下51年料租舂米条に規定された一八カ国の租穀を舂成し、官符の到来に従って京進し受給官司に直接納入されるというものである。(49)これに伴い、位禄の場合と同

様、どの官司がどの国から大粮米を受けるのかを決定する政務が必要となった。それが大粮申文である。

延喜太政官式119月料要劇大粮条などによれば、大粮は月料・要劇料などとともに、翌月分を毎月民部省を通じて太政官に申請し、太政官から民部省へ出給を命じる官符が下されるという特徴がある。摂関期にはこうしたあり方が変化し、大粮支給の前提として大粮申文という政務が行われたが、大粮申文については従来ほとんど検討されていないので[50]、ここで詳論したい。大粮は本来民部省に保管された庸米を財源としていたが、『西宮記』巻六申大粮文（『新撰年中行事』下十月も参照）には「申二大粮文一事　一大臣着レ陣。大弁候レ座。其所弁候二官人座一。〈近年史申文如レ例。〉」とあり、毎年十月に（実例では十月に限らない）陣申文の形式で行われる。位禄の場合と同じく太政官の官所宛によって大粮関連業務に携わる大粮所が置かれるが[51]、そこで定められた大粮所弁の同席のもとに大粮申文は行われた。『朝野群載』巻六太政官には、申文の実例が収録されているが、「外記庁申文」の実例として挙げられている「十六日申文三枚」のうち、「粮米文一枚」として、「民部省申ス。司々乃直丁合天二千余六百来月乃分、米千坂百坂、塩十坂五坂、依例天給ラント申津」とある。これは申請官司全体の大粮数を民部省が太政官に申請する内容になっていて、延喜式制の通り月ごとに民部省が諸司の請求内容をとりまとめ、来月の大粮を請求するものであり、摂関期には実質を失っていた。これに対し同書には「大粮米」として、「司々乃来年乃大粮ノ米宛申セル骨」という申詞も収載されている。「粮米文一枚」と比較すると、「民部省申ス」となっていないことから民部省によるとりまとめがなく、また月ごとではなく翌年分の大粮を一括して申告するという特徴が指摘でき、こちらが摂関期に行われていた大粮申文の申詞である。大粮申文は『小右記』治安元（一〇二一）年十一月十四日条などの実例によると、主税寮勘文二通と官充大粮文一通が用意される。官充大粮文は『権記』長保元（九九九）年十一月十四日条に「長保二年大粮文」とあり、「主税寮勘文」を副えて上卿道長に進覧されているから、来年の大粮を官司ごとにどの国が負担するかを割り当てたものであろう。おそらく主税寮勘文には国ごとの租舂米数が記されており、これを官充文と照らし合わせて翌年の大粮が足りるかどうかや、国充が正当かどうかを確認するのが大粮申文の目的である。

また、『江家次第』巻九大粮申文には、

加二毗文一枚一申之、如レ例申文。〈扶義卿為二左大弁一之時、作二大粮式一。〉諸司諸衛有二定国一。院宮随レ時出入。為二閏月一之時又頗作レ代。其後成二官符一。

とある。これによると諸司諸衛の割り当て国は固定化していき、「大粮式」なるものも作成されたが、(52)院宮分や閏月分はそのつど指定したのであり、(53)また『権記』長保元年十一月十四日条で官充文の各官司の粮数の書き誤りを指摘している例があるなど、実質的な機能はかなり有効だったと評価できる。大粮申文による国充がいつから始まったかは明らかにしがたいが、外国出給の方式が一般的になり民部省の申文が意義を失ったことにより成立したのだろう。

大粮の支給方法は、位禄と同じく大粮官符である。大粮官符の史料は位禄官符ほど豊富ではないが、『小野宮年中行事裏書』に「或国充給諸衛大粮官符云、若干白米、若干黒米云々」とあり、(54)大粮官符の記載内容の断片を知ることができる。『小右記』万寿二年七月五日条には、

日者国々頗有二旱魃愁一云々。仍来九日可レ被レ発二請雨使一云々〈二社〉。仍呼二左中弁経頼一、示二大安寺知識事一。是木工寮申下被レ止二土左大粮官符一事上也。免二土左一、可レ請二取越前官符一由仰畢。

とある。旱魃と関係があるのだろうか、木工寮が土佐大粮官符の停止を申請し、土佐ではなく越前の大粮官符を受け取るように実資が指示している。位禄官符と同様、官司ごとに大粮官符が作成されること、また割り当てられた国が支払いを拒否した場合には改国・改年の申請が可能だったことがわかる。(55)官符の作成手続きについては、前掲『江家次第』巻九大粮申文には、大粮申文を行った後に大粮官符を作成することが見え、『西宮記』巻七陣申文や巻十弁官事充位禄大粮事には、大粮官符作成にあたり、大粮所の弁が維摩会勅使として参会している場合、大粮所の使（仕）部が官符を持って会所に赴き、弁の署を取るのが故実とされている。

位禄の場合、官符は給主を経て受給者本人に渡され、本人が各国に対して支給を請求するわけだが、大粮の場合は各官

司に官符が渡され、使者に持たせて各国から徴収したと考えられる。特に衛府の場合は粮使の存在が史料上多く見え、例えば『小右記』寛仁二（一〇一八）年四月五日・八日条で伊予守源頼光が大粮使を抑留した事件がある。寛仁元年十二月十日条では播磨粮使の船が逆風に襲われ、大粮米三〇〇斛が水没してしまった記事があり、粮使は各国からの大粮米の運搬も行っていたことがわかる。また衛府には「粮所」が置かれ、(56)具体的な活動は知られないが大粮関連の事務を行ったと考えられる。さらに九条家本延喜式裏文書「衛門府粮料下用注文」（『平安遺文』四五五・四五八号）は、寛弘七（一〇一〇）年二月・十月分の月ごとの、おそらく大粮の支出を注したもので、大粮は各官司で一括して管理され、衛門府粮料下用注文に「宣旨雑用」とあるように、食料としてだけでなく様々な用途に消費されたのだろう。(57)各官司の大粮は以上のように確保されていたのである。

官符国宛制と公文勘会

最後に、官符国宛制による調達を保証していたものとして、公文勘会との関係に触れておきたい。『小右記』長元五（一〇三二）年七月二十八日条に「弁持㆓来神祇官解文幷尾張国大粮官符㆒。件官符有㆓史暑〔署〕㆒無㆑名。已請印官符也。国司被物此事有㆓公文煩㆒者」などとあるように、弁・史の署名に不備がある大粮官符は国司にとって「有㆓公文煩㆒」として失符の例に入れられていて、大粮官符による大粮支出は公文勘会と連動して実効性を持っていた。また『政事要略』巻二十七給春夏季禄、承平七（九三七）年十月十六日太政官符「応㆑勘㆓会税帳諸大夫位禄㆒事」には、

諸家封租及諸司大粮、皆是以㆓租穀㆒分㆓行之㆒也。然而依㆑勘㆓会抄帳㆒、無㆓申返之例㆒。但至㆓位禄物㆒、難㆑同㆑色以㆑不㆑預㆓勘会㆒、自懸㆓国司之進退㆒。仍常索㆑粮留曽無㆓宛行㆒。非㆑有㆓新制㆒、何休㆓衆難㆒。望請、始㆑自㆓今年㆒、令㆑備㆓勘会㆒、将㆑断㆓申返之累㆒。然則為㆑公無㆑損、為㆑人有㆑慶者。右大臣宣、宜㆘以㆓本主請牒幷使者請文㆒副㆓承知官符㆒、勘㆗会税帳㆖者。省宜㆓承知、依㆑宣行㆑之。符到奉行。

とあり、封租や大粮は抄帳と勘会するため国司が拒否することがなかったが、位禄については勘会しないため支給が滞ることがあった。そこで今後は封租・大粮に準じて諸大夫位禄も税帳勘会に含めることとし、本主請牒と使者請文を承知官符に副えて税帳と勘会することとした。本主請牒と使者請文を公文勘会に用いることは『江家次第』巻九大粮中文に「近年諸司院宮不レ待二官符一成二催牒一請二諸国物一以二件請文一成二承知符一。最可レ恠」とあり、大粮官符を待たず諸司院宮が催牒をなして諸国の物を受け取り、事後に承知符を民部省に下すようになっていたとあるのと対応し、おそらく請牒は受給者側が作成し位禄・大粮官符に副えて国司に支給を促すもので、請文は使者が国側に渡す受領証のようなものと推測される(58)。受給者側が提出する勘会資料としては他に『台記別記』長承四（一一三五）年二月十七日条に、右近衛府が播磨から大粮米を収納し終えたことを主計寮に通知した移（納畢移）があり、これも税帳勘会の場に提出されたと思われる。

そして承知官符とは、延喜民部式下24承知条に「凡承知官符、省奉行直下レ寮」とあるように、諸国に下した官符の内容と関わりのある在京諸司に対し、官符を下した旨を通知する官符のことである(59)。清胤王書状にも「□（貞カ）観殿用物官符」についての承知官符が未だ下されないため税帳勘会ができないとあり(60)、位禄・大粮に限らず官符国宛によって正税から支出する場合には、勘会の前提として承知官符の発給が必要だったのである(61)。

このように、官符国宛制による受給者の徴収権は、税帳勘会の場で受領の責任を問うことにより保証されていたと言えるだろう。この時期の税帳勘会の性格としては、出雲国正税返却帳に見える勘出物が十世紀前半から中葉にかけて、官符による臨時の中央進上物のみになることが指摘されていて(62)、この時期の税帳勘会は正税支出を名目とする中央納入物の確保を最大の目的としていたと考えられ、すなわち税帳勘会は官符国宛制に有効性を付与することが第一の目的となっていた。延長五（九二七）年に税帳の遺りある国は、「官符」による割り当てを申返す解文を裁許しないとの勅語が出されるが（『貞信公記抄』延長五年四月二十八日条）、これも官符国宛制の強化政策の一環として理解することもできる。「外国出給」はこのようにして中央政府による裏付けがあったと言えるだろう。

最後に、官符国宛制の理解に関して二点述べておきたい。第一点は、官符国宛制によって支出されるものは原則として正税を財源とすることである。太政官符によって個別の国に正税支出による物品の交易進上の割り当てを行うことは八世紀から行われており、官符国宛制は摂関期独自の歴史的特質というよりも、律令制の展開の結果と評価した方がよい。交易の割り当ては『延喜式』の交易雑物として固定化したものを除き、臨時に割り当てられる性格のものであるため官符の発給を要するのである。一方、調庸など「京庫出給」は、法的には毎年貢納すべきものなのであり、理論上官符国宛制にはなり得ず、未納入分の催促である切下文という形式をとるわけである。このように考えると、斎院禊祭料の場合は若干の疑問が残るが、斎院禊祭料は承保三（一〇七六）年上野国税帳に、天延三（九七五）年七月官符による支出が記載されていて（『朝野群載』巻二十六諸国公文中、応徳二〈一〇八五〉年十月主税寮減省続文）、正税から支出したことがわかる。さらに斎院禊祭料の納入を催促した新出の天元四（九八一）年四月九日官宣旨にも[63]、「件絹須下如二官符旨一以二去年調庸正税内交易一進納上」「仍営二弁彼責一之間、所レ未二交易一也」などとあり、やはり官符国宛される斎院禊祭料は実際には交易物であることが前提だったと考えられる。

第二点は、官符国宛制は太政官における国宛政務と官符の発給、そして公文勘会の三つが連動して機能しており、権門の勘会権のみに消化されるものではなく、国家財政から離れるものではないという点である。このことは、切下文や位禄・大粮官符を受領のもとに持って行ったとしても、必ずしも料物を受け取れるとは限らず、補助的に支払いを命じる書状を必要としたり、受領側が申返を行う場合があり得たことからも指摘できる。位禄や大粮の場合には、既に述べたように受領の申返に対しては改年・改国という措置が取られることもあったし、受領へ支払履行を再度命じる譴責の官符・宣旨が出される場合もある。『権記』長徳四（九九八）年三月二十一日条では、「木工寮申安芸国不レ済年々大粮米文〈給二譴責宣旨一〉」とあり、木工寮が安芸国の年々の大粮未進を申上し、譴責宣旨を発給されている。位禄の場合も『北山抄』巻七請外印雑事に「下諸国符早充行位禄事〈責符〉」とあり、譴責の官符が発給されることがあったことがわかる。このように、位禄・大粮の未行に際して中央政府が譴責官符を発給し、受給者の徴収権を援助することが行われていた。封戸の場合「徴収権の分与」という評価がされることもあるが、外国出給は独自の徴収権を与えられたわけではなく、全ての前提として朝廷における政務があるのであり、徴収権の分与をどれほど強調できるか疑問がある。

おわりに

摂関期の財政制度史研究に先鞭をつけた村井康彦氏は、十世紀における財政の変化を「調庸から正税へ」「京庫から外国へ」と表現し、「諸司財政の独立」を律令財政崩壊の方向性ととらえた(64)。村井氏のシェーマは大きな影響を与えたが、「京庫出給」「外国出給」という考え方は制度的な事実を踏まえて再検討する必要があろう。調庸を税目とする京庫出給は、給与支出は外国出給に切り替えたものの、儀式運営費を中心として請奏や大宣旨による請求方式と切下文による徴収方式に再編され、これにより国家機構全体に共有された。一方、正税を名目とする外国出給は、位禄定・大粮申文など国宛政務、受領に支出を命じる官符の発給、支出を確認する税帳勘会からなる官符国宛制により運営されていた。本章で明らかにしてきたことは以上のようにまとめられる。

諸司田の成立など「諸司財政の独立」という方向性に対し、本論ではあえて国家による統合の側面を重視し財政手続きを検討した。紙幅の都合もあり論じ尽くせなかった論点も多いが、全て他日を期すこととし、諸賢のご叱正を請う次第である。

（1）大津透「平安時代収取制度の研究」『日本史研究』三三九、一九九〇年（後に『律令国家支配構造の研究』岩波書店、一九九三年所収）、中込律子『平安時代の税財政構造と受領』（校倉書房、二〇一三年）、上島享『日本中世社会の形成と王権』（名古屋大学出版会、二〇一〇年）など。
(2) 大津透「財政の再編と宮廷社会」『岩波講座　日本歴史　第5巻　古代5』（岩波書店、二〇一五年）。
(3) 古瀬奈津子「行事蔵人について」『国立歴史民俗博物館研究報告』一九、一九八九年（後に『日本古代王権と儀礼』吉川弘文館、一九九八年所収）、古尾谷知浩「古代の内蔵寮について」『史学雑誌』一〇〇—一二、一九九一年（後に改題して「内蔵寮の出納体制」『律令国家と天皇家産機構』塙書房、二〇〇六年所収）、玉井力「平安時代の請奏」『平安時代の貴族と天皇』（岩波書店、二〇〇〇年）。
(4) 渡邊誠「俸料官符考」『史学雑誌』一一四—一（二〇〇五年）、「俸料官符追考」『史学研究』二六九（二〇一〇年）、下向井龍彦「摂関期の斎院禊祭料と王朝国家の財政構造」『九州史学』一五六（二〇一〇年）。
(5) 前注(3)古瀬論文、三八八頁。
(6) 『朝野群載』巻五朝儀下、康和元（一〇九九）年八月二十八日内蔵寮請奏、同治暦元（一〇六五）年九月十三日内蔵寮請奏、『江家次第』巻五円宗寺最勝会事、行円宗寺法華会事所請奏、同巻八御盆事、内蔵寮請奏など。
(7) 玉井力「請奏の成立」『平安時代の貴族と天皇』（岩波書店、二〇〇〇年）。実例は天平宝字二（七五八）年十月十二日東大寺写経所請、『大日本古文書』四、三四五頁など。「請」様式については早川庄八「公式様文書と文書木簡」『木簡研究』七、一九八五年（後に『日本古代の文書と典籍』吉川弘文館、一九九七年所収）も参照。
(8) 例えば、平城宮推定造酒司宮内道路南側溝出土縫御服所請木簡（『木簡研究』一八、一九九六年、一一頁）など。
(9) 本書の書誌的事項については西本昌弘「九条家本『神今食次第』にみえる「清涼御記」逸文」田島公編『禁裏・公家文庫研究』三、思文閣出版、二〇〇九年（後に『日本古代の年中行事書と新史料』吉川弘文館、二〇一二年所収）を参照。鎌倉時代の書写で、引用される先例などから後三条天皇期の内容と考えられる。西本氏による翻刻は『清涼御記』などの逸文を含む部分のみであるが、本章で引用するのは西本氏の未翻刻部分である。
(10) 「御目録」「奏書目録」の性格については高田義人「「御目録」「奏書目録」について」『国史学』一五八（一九九五年）を参照。蔵人を通じた奏上は『侍中群要』巻二奏書事に詳しい次第が見え、高田氏が作法を整理しているが、特に内蔵寮・穀倉院の請奏について、雑物数を結ね申さないのが作法とされている。
(11) 『伝宣草』下に「已上女使等請奏、上卿仰二弁官一先勘レ例、覆奏之後依レ請之由宣二下之一、自レ官下二諸司一。〈大蔵・内蔵・大炊。〉」

とあるのと一致する。

(12) 本文及び解釈については山元章代「御修法」佐藤宗諄先生退官記念論文集刊行会編『『親信卿記』の研究』（思文閣出版、二〇〇五年）を参照。

(13)『左経記』寛仁四（一〇二〇）年六月十九日条。

(14) 他に『新儀式』巻五御属星幷諸祭御禊等事に、「蔵人奉レ仰、先定二吉日一、以二其祭物等支度文一奏聞、下二内蔵寮一之、録二用途物一奏聞、下二給上卿一」とある。

(15) 前注(7)玉井論文、二二八～二三一頁。

(16) 川本龍市「切下文に関する基礎的研究」『史学研究』一七八（一九八八年）。

(17)『権記』長保元（九九九）年七月十三日条、大炊寮切下文。

(18) 実際には中務省の役割をめぐっていくつかの制度の改変がある。古尾谷知浩「律令中央財政機構の出納体制」『史学雑誌』一〇四―一二、一九九五年（後に『律令国家と天皇家産機構』塙書房、二〇〇六年所収）二二五～二二八頁参照。

(19) 佐藤全敏「諸司別当制からみた律令官制の変容」『平安時代の天皇と官僚制』（東京大学出版会、二〇〇八年）二四六～二五九頁。

(20) 国史大系本三六二～三六三頁。アルファベットの記号は佐藤全敏論文に合わせた。本文書については国文学研究資料館所蔵の三条西家本や東山御文庫本等の写本により、国史大系本や大日本史料の重大な文字の誤りを校訂することができるので注意されたい。行取り等もあえて近世写本のものによっている。

(21) 前注(16)川本論文。

(22) 壬生本『西宮記』の当該部分は実際には『江家次第』の写しである。早川庄八「壬生本『西宮記』について」高橋隆三先生喜寿記念論集『古記録の研究』続群書類従完成会、一九七〇年（後に『日本古代の文書と典籍』吉川弘文館、一九九七年所収）四九一～五〇〇頁参照。

(23)『左経記』長元元（一〇二八）年六月三日条、『西宮記』巻六十二月、二二五～二二六頁など。なお、治部省請文は延喜諸陵寮式19奉幣陵墓条に基づき、所管の諸陵寮の申請を受けて作成されるもので、『朝野群載』巻二十一、天治二（一一二五）年十二月諸陵寮解はその実例だろう。

(24)『北山抄』巻一七日節会、『権記』長徳四（九九八）年正月七日条など。

(25)前注(3)古尾谷論文。

(26)故実叢書本（前田巻子本巻四）には「彼司所レ進請申奏不二奏聞一」とあるが、九条家本『神今食次第』所引西記により、本文のように校訂できる。

(27)『江家次第』巻一供御薬に「薬殿請二御薬幷雑器請奏一」とある。

(28)該当する条文のみ列挙すると、内侍に奏請（斎院18）、内蔵寮に奏請（中務2・図書3・左右近衛1・左右近衛25・左右近衛41）、奏上を経て蔵人所から出給（内記20）、内侍に申請し主殿寮から受ける（造酒24）など。

(29)こうした考え方は、吉川真司「律令国家の女官」女性史総合研究会編『日本女性生活史』一、東京大学出版会、一九九〇年（後に『律令官僚制の研究』塙書房、一九九八年所収）、佐藤全敏「所々別当制の展開過程」『東京大学日本史学研究室紀要』五（二〇〇一年）などによる。また、内蔵寮請奏に関する近年の研究として、佐藤全敏「蔵人所の成立と展開」『歴史学研究』九三七（二〇一五年）四八頁が、もともと蔵人所の主要財源が内蔵寮からの分受だったことに注目し、内蔵寮請奏は十世紀以降にも律令財政に依存する蔵人所の性格によるもので、むしろ独自の財源としての召物の成立を高く評価する。また、内蔵寮請奏は基本的に神事・仏事に限られ、これらは必ず内蔵寮出給の形式を守り、それ以外は召物という体制だったとした。

(30)行事所召物や永宣旨料物制については前注(1)大津論文参照。なお、壬生本『西宮記』第二軸正月上二御斎会頭注に、「仏布施幷講読師法服料・諸僧布施料」など永宣旨料物以外の分について「依二行事所請奏一以二諸国所レ進年料率分内綾絹綿布等一宛之」とある。

(31)前注(3)古尾谷論文。

(32)『政事要略』巻二十七年中行事十一月三（奏給位禄文）に「依二延喜七年十一月十三日官符一、始定二件別納租穀一」とあるのが根拠とされている。

(33)吉川真司「律令官人制の再編」『日本史研究』三二〇、一九八九年（後に『律令官僚制の研究』塙書房、一九九八年所収）、佐々木宗雄「十～十一世紀の位禄制と不堪佃田制」『日本歴史』四八九、一九八九年（後に『日本王朝国家論』名著出版、一九九四年所収）、山下信一郎「平安時代の給与制と位禄」『日本歴史』五八七、一九九七年（後に『日本古代の国家と給与制』吉川弘文館、二〇一二年所収）など。

(34) 典拠史料は『西宮記』巻三位禄事、『北山抄』巻一位禄事、『江家次第』巻五位禄定。以下の記述で位禄定に用いられる文書に付した番号は前注(33)吉川論文に合わせている。

(35) 『小右記』治安二（一〇二二）年四月二十五日条で「主税寮別納租穀足不勘文一巻」と呼ばれているように、官充文の内容で足りるかどうかを確認するために用意される。

(36) 位禄定以前に「位禄申文」とも呼ぶべき、官充文の審査があったらしい。『九条年中行事』「申一上事」の「位禄王禄衣服充国事」。前注(33)吉川論文、三八六頁参照。この点は意外と重要で、位禄定なるものは国宛を行う政務ではなく、人を割り当てるものである。

(37) これ以外に、『江家次第』のみ「節会不参人交名」が見え、「近代不ㇾ副」とある。節会不参による位禄支給の停止と関わるものであろう。

(38) 前注(33)吉川論文でも触れているように、目録の奏上の具体像やその意義については理解が難しい。そもそも目録奏上時点では受給者は決定されていないはずであるから、目録に何が記載されていたかも不明で、『貞信公記抄』延喜十二（九一二）年二月二十八日条や『御堂関白記』寛弘五（一〇〇八）年五月十六日条には「位禄勘文を奏す」とあり、実例では官充文や別納租穀勘文を奏上する場合もある。『江家次第』頭書に「目録一通三省所ㇾ申惣目録」とあるのは後世の解釈でにわかには従いがたいが、目録奏上は「位禄定」と呼ばれる儀式の中核を占めるもので、その性格は位禄とそれを介する君臣関係の性格を考える上で重要であろう。なお、『西宮記』巻三位禄事（『撰集秘記』により校訂）に、天徳四（九六〇）年正月十八日に中務録依智秦時頼が位禄目録を申さなかったため過状を進めた例がある。

(39) 『親信卿記』天禄三（九七二）年五月十日条。同条には『江家次第』と同様の書式が見える。同書によれば、同年四月十一日条で「殿上料位禄文」が「宛遣文」と共に奏上され、翌日御前において女房→男房の順で受給者が定められ、摂政藤原伊尹の意向を確かめた上で位禄所弁に下されている。なお、「位禄文」は広く位禄関係文書を指す用例もあることは確認しておく。

(40) 『小右記』長元四（一〇三一）年三月二十八日条、『中右記』永長元（一〇九六）年十一月二十七日条等にも同様の手続きが見える。

(41) 陽明文庫本『勘例　賭弓之事』（十三函十六号）には、「弁少納言位禄符請印以前不請印諸大夫位禄□□」として、天慶七（九四四）年五月二十五日の先例が引用されている。破損があって全体はわからないが、諸大夫よりも先に弁・少納言の位禄官符に請印するのが故実であるとの趣旨だと考えられる。前注(33)吉川論文は殿上・女・旧官符以外の位禄官符に請印がされたかは明らかでないとしたが、右の史料から弁・少納言など別納租穀ではなく正税を充てる者にも位禄官符の作成・請印が行われたことがわかる。なお、本史料については史料編纂所のデータベース「Hi-CAT Plus」で画像を閲覧した。また、田島公「陽明文庫所蔵『勘例』内容目録」田島公編『禁裏・公家文庫研究』四(思文閣出版、二〇一二年)も参照。

(42) 前注(4)渡邊両論文。

(43) 『洞院家記』所引『清慎公記』逸文、天慶九(九四六)年十二月十九日条に、位階の誤りで位禄官符が毀符となった例がある。

(44) 『北山抄』巻六下宣旨事、古年位禄等事。

(45) 荷前使不参者の位禄を奪うことは『類聚符宣抄』巻四帝皇(荷前)、承和二(八三五)年十二月九日宣旨が引く弘仁十三(八二二)年二月五日宣旨により定められ、貞観式部式(『小野宮年中行事』十二月所引)および延喜式部式上14闕荷前使条に定着する。

(46) 位禄官符は内印を捺す文書である。『西宮記』巻七内印。また『左経記』長元四(一〇三一)年六月四日条で、「旧位禄官符」への内印請印が見える。

(47) 『権記』長徳元(九九五)年十月十六日条などを見ると、「分」の未給位禄は給主が申請するようであり、『西宮記』が述べるのは給主等の申請後の処理であろう。

(48) 『九条年中行事』「申一上事」に、奏上すべき項目として「位禄王禄改年改国事」がある。

(49) 兵衛府の粮米が外国に充て行われたことの初見史料は『類聚三代格』巻十六船瀬幷浮橋布施屋事所引の承和十三(八四六)年十月五日太政官符。また、早川庄八「律令財政の構造とその変質」彌永貞三編『日本経済史大系』1古代、東京大学出版会、一九六五年(後に『日本古代の財政制度』名著刊行会、二〇〇〇年所収)も参照。

(50) 摂関期の大粮に言及した研究として、笹山晴生「平安前期の左右近衛府に関する考察」坂本太郎博士還暦記念会編『日本古代史論集』下、一九六二年(後に『日本古代衛府制度の研究』東京大学出版会、一九八五年所収)、佐藤信「民部省廩院について」土田直鎮先生還暦記念会編『奈良平安時代史論集』下、吉川弘文館、一九八四年(後に『日本古代の宮都と木簡』吉川弘文館、一九九七年所収)などがある。

(51) 官所宛や大粮所・位禄所については中原俊章「弁官局に関する一考察」古代学協会編『後期摂関時代史の研究』吉川弘文館、

一九九〇年（後に改題して「弁官局の変革」『中世王権と支配構造』吉川弘文館、二〇〇五年所収）に言及がある。

(52) 宮内庁書陵部蔵九条家本『大粮中文次第』（九―一六一〇）という折本状の次第書がある。本書は成立年代は未詳であるが、『猪隈関白記』建仁元（一二〇一）年十二月二十日条に見える大粮中文の次第とほぼ一致し、遅くとも鎌倉時代のあり方を示していると見てよい。本史料については機会を改めて検討するが、その内容を見ると鎌倉時代の大粮中文では官充文が用いられず、代わりに大粮式一通を見ることになっている。このことから大粮式とは固定化した官充文、すなわち各官司にどの国がどれだけの大粮を負担するかを定めたリストであったと考えられる。なお、扶義卿＝源扶義が左大弁だったのは長徳二（九九五）年八月二十八日から長徳四年七月二十五日であり、十世紀末にどの官司がどの国に大粮を受けるかが固定されたと言える。

(53) 院宮に仕える衛士・仕丁らの大粮があることは『西宮記』巻八院宮事参照。また『続左丞抄』第一には、貞応二（一二二三）年二月二十九日付の中宮職の請状があり、先例に則り参河・近江・加賀・播磨・備中・安芸の諸国に大粮米を受けることを申請している。このときは藤原有子が後堀河天皇の中宮として同年二月二十五日に冊立されており、これに伴い中宮職の大粮米設定を申請したのだろう。『江家次第』の「院宮随レ時出入」とはこのようなもののことだと考える。

(54) 鹿内浩胤「田中教忠旧蔵『寛平二年三月記』について―附『小野宮年中行事裏書』（田中教忠旧蔵『寛平二年三月記』）影印・翻刻―」田島公編『禁裏・公家文庫研究』一、思文閣出版、二〇〇三年（後に『日本古代典籍史料の研究』思文閣出版、二〇一一年所収）一四三頁。

(55) 位禄の場合と同様、『九条年中行事』「申一上事」に、奏上すべき項目として「大粮改申他国事」などがある。

(56) 『小右記』治安三年九月十六日・二十一日条など。衛府の粮所は衛府内の大粮管理を行う部署か。

(57) 前注(50)笹山論文、二〇〇頁でも若干の指摘があるが、延喜左右近衛府式63禄物粮米条に、「凡近衛・駕丁禄物・粮米、府惣請取班給。其不仕料并節服及青摺衫・大衣・駕丁装束旧破之物、並充二府中雑用一。兵衛亦同」とあるように、衛府の場合大粮米は府が一括して受け取って受給者に班給し、さらに「不仕料」（出仕しなかった者の分）などの名目で府の雑用に充てることができたのである。なお、相曽貴志「不仕料について」『書陵部紀要』五六（二〇〇五年）も参照。

(58) 福島正樹「家産制的勘会の成立と展開」『史学雑誌』一〇一―二（一九九二年）四九～五〇頁。ただし後述する承知官符の理解については従えない。

(59) 早川庄八『宣旨試論』（岩波書店、一九九〇年）。

(60) 寺内浩・北條秀樹「「清胤王書状」の研究」『山口県史研究』六（一九九八年）書状E。また、寺内浩「「清胤王書状」と公文勘会」『山口県史研究』七、一九九九年（後に『受領制の研究』塙書房、二〇〇四年所収）も参照。

(61) 『左経記』長元五（一〇三二）年二月三日条は、大粮承知官符の改竄に関する記事であり、承知官符の作成のあり方を知ることができる（長元四年十二月二十九日条も参照）。ここに「時永前日政称下令二請印一之由上、取二出其官符一。即雑掌請二官符一、勘二会公文一云々」とあり、官文殿使部中臣時永が承知官符をおそらく国司側の雑掌に渡し、これによって公文勘会を行おうとしたことが見える。

(62) 佐々木宗雄「十～十一世紀の受領と中央政府」『史学雑誌』九六―九、一九八七年（後に『日本王朝国家論』名著出版、一九九四年所収）一四五～一四八頁、寺内浩「大帳・正税帳制度の解体」『日本史研究』三八八、一九九四年（後に『受領制の研究』塙書房、二〇〇四年所収）四八～四九頁。

(63) 前注(54)鹿内論文の翻刻による。

(64) 村井康彦「平安中期の官衙財政」『古代国家解体過程の研究』（岩波書店、一九六五年）。

2章　摂関期の土地支配——不堪佃田奏を中心に

三谷　芳幸

はじめに

摂関期の地方支配を考えるには、中央政府と受領の間の業務関係と、受領による任国支配という、二つの次元を区別することが重要である。まず後者の次元では、この時期に、人身把握から土地把握へと支配の原理が大きく転換する。(1) 律令制下の「個別人身支配」の体制が崩壊し、土地を基準とする新たな支配体制が成立するという変化である。具体的には、検田の強化、負名体制の整備、田率賦課による官物の収取などが実現する。

検田の強化は十世紀後半に顕著なものとなり、受領の任期の初めに本格的な検田が実施され、その結果が馬上帳（検田帳）・検田目録にまとめられるようになる。(2) それを支えたのは、郡ごとに検田所が設けられ、その責任者として国使である検田使が派遣されるという仕組みであった。(3) この動きと密接に関連するのが負名体制の整備であり、十世紀には、国衙の把握した田地を編成して徴税単位としての名（負田）が設定され、その納税責任者として負名が置かれるようになる。(4) 律令制下の人身支配は、実質的には郡司に代表される地方豪族の共同体支配に依拠していて、それにより調・庸などの人頭税の徴収が可能になっていたとされるが、負名体制では、郡司を媒介とすることなく、受領が負名を直接掌握し、土地のまとまりを単位に徴税する方式がとられるのである。(5)この徴税方式に支えられて、官物の田率賦課、すなわち租・調・庸などを官物と呼ばれる税目に一括し、それを土地面積に応じて賦課するという、新たな税制が確立していく。(6)

こうして摂関期には、国衙段階では人身把握に基づく支配が放棄され、土地把握に基づく新たな支配体制に移行する。ところが、中央政府と受領の間では、律令制的な人身支配の枠組みが頑強に維持される。戸籍・大帳などの公文が進上され、民部省の勘会を受けるという、律令制下の人身把握の制度が存続しているのである。ただし、この時期の戸籍・大帳はすでに実態を反映せず、前回の内容を書き写すだけの形式的な帳簿になっている。(7)つまり、中央政府と受領の間では、国衙段階の新たな支配体制から乖離した状態で、形骸化した律令制的支配の遺制のみが残存しているということになる。摂関期の地方支配に関しては、このような二つの次元の乖離を踏まえて、つねに議論を展開する必要がある。

本章で考察するのは摂関期の土地支配であるが、やはり以上の前提を無視して議論することは難しい。受領の任国支配の次元では、まったく新たな土地支配が実現しているが、中央政府と受領の間では、その実態を反映した土地支配は成立していないのである。ただ、人身支配と異なるのは、律令制下の土地支配の枠組みが、そのまま摂関期に継承されているわけではないことである。土地支配において人身支配の戸籍に相当するのは、田籍あるいは田図であるが、摂関期にもはやこれらは進上されていない。摂関期の中央政府と受領の間には、不堪佃田奏という独自の土地支配の枠組みが存在しているのである。

不堪佃田奏は、国衙段階の実態を反映していない政務＝儀式である。その意味では、単なる形式的行事にすぎないともいえる。だが、もっとも重要な国家行事の一つとして、その実施に多大な精力が傾けられていたとすれば、その形式の反復自体にきわめて大きな意味があったといわざるをえないだろう。正確な実態でもなく、無意味な形式でもなく、あえていえば、「生きた理念」としての摂関期の土地支配を、不堪佃田奏のなかに読みとることができるのではなかろうか。本章では、このような視点のもとに、律令制下からの変化に留意しながら、不堪佃田奏の歴史的意義を考察してみたい。

1　不堪佃田奏をめぐる基本的認識

不堪佃田奏は、諸国の受領が任国内の不堪佃田（耕作不能な田地）を言上し、中央政府がその処分を決定する政務＝儀式である。租税が免除される不堪佃田を認定することで、租税が賦課される堪佃田を確定する意味を持っている。毎年実施される恒例の政務であり、十世紀前半の諸法令を踏まえて、十世紀後半に定型的な行事として成立したとされている(8)。『西宮記』『北山抄』に内容の詳細な記述があり(9)、以下のような手続きで実施されたことがわかる。

①諸国からの言上…受領による不堪佃田解文・坪付帳の提出
②公卿への申文…上卿による奏上の決定
③官奏（荒奏）…解文・坪付帳の奏上と天皇による陣定開催の指示
④陣定（不堪佃田定）…公卿による解文・坪付帳の審議
⑤官奏（和奏）…定文の奏上と天皇による決裁

まず、八月三十日以前に諸国から不堪佃田が言上される（①）。その際、不堪佃田の田数のみを記載した上申書・目録としての解文と、具体的な条里坪付を記載した坪付帳とが提出される。『延喜式』巻二十七・主税寮下4不堪佃田条(10)には、国司が不堪佃田数を上申する場合の書式が規定されており、前者の解文はその書式に則って作成されると考えられる。「国内田」から各種の「不輸租地子田」を除いた「定田」を、「租田」と「地子田」の二つに分け、「租田」の内訳として「不堪佃田」と「堪佃田」を記すという書式で、不堪佃田数だけでなく、総田数・租田数・地子田数など、各種の田数記載があることが注意される。不堪佃田数の言上に連動して、当国のさまざまな田数を総体的に把握することが可能になっているといえよう。

次に、弁官での結政を経て、解文・坪付帳は公卿への申文にかけられる（②）。このとき上卿を務めるのは一上（一大臣）とされている（したがって、一般的には陣申文となるのだろう）。上申を受けた一上は、解文・坪付帳を天皇に奏上することを決定し、「荒奏」と呼ばれる第一度の官奏が行われる（③）。このとき解文・坪付帳に副えて、年来の言上田数を調査した勘文が奏上される（『西宮記』恒例・九月・諸国言上損不堪佃田事に、勘文の書式が掲載されている）。奏上を受けた天皇は、「諸卿をして定め申さしめよ」と答え、陣定の開催を指示する。これを受けて開かれるのが不堪佃田定（不堪定）である（④）。この議定で、勘文を参照しながら、諸国の言上に対する判断が下される。「遣使を停め、三分の二を免ずべし」（実検使を派遣せず、言上された不堪佃田数の三分の二を直ちに免除する）など、いくつかの類型的な処分が適用され、その結果が定文にまとめられる（『西宮記』恒例・九月・諸国言上損不堪佃田事および『北山抄』巻三・拾遺雑抄上・官奏事裏書に、定文に載せる処分の類型が整理されている）。この定文を奏上するのが、「和奏」と呼ばれる第二度の官奏であり、ここで天皇による最終的な決裁が行われる（⑤）。

以上が不堪佃田奏の手続きの骨子である。十世紀前半には、不堪佃田が言上されると、中央政府から実検のための不堪佃田使が派遣されていたが、『西宮記』『北山抄』の段階では、遣使をせずに機械的に免除の不堪佃田数を決定するようになっている。ほかにも、一度認定された不堪佃田数が「官符定数」として免除の固定的な基準となり、また言上する国が特定の三十余国に限定されるなど、行事全体の形式化が顕著になっている。不堪佃田奏が実態から乖離した形式的な儀式であることは否定できないであろう。

一方で、二度の官奏からなる荘重な行事として定着していることは、不堪佃田奏の政務としての重要性を物語っているだろう。もともと官奏で処理される事項は多岐にわたっていたと考えられるが、摂関期になると不堪佃田・減省・鈎匙にほぼ限定されるようになる[11]。十一世紀前半には官奏が年一〇回以下に激減することが知られ、十世紀後半には官奏の衰退時期に入っていたとされる[12]。そのような傾向のなかで、不堪佃田奏が官奏の一つとして不動の位置を占めていたことは、それが政務としてきわめて重要視されていたことを示しているだろう。鈎匙の文書は、国司の交替時に不動倉の開検を申請するもので、不動倉が消滅している摂関期には吉書として扱われるようになっているが[13]、不堪佃田奏は、吉書奏となることなく、官奏としての実体を保っている。

十二世紀になると、ある国の不堪佃田奏が何年も停滞したり、不堪佃田奏にかけられる国が一〇カ国に満たなかったりする事例がみられ、この政務の重要性は大幅に低下していたようである[14]。天永三（一一一二）年十一月十九日の不堪佃田定に際して、藤原宗忠は「抑も不堪定は、朝の重事なり。公卿ただ三人参仕するは、甚だ奇怪の事か」と書きつけ、公卿たちの集まりの悪さを指摘している（『中右記』同日条）。摂関期には国家の「重事」とされていた不堪佃田定が、院政期にはそれほど重視されなくなっていたことを示すものだろう。院政期のこのような状況を考えると、不堪佃田奏が最大の機能を発揮したのは摂関期であるといってよいと思われる。

では、形式的な儀式である不堪佃田奏が、摂関期に特別重要な政務と位置づけられていたのはなぜなのか。この点については、すでにいくつかの指摘がある。一つは財政的な意味を重視する見方で、摂関期には諸国の本田数（固定した本来の田数）が受領の納入請負額の指数となっており、不堪佃田の存在はその指数の変動（減少）にかかわるため、中央政府は不堪佃田に大きな関心を払う必要があったとするものである[15]。この見方に対しては、受領の納入請負額は、中央政府の把握した田数を基準に算出されるものではないとの批判があり、再考が必要であると思われる[16]。

もう一つは、受領の功過判定にかかわる公文勘会にとっての意義を重視するものである。不堪佃田の田数を認定することは、租帳・正税帳に記載される租田と租稲穀の数値を確定することに結びつく[17]。この租帳・正税帳を勘済することは、受領が功過判定を受けるための必須の条件であった。つまり、不堪佃田奏は、租帳・正税帳という公文の勘会を通じて、受領の人事評価と密接に関連しているのである[18]。不堪佃田の処理と、正税本稲の減額を承認する減省が、官奏にかけられる二大事項であったのは、それらが受領の統制と深くかかわるものであったことが大きな理由であろう。

これに加えて、不堪佃田奏のさらなる意義として指摘されているのが、天皇による国土支配を象徴する儀礼であったという点である。[19] 中央政府は諸国における土地把握を受領に一任し、その実態には基本的に関知していないが、理念としては全国の土地が天皇の統一的支配のもとにあることを、不堪佃田奏は象徴的に表現している。不堪佃田を言上する解文に、総田数を始めとする各種の田数が記載されていたことは、不堪佃田奏が、単に不堪佃田を処理する政務ではなく、すべての田地の支配を確認する政務でもあったことを示唆しているだろう。班田制という土地支配の道具が実質を失った摂関期に、従来とは別なかたちで統一的な土地支配の理念を維持することが、不堪佃田奏に期待された大きな機能であったと考えられるのである。本章の目的は、このような視点から不堪佃田奏の歴史的意義を明らかにすることにあるが、その際重要なのは、律令制下の土地支配からの変化を明確にすることであろう。そこで以下の二つの節では、律令制下の土地支配のあり方とその変化の様相を整理してみたい。

2　律令制下の土地支配

帳簿にみる土地支配体系

まず、帳簿の体系という観点から、律令制下の中央政府がどのような土地支配の体制をとっていたかを確認する。この時期の土地支配関係の帳簿は、六年ごとの班田収授にかかわる帳簿と、毎年の田租収取にかかわる帳簿に大別される。土地把握の中核となるのは、いうまでもなく前者の帳簿であり、班田収授の結果を記録した田籍・田図が、基本台帳として、もっとも重要な存在となる。[20] 田地一筆ごとの面積・条里坪付などがわかる帳簿であり、諸国から中央に提出されて民部省に保管される。弘仁十一（八二〇）年に畿外諸国からの田籍の進上は停止され、以後は田図のみを提出するようになった。[21] 班田収授にかかわるもう一つの重要な帳簿は、班田収授の前提となる土地調査（校田）の結果を記録した校田帳である。

条里坪付にしたがって個々の田地の情報を記載した、坪付帳としての校田帳が郡ごとに作成されたが、国から中央政府に対しては、各種の田数総計を記載した校田目録のみが提出されたとみられる。給田の対象者数を記した授口帳と合わせて、民部省で記載内容が審査され、太政官の承認が下りると、班田収授の実施を命ずる官符（班符）が発給される。班田収授の実施に先立って、諸国の土地状況を計数的に把握するための帳簿である。

一方、毎年の田租収取にかかわる帳簿としては、第一に田租収取の結果をまとめた租帳があげられる。その年の田租の賦課基準となった各種の田数と、それに基づいて実際に収取された田租数（束数・石数）が記載され、貢調使に付して毎年中央に提出される（『延喜式』巻二十七・主税寮下2租帳条）。田租の収取状況に加えて、諸国のさまざまな田数を毎年確認できる帳簿であり、土地支配のうえでも大変重要な意味を持っていたと考えられる。

第二に、田租の賦課対象となった田地を個別に把握できる帳簿として、青苗簿がある。(22) 郡以下の段階で作られた帳簿をもとに国が作成し、大帳使に付して中央に進上される。国全体でまとめた各種の田数総計に続けて、郡別の記載があり、郡全体の田数総計のあと、各田地の条里坪付をともなって戸ごとの耕作・賃租状況が具体的に記される（『延喜式』巻二十七・主税寮下3青苗帳条）。戸単位に田租を負担すべき田地がわかる帳簿であるが、九世紀初頭までは京進されていなかったらしく、一時は毎年京進する制度ができるものの、間もなく作物に損害のあった年（損年）だけの京進に改められた。中央政府が諸国の田地を把握するための帳簿としては、あまり定着しなかったといえるだろう。

第三に、田租減免の資料となる帳簿として、不堪佃田帳と損田帳がある。一定の割合を超える不堪佃田や損田（作物に損害のあった田地）が発生した年に、その田数を記載して中央に報告する帳簿である。不堪佃田の場合、『延喜式』巻二十六・主税寮上2勘租帳条に、「若し不堪佃有らば、十分の一を除くを聴せ。如し此の限りを過ぎば、各官に申して裁を聴け」とあるように、租田数の一割を超えた年には、帳簿を提出して中央の裁定を仰ぐ必要があった。(23) 帳簿の提出を受けた中央政府からは、検不堪佃田使・検損田使が派遣され、田租減免の扱いとなる田数が確定される（損田は、調・庸の減免にもかかわる）。不堪佃田帳と損田帳は、田租（および調・庸）が異例の減収になる場合に、その前提となる田数の変動を把握するために作成される帳簿といえよう。

以上のように、律令制下の中央政府は、班田収授の結果をまとめた田籍・田図によって、田地一筆ごとの基本情報を収集したうえで、田租収取の結果をまとめた租帳によって、毎年変動する各種の田数を把握するという土地支配体制をとっていた。そして、過剰な田数変動に対応する非常時の処置として、不堪佃田帳・損田帳による臨時の田数報告を義務づけていたのである。

天皇による租帳の御覧

中央政府による土地支配を総括する位置にあったのは、いうまでもなく天皇であるが、その総括はどのような方法で実現していたのだろうか。注目されるのは租帳の御覧である。諸国から提出される民政関係の帳簿は一般に民部省に収納されるが、戸籍・租帳・調帳は、特別に天皇の御覧に供するために、中務省にも収納されたことが知られている（職員令3中務省条義解）。このうち調帳の御覧については、天皇による調物貢納の視覚的確認を意味する象徴的行為であったことが指摘されている。(24) 戸籍の御覧と租帳の御覧もおそらく同様の機能を担っており、前者は全国の人民が天皇の支配する公民（オホミタカラ）であることを、後者は諸国の田租が天皇に貢納されたイネであることを確認する象徴的行為であったのだろう。

ここで注意されるのは、人身支配の基本台帳である戸籍が御覧に供されるのに対し、土地支配の基本台帳である田籍・田図は御覧に供された形跡がないことである。天皇による土地支配の確認は、田地そのものを記録した田籍・田図ではなく、イネの貢納にかかわる租帳の御覧によって果たされていたと考えられる。この点についてはすでに指摘があり、天皇による租帳の御覧は大王による初穂の御覧が転化したもので、後者にあった土地支配の確認行為としての機能が、前者にも継承されたと推測されている[25]。イネの貢納を確認することで、それを産出した土地の支配も確認されるという仕組みである。租帳に各種の田数記載があることを含めて、同帳の御覧には、天皇による土地支配の確認という意味があったと考えてよいであろう。

これとの関連で想起されるのは、日本の律令制における租の収取と土地支配との独自の結びつきである。周知のように、租という税目は、唐では人頭税（丁租）として賦役令に規定されているが、日本では土地税（田租）として田令に規定されている。日本の租は田地の用益と不可分のものであり、実際の用益者（田主とは限らない）から田地の面積に応じて収取される。このような租と田地との日本独特の結びつきは、土地からの収穫物の一部を初穂として首長に貢納する、共同体の農業慣行に由来すると説明されることが多い[26]。そして、そのような慣行の前提には、首長が領域内の土地を支配する唯一の主体であるという、共同体の土地所有の構造があったといわれる[27]。共同体の土地を用益する者には、その用益の対価として、土地を支配する首長に収穫物の一部を毎年貢納する義務があるということである。これを逆にいえば、初穂としての収穫物の貢納によって、首長による共同体内の土地支配が、毎年改めて確認されるということになろう。

律令制下には、この共同体の構造が国家規模に拡大され、国家を代表する首長であり、国土を支配する最高の主体である天皇に、田租というかたちで初穂のイネが貢納されることになる（『令集解』田令1田長条穴記によれば、租とは田地に「生ずる所の物を君に進る」ものであり、律令制下の「君」とは天皇にほかならない）。この田租の貢納に、天皇による国土支配を改めて確認させる機能があったことは、容易に推測できるであろう[28]。田籍・田図ではなく、租帳の御覧によって天皇の土地支配が確認される背景には、以上のような租の収取と土地支配との密接な関係があったと考えられる。土地台帳によって直接土地支配が確認されるのではなく、イネの貢納を媒介として初めて土地支配が確認されるという点が重要であろう。このイネの貢納を媒介とした土地支配の確認の仕組みが、伝統的な共同体の農業慣行に由来するとすれば、律令制下の天皇による土地支配には、律令制以前の古い共同体的要素が温存されていたといっても誤りではないだろう。

3　律令制的土地支配の変容——移行期としての十世紀前半

以上にみた律令制下の土地支配は、どの時期に、どのようなかたちで決定的な変容を遂げるのだろうか。本節では、十世紀前半に現れてくる三つの変化に注目してみたい。

第一に、班田収授の終焉と田図作成の途絶という大きな変化がある。九世紀以来の班田収授の停滞状況を打開すべく、延喜二（九〇二）年に著名な班田勤行令（『類聚三代格』巻十五・校班田事所収の延喜二年三月十三日官符）が発布される。一紀（一二年）に一度、校田・班田を必ず実施するよう厳命し、実施しなかった国司には租帳拘勘の処分を下すことを規定したものである。「未だ班田せざる怠り、恩前に在り。須らく見任、班符を申し下し、之を勤行すべし」という、承平三（九三三）年の勘解由使勘判（『政事要略』巻五十三・交替雑事・雑田事）がみえるように、承平期頃までは、中央政府は班田勤行令にしたがって、国司に班田を実施させる方針を維持している。しかし、現実に班田を実施するのは困難で、本格的な班田収授は延喜初頭を最後に確認できなくなる。

班田収授が実施されなくなると、班田結果を記録した田図の作成・進上も途絶えることになる。康保二（九六五）年の伊賀国夏身郷刀禰解案（『平安遺文』二八六号）にみえる「延喜三年図」が、確実な田図の所見の最後であるといわれている。こうして土地把握の基本台帳である田図が進上されなくなることで、中央政府が諸国の具体的な土地状況を新たに把握することは不可能になる。さらに租帳に記された各種の田数記載が実際の数値を表現しなくなり(29)、毎年変動する諸国の田数を正確に把握することも難しくなっていく。この結果、中央政府が扱うのは、ほとんど固定化した田数のみという状況が生まれる。この固定化した諸国の田数（本田数）を維持することが、摂関期の土地支配の基本的な課題となるのである。十世紀前半には、班田収授の終焉と田図作成の途絶を受けて、諸国の田数の固定化（本田数の成立）という、摂関期の土地支配の前提となる重大な変化が進行したといえよう。

第二に、天皇による租帳御覧の機能衰退という変化を指摘してみたい。『政事要略』巻五十七・交替雑事・雑公文事上には、「応に中務省の戸籍の日収を以て、京職幷びに諸国の大帳の返抄を勘会すべき事」を命じた、天慶元（九三八）年十二月二十六日官符が収められている。この官符に引用された中務省解は、「此の省納むる所の職国の戸籍は、御覧に備ふべきこと、既に令条に存す」として、中務省に納められる諸国の戸籍が御覧に供されることを再確認したあと、「而るに今年来、諸国の吏、偏に公文を思ひて、ただ民部省の料を進る。此の省の料に至りては、拘留の制無きに依り、弁納の心無く、多く未進を致す。之に因りて、一比に進るは僅かに五、六国。未進の数、勝げて計ふべからず」と述べて、現状では中務省にほとんど戸籍が収納されなくなっていることを指摘している。

天慶期頃には、中務省への戸籍の未進が拡大し、戸籍の御覧という人身支配の確認行為が実施困難になっていることがうかがえる。その背景に、中務省解が指摘するように、公文勘済のために民部省にしか帳簿を提出しないという受領の動向があったとすれば、中務省への未進は、戸籍だけに止まらない一般的な傾向とみてよいであろう。中務省に納められた律令公文の御覧によって、天皇の支配権を確認するという従来の仕組みが、この時期には全体として解体しつつあったと考えられるのである。前節で述べたように、租帳の御覧には、天皇による土地支配の確認という象徴的機能があったとみられるが、その租帳も中務省への提出が滞るようになり、天皇による御覧が困難になっていたと推測される。土地支配における租帳御覧の象徴的機能は、十世紀前半の間に大幅に衰退していったと考えられよう。

第三の変化として、不堪佃田行政の重大化があげられる。先に触れた延喜二年の班田勤行令には、「而るに国宰、ただ図内の荒廃を見て、帳外の墾□を知ること無し。茲に因りて、不堪佃田、年毎に率を過ぎ、輸すべき租穀、秋毎に数を減らす」とあり、班田収授の停滞で田図に新たな墾田を登録できないために、田数に占める不堪佃田の比率が毎年限度を超過するようになったと述べられている。ここに基本的な方向がうかがえるように、班田収授が終焉に向かうなかで、その動きと密接に連動しながら、十世紀前半を通じて不堪佃田の処理がきわめて重大な問題になっていくのである。

延長三（九二五）年十二月二十八日官符（『別聚符宣抄』）には、「頃年の間、諸国頻りに以て損・不堪佃田を言上す。事已むを獲ずして、使者を分遣す」とあって、本来は非常時の処置であった不堪佃田の言上が頻繁になっていることがわかる。さらに、天慶八年三月八日宣旨（『類聚符宣抄』第八・勘出事）には、長門国について、「前々司の守源朝臣昭の任終、承平六年以来、国弊れ民衰へて、農業を勤めず。之に因りて、毎年不堪佃田幷びに異損を言上す。或る年は不堪三千七八百町、或る年は異損一千八百町」とあり、不堪佃田の言上が毎年行われるようになっていることや、言上される不堪佃田数が巨大なものになっていることが知られる。十世紀前半には、不堪佃田言上の常態化と、言上田数の巨大化がより顕著なものとなるのである。

こうした事態に対応して、政府は不堪佃田の処理手続きを厳格化したとみられる。確認できるのは、三度の奏上を経て処分を決定するという厳重な手続きである。『北山抄』巻三・拾遺雑抄上・定過分不堪事には、「旧例は、三度奏す。最初の奏報は、年来言上の数、勘申すべしてへり。而るに応和二年以後、一度を止む。仍りて最初に其の勘文を副へて奏するなり」とある。これによれば、応和二（九六二）年以前には、不堪佃田の処理にかかわる奏上は三度行われ、最初の奏上に対して、年来の言上田数を勘申せよとの勅答が下された。言上の事実を報告する第一度の奏上を受けて、天皇から勘文の作成が命じられ、その勘文が第二度の奏上で天皇に進覧されるということであろう。年来の言上田数の勘申が、連年の言上を前提としたものであるとすれば、この勘文の作成は、言上の常態化がより鮮明になる、十世紀前半に本格的に制度化された可能性が高いとも考えられよう。

この三度の奏上からなる手続きが、応和二年に二度の奏上に簡略化される。先に引用した『北山抄』にあるように、あらかじめ勘文を作成し、その勘文を副えて第一度の奏上を行うことで、奏上の回数が二度に削減されたのである。毎年不堪佃田を言上することが当然となり、勘文の作成がもはや自明のこととなったので、勘文作成の指示を仰ぐ段階を省略し、処理手続きの効率化を図ったのであろう。これによって、荒奏・熟奏という二度の官奏から構成される、摂関期の恒例行事としての不堪佃田奏が確立するわけである。十世紀前半は、その前段階として、不堪佃田の処理手続きの充実に大きな力が注がれた時期であるといえよう。

一方、十世紀前半には、受領に対して不堪佃田の開発を督促する法令が出されていることも注意される。承平元年十二月十日官符（『政事要略』巻六十・交替雑事・損不堪佃田事）には、延長五年十一月二十六日官符が引用されているが、その延長五年官符は「須らく前司の時の言上の数は、後任の吏必ず以て開増すべし。また当任の間、毎年墾加し、帳に付して言上せよ」と命じ、不堪佃田の開発とその結果を記した帳簿の進上を、受領に義務づけている。そして、「若し勧誘に方有りて、多く開発を為し、既に□功を勧めば、特に奨進を加へむ。若し墾開を勧めず、猶ほ荒廃を致さば、縦ひ他功有りとも、褒擢を加へざらむ」と述べて、不堪佃田の開発を、受領の勧賞の最優先の条件として位置づけている。承平元年官符は、この方針を再度確認したもので、「凡そ厥の開田の数は、別譜にて言上せよ」と命じている。不堪佃田奏では、不堪佃田とともに開発田が言上されるが、それは以上の二つの官符の指示が定着したものである。

以上のように十世紀前半には、不堪佃田の言上が常態化し、それに対応して、処理手続きの整備や受領への開発の督促が行われるなど、不堪佃田行政の重要性が著しく上昇する。一方、同じ時期に、班田収授が終焉し、田図の作成が途絶したように、班田行政の重要性は大きく低下する。律令制下の土地支配体系の要であった班田収授に代わり、本来は非常時の業務であった不堪佃田の処理が、土地支配体系の中心を占めるようになるのである。十世紀前半は、班田行政と不堪佃田行政の位置づけが逆転する時期であり、この時期を、律令制下の土地支配体系が再編され、摂関期の土地支配体系が準備される、重要な移行期として捉えることができるだろう。(30)

『北山抄』巻七・都省雑例では、「一上に申す雑事」の上奏事項として「不堪佃田の事」「不堪幷びに損田坪付帳の事」があげられ、「大中納言に申す雑事」の上奏事項として「授〔校〕田・授口帳の事」、「大中納言に申す雑事」の上宣事項として

「口分田を申請する事」がみえている。班田に関係する事項は、南所申文で大中納言が処理する案件とされているのに対し、不堪佃田に関係する事項は、陣申文で大臣が処理する最重要の案件とされている。これは十世紀前半に起こった、班田行政と不堪佃田行政の位置づけの逆転が、摂関期に定着した結果を示していよう。十世紀前半の変容・再編を受けて、十世紀後半に新たな土地支配体系が定着し、中央政府による統一的な土地支配の枠組みは、毎年の不堪佃田の処理を通じて維持されるようになるのである。

4　不堪佃田奏の歴史的意義

坪付帳の御覧と黄勘文の作成

以上、二節にわたって、律令制下の土地支配のあり方とその変化の様相をみてきた。本節では、その考察を踏まえて、不堪佃田奏の歴史的意義について検討してみたい。まず、指摘してみたいのは、天皇による土地支配の変質である。

第2節で述べたように、律令制下においては、租帳の御覧によって、天皇による土地支配が象徴的に確認されていたと考えられる。それはイネの貢納を媒介として、その前提にある土地支配を確認するという仕組みであった。ところが、第3節の分析によれば、十世紀前半の間に、中務省の律令公文を御覧に供する制度が解体していき、租帳の御覧によって土地支配を確認することは困難になったとみられる。こうして租帳の御覧が衰退したあと、それに代わって天皇による土地支配の確認行為として機能したのが、不堪佃田奏における「坪付帳」の御覧であると考えられる。

『北山抄』巻三・拾遺雑抄上・定過分不堪事に「坪付帳を副へて言上す」とあるように、諸国は不堪佃田解文に副えて坪付帳を進上した。不堪佃田解文は、第1節で触れたように、不堪佃田を中心に各種の田数のみを記載した目録であったが、坪付帳は、文字通り田地の所在する条里坪付を記載した、具体的内容の帳簿であったと推測される。『北山抄』巻三・拾遺雑抄上・官奏事裏書には、荒奏のときに奏者が用いる奏詞が載せられており、「関白殿御説」として、「某々々乃国乃申セル当ル年シ佃爾不堪ル田乃坪付乃文申无止申セル事」という例文がみえている。ここに「坪付乃文」を奏上するとあるように、坪付帳は解文とともに、荒奏で天皇に進覧されたと考えられる。

『小右記』には、右大臣藤原実資がかかわった、治安元（一〇二一）年の不堪佃田奏の経過が詳細に記されている。同年十一月二十三日条によれば、荒奏の奏者を務めることになった実資は、まず史から奏上すべき文書を提示され、その概略を確認する。「結緒を解き、不堪田解□〔文〕并びに坪付等を略見す。申文の時、具に見る所なり。仍りて略見し了んぬ」とあり、不堪佃田解文と坪付帳が奏上すべき文書になっていたことがわかる。十一月十六日の陣申文で上卿を務めた実資は、その折に解文と坪付帳に細かく目を通していた。清涼殿に出向いた実資は、後一条天皇にそれらの文書を進覧する。「書を開きて御覧す。目録・黄勘文等を以て、不堪田解文・坏〔坪〕付解文等に加へしめ、□〔結〕ねしめ給ふ。元の如く巻き結はしめ、推し出さしめ給ふ」とあり、天皇が不堪佃田解文と坪付帳を披見したことが確かめられる。

この不堪佃田奏における坪付帳の御覧が、土地支配を確認する象徴的行為であることは、おそらく否定する必要がないであろう。毎年天皇が行う土地支配の確認行為が、租帳の御覧から坪付帳の御覧に変化したのである。ここで御覧の対象が、田租の収取にかかわる帳簿から、田地の具体的な所在を記した帳簿に変化したことは重要であろう。坪付帳が、条里坪付を手段とした、田地そのものの空間的な把握を表象する帳簿であるとすれば、その御覧は、イネの収取を介在させた租帳の御覧と、まったく異質な土地支配を表現しているだろうからである。租帳の御覧から坪付帳の御覧に変化したことで、天皇による土地支配は、イネの貢納を媒介とする支配から、土地そのものを直接対象とする支配へと変質したといえるのではなかろうか。

律令制下には、条里坪付の記載がある田籍・田図は御覧の対象でなかったとみられるが、摂関期には毎年、坪付帳の御覧が行われるようになり、ここに天皇による土地支配は、ようやく純粋な土地支配に転成したと考えられるのである。第

2節で触れたように、律令制下の租帳の御覧に、律令制以前の共同体的な土地支配の仕組みが継承されていたとすれば、摂関期には、そのような共同体的要素が払拭され、より普遍的な土地支配の理念が定着するといえるだろう。

次に注目したいのは、不堪佃田奏で利用される勘文である。第3節でみたように、不堪佃田の処理にあたっては、年来の言上田数を調査した勘文が作成される。応和二（九六二）年以前は、第一度の奏上で天皇から作成の指示があり、第二度の奏上で天皇に進覧されていたが、同年以後は、天皇の指示を待たずに事前に作成し、第一度の奏上で天皇に進覧されるようになった。御覧のあと、勘文は不堪佃田定に提供され、公卿たちの議定の材料となった。『北山抄』巻三・拾遺雑抄上・定過分不堪事に、「勘文の状に随ひて定め申す」とある通りである。興味深いのは、先に引用した『小右記』の記事にもあるように、この勘文が一般に「黄勘文」と呼ばれていることである。

黄勘文という呼称の由来は、それが黄紙に書かれたことにある。『西宮記』恒例・九月・諸国言上損不堪佃田事の「勘文の体」の末尾には、「史生勘申す。黄の反故に書す」とあり[31]、この勘文が反故の黄紙に書かれたことがわかる。『延喜式』巻十二・内記の4宣命紙条・20位記料紙条にみえるように、黄紙は宣命や詔書の料紙に使われる特殊な色紙である[32]。任官に際して作られる召名は、勅任官と奏任官とで区別されたが、奏任召名が紙屋紙に書かれたのに対し、勅任召名は黄紙に書かれたことも知られている[33]。宣命・詔書・勅任召名といった、天皇の意思の表出にかかわる文書に黄紙が使われたことは、同じく黄紙に書かれた「黄勘文」が、天皇の意思を具現する勘文として扱われていたことを示唆するであろう。藤原時平の元服の際に、光孝天皇直筆の位記が黄紙に書かれたことも参考になると思われる（『日本三代実録』仁和二〈八八六〉年正月二日壬午条）。

黄紙を使用する文書には他に戸籍があり、保存のために黄蘗で染めた堅厚な紙を用いることになっていたが（『延喜式』巻十二・中務省52戸籍条、『同』巻二十二・民部省上83籍書紙条）、黄勘文の場合、反故を用いることからすると、保存に重点を置いているのではなく、黄紙に書くこと自体に意味があると思われる。天皇の意思によることを強調するために、わざわざ黄紙を使用したとすれば、黄勘文には、不堪佃田奏における天皇の主導的役割が表現されているともいえるだろう。そもそも、応和二年以前には天皇の指示によって勘文が作成されており、黄勘文は、そうした勅命による勘文の本質を視覚化したものとも考えられる。黄勘文の作成は、土地支配における天皇の中心的な地位を維持するうえで、一定の意味を持つものであったといえよう。不堪佃田奏は、このような勘文の働きにも依拠しながら、天皇による統一的な土地支配の枠組みを維持する装置として、現実に機能していたと考えられるのである。

受領による開発請負

不堪佃田奏の意義として、もうひとつ注目されるのは、それが受領を主体とする開発請負体制の一環として重要な機能を果たしたという点である。

『北山抄』巻三・拾遺雑抄上・定過分不堪事に「また起請に依りて、開発田解文を副ふ」とあり、『西宮記』臨時・官奏に「若し開発田坪付帳を副へ加へざるの国は、返し給ふべし」とあるように、不堪佃田奏では、不堪佃田解文・坪付帳に加えて、開発田解文・坪付帳が諸国から進上され、不堪佃田を処理するための判断材料とされた。ここでの開発田とは、主に不堪佃田の再開発によって生まれた田地を指すと思われる。開発田坪付帳を進上しなければ不堪佃田解文は受理されず、また黄勘文には必ず当年の開発田数が記載されるなど、開発田の言上は、不堪佃田の処理にとって不可欠のものであった。その背景にあるのは、「凡そ不堪佃田は、毎年開発し、遂に本数を作り満たすべきなり」（『北山抄』巻三・拾遺雑抄上・官奏事裏書）という理念であった。開発田の言上には、受領に任国内の開発の必要性を再認識させ、その着実な実行を促す意味があったのであろう。

このように不堪佃田奏には、受領に対する開発の督促という役割があったが、その役割の意義は、受領の任期全体にわたる開発請負体制のなかに位置づけられるとき、より一層明瞭なものとなるだろう。天皇と受領の間には、受領の任期を単位として、任国の興復＝開発にかかわる請負関係が存在していた。まず、『北山抄』巻十・吏途指南・罷申事に、「勤めに随ひて賞すべきの由を仰せしむ。或は、任国の案内、幷びに興復せしむべきの状を仰せらる」とあるように、罷申に際して、任国の興復を実現すれば勧賞する旨の勅語が受領に与えられる。これは、天皇と受領の間に結ばれる、任期を通じた一種の開発請負契約といってもよいであろう。

これを受けて受領は、任国内の開発を推進すべく、初任庁宣などで現地に勧農を指示する。(34) それによって、任期中の大幅な田数増加という、勧賞のための功績を追求するのである。『本朝文粋』巻六に収められた長徳三（九九七）年の源為憲申文では、遠江守を務めた為憲が、「為憲拝任の国、初めは其れ凋残たり。僅かに治略を廻らすに、たまたま興復せしむ。是れ則ち前司の任終年は、国内の作田千二百余町なり。為憲の任終年は、見作三千五百余町なり」と述べ、任期中の田数増加による興復の功を強調している。確かに、『北山抄』巻十・吏途指南・功過定事に「私物を以て減省の正税を挙塡し、千町以上開発するは、幷びに上功と為す」とあるように、多くの田地の開発は、受領功過定において特に大きな功績として評価されたのである。

このように、天皇と受領の間には、任期を通じた開発請負関係が存在し、受領が罷申で与えられた興復（開発による田数増加）という課題を達成すれば、受領功過定で高く評価され、勧賞に与ることになる。不堪佃田奏には、この罷申から功過定までの間、天皇と受領との開発請負関係を毎年再確認する機能があったといえよう。(35)『朝野群載』巻二十八・諸国功過に収められた延久四（一〇七二）年の中原師平功過申文では、淡路国司を務めた師平が、「年来の民を招きて荒廃を開発し、撫育の計を廻らして国内を興復し」た功績によって勧賞に与ることを請願しているが、その際、任中各年の開発田数を列記し、「右、毎年の開発、帳に付して言上すること既に了んぬ」と述べて、開発田を毎年言上するという大事な勤めを果たしたことを顕示している。受領が勧賞に与るためには、不堪佃田奏のなかで毎年開発田を言上し、それによって開発請負契約の継続的履行を示すことが重要だったのである。

以上のように摂関期には、不堪佃田奏を不可欠な一部分として、受領を主体とする全国的な開発請負体制が成立していたといえる。不堪佃田が土地支配における最大の問題となることで、その開発が政府にとっての至上命題となったわけであり、その命題を実現するために、国家的な体制として、開発促進のシステムが構築されていたことが重要であろう。寛弘九（一〇一二）年正月二十二日の和泉国符案（『平安遺文』四六二号）は、受領が部内の大小田堵に荒田の開発を督励したものとして知られるが、これは国家的な要請に応えて、請負主体としての受領がみせた、開発推進のための具体的な行動といえよう。受領にこうした行動を起こさせるための、恒常的な動機づけとしての役割が、毎年の不堪佃田奏には期待されていたと考えられる。

おわりに

最後に本章の要点を整理するとともに、若干の課題を提示しておきたい。

第一に本章では、十世紀後半に定型的行事として定着した不堪佃田奏を、無意味な形骸として扱うのではなく、摂関期土地支配の「生きた理念」の表現として解読しようとした。それは律令制下とは異なるかたちで、天皇による統一的な土地支配の理念を維持しようとするものであり、坪付帳の御覧や黄勘文の作成に、その理念の表出を見出すことができると考えた。また、天皇と受領の間の請負関係に基づいて、大規模に開発を推進しようとする国家的な意思があり、その意思を受領に再認識させるための手段として、不堪佃田奏が機能していたことを指摘した。摂関期には土地支配が受領に委任され、中央政府はその実態を把握していないことが重視される傾向にあるが、この時期に国家的な土地支配の理念や体制が厳然と存在していたことも、正当に評価する必要があると思う。

第二に本章では、律令制下から摂関期までの土地支配の変容を跡づけ、班田行政と不堪佃田行政の位置づけが逆転する十世紀前半を、重要な移行期として把握した。班田収授の行き詰まりがみられるのは延暦期から、不堪佃田の増加が大きな問題になるのは承和期からで、班田行政の縮小と不堪佃田行政の拡大は、九世紀以来の長期的な傾向であるが、両者の関係が決定的に逆転するのは十世紀前半であり、この時期を独自の段階として区別することは十分に可能であろう。周知のように、摂関期にかかわる時期区分論には、九世紀末〜十世紀初頭に画期を見出す見解と、十世紀後半に画期を見出す見解がある。[36]二つの立場の違いは根源的で、容易に結論が出るものではなく、また、どの領域を指標とするかで画期は変わってくるが、本章では、二つの見解を媒介する一つの方法として、「移行期としての十世紀前半」という見方を強調してみた。少なくとも土地支配に関しては、一定の有効性があるのではないかと思う。

第三に、租帳の御覧から坪付帳の御覧への変化に注目し、摂関期に天皇による土地支配の変質があったのではないかと推測した。律令制下の租帳の御覧は、イネの貢納を媒介として土地支配を確認する行為であったが、不堪佃田奏における坪付帳の御覧は、条里坪付によって直接的に土地支配を確認する行為であったと考えられる。前者から後者への変化は、天皇による土地支配が、土地そのものを対象とした純粋な土地支配に転成したことを意味するであろう。また、租帳の御覧には、律令制以前の共同体的な土地支配の仕組みが継承されていたとみられ、上記の変化は、摂関期において、律令制下に温存されていた共同体的要素が払拭され、より普遍的な土地支配の理念が定着することを意味するだろう。

第四に、受領を請負主体とする、国家的な開発推進体制が存在していたことを重視した。これはまず、摂関期の開発成果をどの程度に評価するか、という問題にかかわってくる。平安中期・後期を、開発が大幅に進展した「大開発時代」とみる見解がある。これには異論もあり、見方が分かれているが、[37]仮に摂関期に「大開発」といえる現象があったとすれば、本章で指摘したような国家的体制が一つの背景となった可能性もあるだろう。条里制の研究においては、条里地割の典型的な施工は、律令制下よりもむしろ、十・十一世紀の受領の統治段階に進行したのではないかと指摘されている。[38]摂関期に、受領を請負主体とする国家的な「大開発」が展開したのかどうか、さらなる検討が必要であろう。

もう一つ検討する必要があるのは、十一世紀後半から十二世紀にかけての荘園制の成立との関係である。近年の荘園制研究においては、荘園形成の原動力として、在地領主からの寄進ではなく、荘園領主側の主体的動向や中央権力の主導性を重視する見方が有力になっている。いわゆる「立荘論」である[39]。本章で重視した、摂関期における国家的な開発推進体制の存在が、この議論とどのようにかかわるかが問題となろう。摂関期に、天皇を中心とする中央権力が、地方での大規模な開発の進展を目指していたとすれば、それが天皇家・摂関家の主導による荘園制の成立にどのように結びついていくのか、土地支配における摂関期と院政期との関係という点から、検討する余地があるだろう。

（1）寺内浩「貴族政権と地方支配」『日本史講座3　中世の形成』（東京大学出版会、二〇〇四年）六一頁などを参照。
（2）佐藤泰弘「平安時代の国の検田」『史林』七五—五、一九九二年（後に『日本中世の黎明』京都大学学術出版会、二〇〇一年所収）。
（3）大石直正「平安時代の郡・郷の収納所・検田所について」豊田武教授還暦記念会編『日本古代・中世史の地方的展開』（吉川弘文館、一九七三年）。
（4）稲垣泰彦「初期名田の構造」稲垣・永原慶二編『中世の社会と経済』東京大学出版会、一九六二年（後に『日本中世社会史論』東京大学出版会、一九八一年所収）。
（5）坂上康俊「負名体制の成立」『史学雑誌』九四—二（一九八五年）。
（6）勝山清次『中世年貢制成立史の研究』（塙書房、一九九五年）、同「収取体系の転換」『岩波講座　日本通史　第6巻　古代5』（岩波書店、一九九五年）参照。
（7）寺内浩「律令制数的支配の崩壊」『日本史研究』三八八、一九九四年（後に『受領制の研究』塙書房、二〇〇四年所収）。
（8）佐藤宗諄「王朝儀式の成立過程」『平安前期政治史序説』（東京大学出版会、一九七七年）。
（9）『西宮記』恒例・九月・諸国言上損不堪佃田事、『同』臨時・官奏、『北山抄』巻三・拾遺雑抄上・定過分不堪事、『同』巻三・拾遺雑抄上・官奏事裏書、『同』巻十・吏途指南・不堪佃田事。以下、『西宮記』と『北山抄』の本文は、それぞれ新訂増補故実

叢書本（底本は前田家巻子本）と神道大系本（底本は前田家巻子本、巻十のみ永正本）に依拠し、適宜、影印本を参照した。

(10)『延喜式』の条文番号・条文名・本文は、虎尾俊哉編『延喜式 中』（集英社、二〇〇七年）による。

(11) 所功「官奏の成立と儀式文」瀧川博士米寿記念会編『律令制の諸問題』汲古書院、一九八四年（後に『平安朝儀式書成立史の研究』国書刊行会、一九八五年所収、五一二～五一三頁）参照。

(12) 吉川真司「天皇家と藤原氏」『岩波講座　日本通史　第5巻　古代4』岩波書店、一九九五年（後に『律令官僚制の研究』塙書房、一九九八年所収、四〇六頁）。

(13) 渡辺晃宏「平安時代の不動穀」『史学雑誌』九八―一二（一九八九年）三六頁参照。

(14) 佐々木宗雄「十～十一世紀の位禄制と不堪佃田制」『日本歴史』四八九、一九八九年（後に『日本王朝国家論』名著出版、一九九四年所収、一九七～一九八頁）参照。

(15) 坂本賞三『日本王朝国家体制論』（東京大学出版会、一九七二年）一四七～一五二頁。

(16) 中込律子「受領請負制の再検討」十世紀研究会編『中世成立期の歴史像』東京堂出版、一九九三年（後に『平安時代の税財政構造と受領』校倉書房、二〇一三年所収）。

(17) 鈴木一見「不堪佃田についての一考察」（一）（二）『国史談話会雑誌』三七・三八（一九九七年）参照。

(18) 森田悌「律令奏請制度の展開」『史学雑誌』九四―九、一九八五年（後に『日本古代の政治と地方』高科書店、一九八八年所収、四七～四八頁）。

(19) 大津透「農業と日本の王権」『岩波講座　天皇と王権を考える　第3巻　生産と流通』（岩波書店、二〇〇二年）二七頁。

(20) 田籍・田図に関しては、鎌田元一「律令制的土地制度と田籍・田図」金田章裕ほか編『日本古代荘園図』東京大学出版会、一九九六年（後に『律令公民制の研究』塙書房、二〇〇一年所収）参照。

(21) 校田帳については、拙稿「律令国家と校班田」『史学雑誌』一一八―三、二〇〇九年（後に『律令国家と土地支配』吉川弘文館、二〇一三年所収）で考察したことがある。

(22) 青苗簿に関しては、佐藤泰弘「青苗簿についての基礎的考察」栄原永遠男ほか編『律令国家史論集』（塙書房、二〇一〇年）、吉原啓「平安時代前期の青苗簿政策」『日本史研究』六四〇（二〇一五年）などを参照。

(23) いわゆる「過分不堪」の申請である。『延喜式』巻二十六・主税寮上4過分不堪佃年租条には、「凡そ諸国過分の不堪佃田を申す年の租は、納官・封家一同に割り充てよ」とあり、過分不堪の申請があった年に減収となる田租の扱い方が規定されている。『北山抄』巻三・拾遺雑抄上・定過分不堪事に、「諸国の国内田は、十分と為して其の一分を除く。是れ則ち例不堪なり。若し此の限りを過ぎば、官に申して裁を聴けと云々。之に因りて、坪付帳を副えて言上す」とあるように、不堪佃田奏における諸国の言上は、過分不堪の申請が恒例化したものである。本来の制度では、不堪佃田数が租田数の一割に満たない「例不堪」の年は、不堪佃田帳を作成して中央に言上する必要はなく、同帳の提出はあくまで臨時の措置と位置づけられていたと考えられよう。

不堪佃田帳（解文）は毎年提出されるともいわれるが（弥永貞三「律令制的土地所有」『岩波講座　日本歴史　第3巻　古代3』岩波書店、一九六二年〈後に『日本古代社会経済史研究』岩波書店、一九八〇年所収、九二頁〉）、制度の趣旨としては、過分不堪が発生した年にのみ提出すべきものであったと思われる。『延喜式』巻二十六・主税寮上31租帳条には、「凡そ諸国の租帳、過分の損并びに過分の不堪佃田を注さば、返帳して改正せしめ、然る後勘へよ」とあり、過分不堪を租帳に記入することは許されていない。過分不堪は租帳とは別に、不堪佃田帳で申請しなければならないということであろうが、逆にいえば、不堪佃田数が例不堪の範囲に収まっていれば、別途申請する必要はなく、最初から租帳に記入されて処理されるということであろう。

(24) 今津勝紀「調庸墨書銘と荷札木簡」『日本史研究』三二三、一九八九年（後に『日本古代の税制と社会』塙書房、二〇一二年所収、一〇二頁）。

(25) 岩宮隆司「「公地」成立の諸契機」『ヒストリア』一七九（二〇〇二年）一五〜一八頁。

(26) 石母田正『日本の古代国家』岩波書店、一九七一年（後に『石母田正著作集　第三巻　日本の古代国家』岩波書店、一九八九年所収）第四章第一節3、早川庄八「律令「租税」制に関する二、三の問題」『古代の日本9　研究資料』角川書店、一九七一年（後に『日本古代の財政制度』名著刊行会、二〇〇〇年所収）など。

(27) 前注(26)石母田書参照。

(28) 八木充「田租制の成立とその意義」『山口大学文学会志』一二―一、一九六一年（後に『律令国家成立過程の研究』塙書房、一九六八年所収、二〇〇頁）が、田租収取の本質的な意義を、国家的土地所有の確認という点に求めていることが留意されよう。以上、本文に述べた内容は、拙稿「古代の土地制度」『岩波講座　日本歴史　第4巻　古代4』（岩波書店、二〇一五年）一七〇〜一七一頁でも簡単に叙述したことがある。

(29) 吉川真司「院宮王臣家」『日本の時代史5　平安京』（吉川弘文館、二〇〇二年）一六〇〜一六二頁、梅村喬「租帳勘会と国司検田」『日本古代財政組織の研究』（吉川弘文館、一九八九年）二一四頁参照。

(30) 不堪佃田の問題を手がかりとしつつ、十世紀前半の過渡的性格を論じたものとして、有富純也「九・十世紀の不堪佃田・損田と律令官人給与制」『日本古代国家と支配理念』（東京大学出版会、二〇〇九年）がある。

(31) 新訂増補故実叢書本は「史生勘申書、黄反政」とするが、前田家巻子本の影印により、「史生勘申、書黄反故」と改める（前田育徳会尊経閣文庫編『尊経閣善本影印集成2　西宮記二』〈八木書店、一九九四年〉八五頁）。

(32) 早川庄八「古代美濃の手工業」『岐阜県史　通史編古代』岐阜県、一九七一年（後に前注(26)早川書所収、一八六頁）参照。

(33) 西本昌弘「八・九世紀の内裏任官儀と可任人歴名」『史林』七八―二、一九九五年（後に『日本古代儀礼成立史の研究』塙書房、一九九七年所収、三四四頁）参照。

(34) 摂関期の受領による勧農については、有富純也「摂関期の地方支配理念と天皇」『歴史学研究』八二五、二〇〇七年（後に前注(30)有富書所収）を参照。

(35) 『北山抄』巻三・拾遺雑抄上・定過分不堪事には、「官長の署無きの国は、申上の時に返却し、受領官の署を加へしむべきの由を仰す」とあり、受領の署名がなければ不堪佃田解文は受理されなかった。これは、不堪佃田奏を通じて確認されるのが、天皇と受領との関係であることを端的に示しているであろう。

(36) 下向井龍彦「平安時代史研究の新潮流をめぐって」『日本古代・中世史　研究と資料』一五（一九九七年）などを参照。

(37) 西谷地晴美・飯沼賢司「中世的土地所有の形成と環境」『新体系日本史3　土地所有史』（山川出版社、二〇〇二年）参照。

(38) 金田章裕「条里地割の形態と重層性」『条里制研究』一一、一九九五年（後に『古代景観史の探究』吉川弘文館、二〇〇二年所収）など。

(39) 鎌倉佐保『日本中世荘園制成立史論』（塙書房、二〇〇九年）、同「荘園制と中世年貢の成立」『岩波講座　日本歴史　第6巻　中世1』（岩波書店、二〇一三年）参照。

3章　畿内郡司氏族の行方

森　公章

はじめに

私は以前に国立歴史民俗博物館の共同研究「古代荘園絵画図と在地社会についての史的研究」に参加した際に、「額田寺伽藍並条里図」に関連する大和国平群郡の郡領氏族である額田部連（宿禰）氏について検討を試み、在地豪族として譜第郡領氏族の地歩を維持するとともに、部民制以来の倭王権を支える畿内の中小豪族として中央中下級官人の仕奉を行うという二面性があることを指摘した。こうした在地豪族と中央の中下級官人という二つの側面を有するのは、畿内の郡司氏族に通有の事象であり、倭王権以来の朝廷の基盤を支える存在形態と位置づけることができよう(1)。

では、このような畿内の郡司氏族は、郡・郡司による支配が変質し、国衙の統括が確立していく十世紀以降にはどのように推移していくのであろうか。畿外に関しては、例えば武蔵国足立郡司の武蔵武芝が国衙在庁官人の中心的存在である判官代を兼帯し、その子孫は女系では良文流平氏と結合し、男系は野与党・村山党など武蔵の武士団とつながる展開を見せるようであり(2)、こうした事例は多い。同様に、畿内の郡司氏族についても、国書生・判官代など国衙官人に転身する例が知られ、このような譜第郡領氏族の展転のあり方は別に指摘した通りである(3)。

この方向はさて措くとして、畿内の郡司氏族ならではの活動は如何であろうか。また新しい社会集団として台頭してくる武士との関係はどうであろうか。畿内では清和源氏から摂津源氏・大和源氏・河内源氏が分立してくるが、特に河内源氏は武士の棟梁につながる家系であり、武家の本流を胚胎した地域として注目される。ただ、畿内は朝廷の最も基盤的な地域であり、清和源氏以外の様々な武士も拠点形成に努めており、そうした諸勢力の交錯の中で、畿内郡司の系譜を引く人々がどのような処世の道を辿るのかも検討すべき課題となろう。(4) 以下、本章では、国衙官人以外の側面で畿内の郡司氏族が自らの存立基盤を求めて活動する場面を探究し、彼らの行く末を展望することにしたい。

1　不善之輩

十世紀末〜十一世紀前半の畿内においては、王臣家人や有力寺社の荘園寄人など権門勢家と結託した人々が、国司や郡司に対捍する行為が散見しており、彼らは「不善之輩」と指弾される存在であった。(5) 例えば、長保元（九九九）年二月十九日「検非違使別当宣」（『平安遺文』三七九号）には、大和国司が「為二右大臣家使内蔵秋茂・紀光延・前司橘俊斉朝臣等、淡海兼正・不知姓永正等一、打二開添下郡司恒世澄明私宅一、捜二取内財雑物一幷殺二害清□秋則子一者」と言上したことが見え、右大臣藤原顕光の配下の者が郡司の私宅を襲撃している。これは九世紀後半〜十世紀初の官符にも問題視されている、王臣家人による直接的な収奪行為に関わるものと目され、(6) こうした活動やその背景となる社会情勢の淵源が奈辺にあるのかを示唆するものと言えよう。

同年八月二十七日「大和国司解」にはまた、城下郡東郷早米使の藤原良信が殺害された事件が報告されている（『平安遺文』三八五号）。この早米使は国使であり、従者阿閇安高を随伴して任務を遂行していたところ、殺害されてしまったという。捕進犯人四人は秦清正・丈部有光・僧寿達・橘美柿丸、逃去犯人十七人は橘正友・桑原則近・秦時信・藤原本延・姓不知三吉先生・春正男一雄丸・藤井春木・有助王・橘利松・中臣有時・伴春友・中臣吉扶・文行光・僧祈勢男菊男丸・飛鳥戸今吉・佐井吉木法師・秦春国で、彼らは前法隆寺別当仁階大法師領所の字号丹波庄や興福寺僧明空法師領所の字号紀伊殿庄の住人であり、造意の文春正（逃去犯人に男一雄丸が所見）は右衛門権佐兼山城守藤原宣孝領の字田中庄領であった。

彼らは「凶党数十人、結レ群合謀、所レ成之犯也」、「件犯人等、或依二重犯一、先年下レ獄、会レ赦原免之輩、或好二奸濫一、対二捍国務一、遁二避官物一、兼成二国内強窃盗放火殺害犯一之者、仮二件庄園威一、年来之間所二居住一也云々。其不善之漸、遂及三于殺二害国使一歟」と評される人々である。その後、『権記』長保二年五月十八日条には「未断囚人勘文」の中に捕進犯人のうちの丈部有光と橘御垣丸が見えており、この二人は実際に獄囚になっていたことがわかる。但し、「殺害者二人重」とされながらも、赦免を指示されており、こうした放免された犯罪人が検非違使の下部となったり、また下部として勤務しながら犯罪を企図したりする例は少なくなかった（『今昔物語集』巻二十九第六話「放免共、為二強盗一入二人家一被レ捕語」などを参照）。そもそも造意とされる文春正は紫式部の夫として知られる藤原宣孝に随従しており、『尊卑分脈』では宣孝は「廷佐」とあるので（二―六〇頁）、検非違使庁を統括する立場にあって、文春正も相応の役割を果していたのではないかと推定される。文姓は大和を本貫とするのであれば、東漢直氏系の書直（文忌寸）の系譜を引く豪族と目され、畿内の中小豪族、かつ高市郡の郡領氏族でもあったことのある氏人の行動として興味深い。

次に治安四（一〇二四）年二月十五日「従儀師仁静解」（『平安遺文』四九五号）に検討を加える。これは宿院饗頭の藤原為茂が自らに対する従儀師仁静の殺害計画を城上郡司の薦口茂順に訴え、郡判への加判を求めたことに対して、仁静がこれを無実として検非違使庁裁を申請したものである。為茂はまず「私宅盗人来著日記」として、仁静配下の藤原諸近ら十人が治安三年十二月二十四日の夜に来襲したと告発し、郡判を得て、これを興福寺権別当僧都房に示して、仁静の失脚を企図したようである。その際に、為茂は下手人十人のうち、三人を除棄し、そこに仁静・金寿等の名を入れるという改竄を施そうとしたらしい。諸近らは興福寺維摩会・大仏供薗寄人であったため、仁静が彼らを召問したところ、彼らはまた、右衛門尉平直方を主人と仰いでおり、そのうちの城上末時の言によると、歳末料を献上するために、十二月二十一日に京上、二十二日に直方宅に参着、二十三日は直方とともに法成寺に行き、二十四日に帰る予定であったという。しかし、この日は岡屋（山城国宇治郡岡屋郷）の綾部公頼の私宅に宿泊し、二十五日の帰途に看督長内□利松と相会して同道して帰着したので、二十四日夜の襲撃は不可能であって、充分なアリバイがあることが判明している。

為茂はそもそもがもと大仏供薗寄人であり、仁静の「重代相従」であったが、「去々年之間、不㆑勤㆓庄役㆒」となったといい、仁静との間に何らかの紛擾が起きていたものと思われる。為茂は内蔵国本という者との間に、「年来之妻、為㆓件為茂㆒被㆓語取㆒也」という紛争があり、「私宅盗人来著」に関しては、国本と山村真助宿禰が為茂を殺害しようとしているとして、権別当僧都房に訴えていたものであって、今回、仁静らを告発するのは全くの筋違いであるというのが、仁静の主張である。そして、仁静には治安三年に僧詮義との間に田地をめぐる争いがあった。詮義は本名を詮栄と称し、不善の事により改名したといい、為茂とも親昵の関係にあったから、仁静に含むところがあり、今回の詐訴に及んだと推察されている。詮義と相会の威儀師久円は仁静が数十人を引率して為茂を殺害しようとしたと述べ、これは藤原貞光が証言したものであるとするが、告発の内容が区々であり、詮義・貞光を召問してもらいたいと指弾する次第である。

以上が本史料の概要であるが、ここには関係者の間での複雑な対立の様子を看取することができて興味深い。城上郡司の鷹口茂順は、『姓氏録』大和国諸蕃・鷹口造条に「出㆑自㆓百済国人抜田白城君㆒也」と見える豪族と目され、他に氏人の活躍は不明であるが、当地に拠点を有する中小豪族であったと考えられる[7]。そして、下手人十人の中にも、城上・文・桑原・宗岡・大原など、大和あるいは河内を本貫とする豪族名が見えている。城上末時らが途中で相会して一緒に帰ってきたという看督長の内□（内蔵）利松、為茂と別の対立案件があった内蔵国本・山村真助らも大和を本拠とする人々であろう。内蔵氏は東漢氏に属する渡来系氏族で、仁和三年・寛平三年の文書では城上郡の擬大領・検校などとして所見し（『平安遺文』一七六・一七八号）、郡司氏族であったことが窺われる。山村姓者は添上郡山村郷を本拠とする山村己知部

（『書紀』欽明元年二月条）の系譜を引くもので、承暦四（一〇八〇）年八月二十三日「大和国簀川村刀禰解」（補二一号）には春日神領内で十一世紀中葉に山村兼（包）道が田畠栗林を有していたこと、康和四（一一〇二）年八月五日「大和国山村吉則処分状案」（二四九四号）では広瀬郡の大仏白米御庄に父僧道舜が「私所領」である田畠を所有する者などが知られ、有力諸寺院と関係を持ちながら、在地有力者として存続していたことが看取される。

仁静は「今年当二於三十七厄一、偏為レ専二其謹一、以二去年一於二綱所一請二申自之暇一、始企二金峯山御精進一也。年月已多、何大願之間、企二不善事一哉」と、しおらしいことを述べているが、承暦二年三月範俊解状（補一三号）によると、東大寺領大和国小泉庄は仁海僧正が立庄した後に、「偏被レ宛二置仏聖燈油之料一、於レ庄者返二領本主仁静一了、自今以後仁静教資相伝可二領掌一由、起請文明白也」とあるから、田地を領し、経営にあたる存在であったことがわかる。また保安四（一一二三）年九月十二日「明法博士勘状案」（一九九八号）では、伊賀国阿閇郡川合郷内鞆田村をめぐる係争に関して、東大寺側の主張として、「大威儀師仁静執二行庄務一之時、御封未進之輩、進二作手畠十六所之券文一、本是寺領也、作手又御封之代也」とあって、庄田経営の手腕を窺うことができる。この仁静が大仏供薗寄人として配下に駆使していたのが藤原諸近らであり、藤原為茂もかつてはその一員であって、彼らは畿内、おそらくは大和に拠点を有する伝統的な在地豪族の系譜を引く人々を中心にしていた。

彼らはその「不善」を告発されてもおかしくない存在と目されており、その観点からは藤原諸近らは貞盛流の平直方を本主と仰ぎ、直方が右衛門尉として検非違使の中核的武力を担っていたことに注目したい。『左経記』長元元（一〇二八）年六月二十一日条では、平忠常の乱勃発に際して、「上達部申、伊勢前守頼信朝臣堪レ事之由、而仰以二右衛門尉平朝臣直方・志中原成道一〈共検非違使〉」となったとある。関白藤原頼通は忠常が弟教通を私主としていたことや従前から頼信が忠常を服従させていたこと（『今昔物語集』巻二十五第九話）などにより、教通の勢威拡大を回避するために、直方を起用しようとしたとされ[8]、直方は頼通に随従していたのであろう。本史料でも直方は法成寺に赴いており、道長の時代から摂関家本流とつながりを有していたと思われる。この直方の奉仕ぶりに関連して、『今昔物語集』巻二十三第二十四話「左衛門尉平致経、送二明尊僧正一語」は参考になる。公雅流の平致経は検非違使を務めるとともに、摂関家にも近侍しており、頼通から夜間に、しかも不意の護衛命令にもかかわらず、見事な任務遂行ぶりを示している。当初致経は僅か一人の従者を伴うだけで、徒歩で明尊に随行していたが、しばらく進んだところで馬を牽いた郎等が出現し、その後も辻々で二人ずつの郎等が合流、鴨川に至り京外に出る頃には三十余人の騎馬集団になっていたので、三井寺に向かう明尊は大いに安心したという。そして、帰路はこの逆順で郎等は次々に姿を消し、最後は致経は再び徒歩で、従者一人を伴うだけで頼通のところに帰着したとある。

即ち、検非違使として武力を発揮するには日頃から郎等集団を組織し、不測の用務・事態にも即座に対応し得る伝達網と統制力を有することが必要であったのである。但し、藤原諸近らは大仏供薗寄人として通常は大和にいたようであり、君臣関係を確認する歳末料献上のために京上するという奉仕形態であった。ここには『三代格』巻二十昌泰四年閏六月二十五日官符「応レ科下罪居二住所部一六衛府舎人等対二捍国司一不上レ進二官物一事」所引播磨国解に描かれた、「此国百姓過半是六衛府舎人、初府牒出レ国以後、偏称二宿衛一不レ備二課役一、領二作田疇一、不レ受二正税一、無道為レ宗、対二捍国郡一。或所レ作田稲苅二取私宅一之後、毎二其倉屋一争懸二牓札一、称二本府之物一、号二勢家之稲一、或事不レ獲レ已、収納使等認徴之時、不レ弁二是非一、捕以凌轢、動招二群党一、恣作二濫悪一」といった行為・目的と相通じる活動が想起されるところである。ただ、看督長内□利松が大和に下向しているように、彼らも交替で直方の手足として上番する場合があったことも推定される。この点は上述の城下郡東郷早米使の藤原良信が殺害された事件に関与した犯人たちとも通底する側面があり、彼らの中には放免となって検非違使とのつながりを形成するという方向も看取される。

以上を要するに、畿内では『三代格』巻十九寛平八年四月二日官符「応レ禁下断諸院諸宮王臣家相二代百姓一争中訟田宅資財上事」、延喜二年三月十三日官符「応レ禁下断諸院諸宮王臣家仮二民私宅一号二庄家一貯中積稲穀等物上事」、「応レ停下止勅旨開田

并諸院諸宮及五位以上買二取百姓田地舎宅一占中請閑地荒田上事」などに描かれている王臣家や中央官司との不適切な関係がさらに複雑な形で展開しており、そこに郡司氏族を含めた中小豪族の処世が体現されているのである。では、このような状況の中で他の勢力、武士につながるような人々はどのようにして新たな拠点を確立したり、在地豪族らとの関係形成を図ろうとしたのであろうか。この点を節を改めて、河内国の動向の中に探ることにしたい。

2　河内国の動向

河内は元来、和泉・摂津を含んだ地域の呼称であり、大和と並ぶ渡来系氏族の居住地、かつ中下級官人の出身地であった。河内国石川郡の郡領氏族としては寛平六（八九四）年三月五日「龍泉寺氏人等請文案」（『平安遺文』補二五七号）に惣行事・少行事の河内忌寸が知られ、この河内氏は天喜五（一〇五七）年四月三日「龍泉寺氏人解案」（八五五号）に惣判官代として登場するから、譜第郡領氏族から在庁官人への転身を遂げていく事例と目される。

河内氏からはまた、源義家の郎等である河内親正が出ている。[9] 親正は、永治二（一一四二）年三月十五日「紀伊国密厳院政所下文案」（二四六〇号）では新義真言宗・根来寺の開祖である覚鑁の求めに応じて、紀伊国相賀庄河北方の下司に就任しており、河内源氏以外との関係形成にも務めているように見える。しかし、保延六（一一四〇）年十一月二十六日「源為義誓状案」では当時の河内源氏の中心人物である源為義が「伝法院仏法衛護事」を誓約しているので（四七一三号）、既に為義は覚鑁と直接的なつながりを持っていたことがわかる。年次未詳「源為義書状案」（根来要書中）によると、三月六日付で「抑あふかの庄事、なをなを親正にあつけたふへく候、河北方を可預給候、親正にもさまてふかし沙汰ハ、つかまつり候ハレ」とあり（四七一五号）、これを永治二年に比定すれば、親正の下司任用は為義の申し入れによって実現したものであることが看取されよう。[10]

なお、某年八月二十二日付のものには、「神宮の沙汰のれうに、侍近正まいらせ候、これにおほせつけて、さたをさせ給へし」と見え（四七一六号）、親正（近正）が為義と覚鑁を中継する位置にあったことが窺われる。但し、為義は自身および郎等の濫行により逼塞している時期が長く、「為義のごときは、強ちに廷尉に執すべからざるなり。天下の固めにて候へば、時々出で来りて受領などに任ずべきなり」（『中外抄』上―五一）と評せられているものの、受領の経歴がなく、郎等の中には他の人物に奉仕したり、官職の上で為義を越える者がいたりと、郎等統制が不充分であったことが指摘されている。河内氏の動向は不詳であるが、権門勢家の勢力が交錯する畿内にあって、安定した主従関係を維持することの難しさを示唆しており、郎等もそうした不安定な状況の中で、多元的・多重的な関係の構築を図り、自らの存立基盤を確保しようとするのであろう。

　では、こうした状況は十世紀末～十一世紀では如何であろうか。ここでは河内国の事例に郡司氏族の行方と武士の進出に関わる様態を探ることにしたい。

a長徳三（九九七）年六月十一日「前淡路掾美努兼倫解」（『平安遺文』三七二号）

前淡路掾美努兼倫解　申重請　検非違使庁裁事。請レ被二裁捕紏一、為下居二住河内国若江郡一犯人美努公忠・同利忠・秀友・惟友・坂上致孝・多米清忠・茨田友成・恩智常□・同忠正・弓削重忠・美努吉平・同行利・友利等上、以二今月五日寅時許一、擬レ殺二害兼倫等一、数財物捜取不安愁状〈副二進□(日カ)記一〉。右兼倫謹案二事情一、件犯人公忠等号二太皇太后宮史生美努真遠所由一、連夜伺隙□□(伊)豆前掾美努公胤幷兼倫等、注下擬二殺害一由上、具旨以二先日一言上已了。而未レ蒙二□(裁カ)定一之間、以二今月五日寅時許一、従二四方一馬兵十五六騎、歩兵廿余人、俄兼倫私宅［　］妻子等共相捕縛、擬二殺害一間、随近人々幷彼郡使上野掾源訪等、驚聞馳［　］何事、兼倫幷妻子捕縛、擬二殺害一間程、憚二彼訪来一、集陣云、国司在京之間、［　］所下文、可レ勤二仕郡司職一者、供二　御稲一事、為二充行一所二来著一也云々。而訪答云、於二御□(稲カ)事一者、依レ無二郡司一、以二先日一刀禰共可二勤行一之由、蒙二国宣一了。仍件兼倫幷美努兼□率二郷中作田数一、令二持進一先了者。件公忠罷還已了。其後兼倫罷二入私宅内一、［　］於財物之処、無二一物遺一、悉以紛失。是則依レ有二真遠所由一所レ致也。就レ中件公忠［　］後、被二追捕一之間、同類共以逃散、只為レ宅二山野一。而以二去四月上旬比一、従二大和国并近□（江）国大津之辺居住一、語二取赦免不善之輩一、本宅還来、造二箭倉於四方一、屢京□□経二一両日一、毎二還向一、不レ知レ面人随二身一両人一、弥成二所部之犯一、企二殺害之計一。静案二事□（情）一、□于二犯人公忠一、以二猛意一居二住於本宅一、懐二愁兼倫并所由伴類等一、失居□□不留跡□問、農業已以絶了、為レ愁之甚、莫レ過二於斯一。望請　使庁裁、且□□□□公忠并数十人同類、且被レ糺二返紛失之財物一、将下省二事之危一、成中農業勤上。仍□（注カ）二事状一以解。（下略）

b 『揚名介事計歴事勘文』所引、長徳三年八月二十五日法家問答[11]

宣旨検校上野掾与二検校河内介一、何可二上座一事。河内国大江御厨検校前介高安満雅問〈長徳三年八月廿五日〉。仮令、或供御調備之散所、元来以二本所任符一補二職事一、勤二仕日供一。而同職之人、甲者当時国前介、乙者上野揚名掾。爰乙陳云、任符之面注云、乙依宣旨補任者、誠雖二同職一、苟是宣旨也、可二上座一也。甲陳云、古今、随二永宣旨一所二任来一也。一局之間、専無二此論一者。甲乙座次、其理如何。勤請二明判一、将レ決二是非一。謹問。答、公式令云、文武職事・散官、朝参行立、各依二位次一為レ序、位同者、六位以下以レ歯。式云、行列次第、六位已下次以二位階一、不レ依二官秩一。其申レ政之時、以二官秩一。官位令云、大国介正六位下、大掾正七位下、少掾従七位上。又式云、河内国大、上野国大者。今河内介与二上野掾一、謂二其位階一、已以懸隔也。縦雖二宣旨一、縦非二綸言一。若被レ補二同所之職事一、不レ可レ有二異端之座論一。共案二令・式一、須レ定二上下一。

c 『小右記』長和四（一〇一五）年四月五日条

玉串荘人追二散辛嶋荘馬一之日記一昨持来。郡司署印。件日記并牧公験等今朝以二政職朝臣一令レ奉二左相府一。至二公験一為レ定二牧四至一。件牧地多為二玉串荘一被二打入一之故也。相府報云、召二牧司源訪一可二定仰一也。件訪不二家人一、従レ茲召遣有二恐憚一歟、召遣可レ送者。又牧四至・玉串四至可二相定一者。内々被レ議云、以レ訪成二玉串庄司一、荘・牧等共不レ可レ令

レ致レ愁者。如レ聞宜事也。政職朝臣所二伝談一耳。

aは美努兼倫という者が同姓の人々や「不善之輩」と称される人々を含む集団によって殺害されそうになったとして、これを検非違使庁に訴えたものである。事書部分に登場する人々はいずれも河内国を本拠とする中小豪族や郡司クラスの者と目され、美努氏は三野県主の系譜を引く豪族で、河内郡英多郷の地名や若江郡の式内社御野県主神社などの存在から考えて、これらの地域を基盤としていたと思われる。[12] 恩地神主は石川郡・高安郡、茨田勝は茨田郡、弓削連は若江郡・渋川郡の郡司として知られ、これら中河内の地域には渡来系氏族を含めて、古来多くの氏族が拮抗して存立していた。[13]

aでは兼倫の私宅を襲撃した人々の背後には太皇太后（朱雀天皇の皇女、冷泉天皇の皇后の昌子内親王）宮史生美努真遠という者の存在が指摘されており、犯人の筆頭に挙げられる美努公忠は、四月上旬頃から「従二大和国并近□(江)国大津之辺居住一、語二取赦免不善之輩一、本宅還来、造二箭倉於四方一、屢京□□経一両日、毎二還向一、不レ知二面人随一身一両人一、弥成二所部之犯一、企二殺害之計一」とあるから、これも都との関係を通じて、武備を固め、与党形成に努めていたことを示している。公忠らはまた、「国司在京之間、□□所下文、可レ勤二仕郡司職一者、供二御稲一事、為二充行一所二来著一也」と陳述しており、郡司職への就任により在地での権勢を高め、御稲の収取などを掌握しようとしたものと解せられる。御稲は畿内官田の系譜を引くものと目され、河内国には二十町が置かれ（田令置官田条）、田令役丁条集解令釈所引神護景雲二（七六八）年二月二十八日官府には「造二営官田一、令二当時長官一人主当一為レ佃」と、国司の役割が大きかったことがわかる。一方で、『三代格』巻十貞観二（八六〇）年四月十九日官符「応三長官身自検二察御稲一事」には、「長官帰レ国、即勘二当郡司一、決二罰百姓一、責二取私稲一」とあるので、郡司や在地の人々に依存するのが実状であったことが窺われる。

襲撃の対象になった前伊豆掾美努公胤、前淡路掾美努兼倫はともに任用国司の経歴を有し、十世紀にはこうした履歴の人々が郡司になる例も散見する。[14] この時に彼らは刀禰として御稲の事に関与していたようであるが、それは「依レ無二郡司一」という状況によるものであった。公忠は「御願造仏所申」、即ち円融寺建立の際の造仏料納入により天元四（九八一）

年に遠江介（時に正六位上）になっていたことが知られ（『大間成文抄』第四所々奏・行事所申）、彼もまた前任国司の肩書を有していた。『三代格』巻七貞観十年六月二十八日官符「一応レ贖二郡司罪一事」に引用された河内国宛の天長二（八二五）年五月三日官符には、「前年之間、水旱相仍、百姓凋瘁、或合門流移、或絶戸死亡。風俗由レ厥長衰、郡吏以レ之逃散。所以頃年以二諸司主典一任二用郡司一」とあり、河内国は逸早く中央の中下級官人クラスの人々が郡司に起用された地域である。郡司になったのは譜第郡領氏族の人々と目され、彼らは畿内の郡司氏族の二面性を利用して、在地での勢威確立を企図したのであろうが、在地にいる同族との対立が惹起されることも考えられる。官符にはまた、「至レ有二闕怠一、必加二決罰一。雖下各拠二時格一以望中爵級上、而不レ忍二彼耻一、遂致二逃遁一。凡決二罰郡司一、法家不レ聴、格式無レ有。伏請、主典以上被レ補二郡司一、若有二罪過一、依二法令一贖、然則不レ去二其職一、必致二経営之図一。但自余郡司不レ改二前例一」とあり、こうした経歴を有する郡司には格別の扱いが必要であったことが知られる。

　aによると、兼倫も前任国司の肩書を有しており、在地に根を張る存在であったか否かは確言できないが[15]、兼倫は「所由伴類」を従え、「農業已以絶了、為レ愁之甚、莫レ過二於斯一」と訴えているので、公忠らよりは在地性の強い存在形態であったと見ておきたい[16]。したがってここには、郡司の地位を視野に入れた、中央の中下級官人的性格の強い一派と在地性の強い一派との同族間での対立が基調にあり、そこに周辺の同様の性格を有する他姓の人々や畿内に広く存在する「不善之輩」などが参画して、武力による解決という方途に帰着したものと位置づけられる。

　そして、兼倫は妻子とともに捕縛され、公忠らに殺害されようとしていたが、ここに郡使で上野掾の源訪という者が介入し、死線を越えることを免れた。訪は『尊卑分脈』（三―三頁）に嵯峨源氏の源弘――希――号――都と続く系譜の「都〈学生〉〈後撰作者〉」について、鼇頭に「都、脇本前本閣本作訪、故本与此同」とあるのが唯一の手がかりで、世代的にはa～cの源訪と同一人物とも考えられる。しかし、確証を得ることができず（希は延喜二〈九〇二〉年正月十九日に薨去、民部卿中納言従三位、号は従五位下丹波介。号の弟の等は天暦三〈九四九〉年十月二十二日七十七歳で薨去、「参議従三」と見える）、一字名であることから、嵯峨源氏と推定されるに留まる。訪は上野掾の肩書を有し、bには大江御厨の検校であったことが知られるから、「郡使」は国衙から若江郡に派遣された国使の謂となる。当時の河内守は不詳であるが、若江郡では郡司が不在で、「郡使」源訪の下で、美努兼倫・美努兼□らの刀禰が郷中の作田数に依拠して御稲の徴収を行っていたのであり、あるいはこうした作業遂行が兼倫襲撃事件の一因であったのかもしれない。ただ、公忠らは訪に叱責されると、兼倫殺害を諦念したとあるから、訪は「不善之輩」をも抑止する武力を背景とした武威の発動を期待されて起用されたのであろう。

bではまた、訪は、大江御厨検校で前河内介高安満雅という者との間に、官司内での座次争いを惹起していたことが知られる。この高安氏は渡来系氏族の八戸史（常澄宿禰）が改姓した高安宿禰の一員と目され（『三代実録』元慶三〈八七九〉年十二月二十二日条、同五年五月九日条）、高安郡の郡領氏族であるとともに、中央の中下級官人、また河内国検非違使などとして活躍する氏人が存している。(17)したがって訪は、国衙の機構内にも地歩を築いていたと推定される在地豪族に対して、宣旨により御厨検校に就任するという自己の権勢を示しつつ、当地に活動の舞台を得ようとしていたのである（『法曹類林』巻二百承平二〈九三二〉年八月十日の讃岐国山田郡の事例も参照）。

そして、訪のその後の地歩確立として、cの小野宮家や御堂流との関係形成が注目される。訪は時に河内郡の辛嶋牧（東大阪市玉串町周辺）の牧司として見え、『小右記』寛仁二（一〇一八）年四月十日条には「辛嶋牧千端里牝馬子七夕〔去カ〕牽進〈三歳、長四寸余〉。件駒有二千里骨一、千端里産二件駒一甃了。駒令レ返二放本牧一了、今秋可レ令二立飼一」とあるので、cとも合せて、この牧が小野宮家の領有であったことがわかる。cでは小野宮流の藤原実資が辛嶋庄（牧）と摂関家領として知られる玉串庄（『中外抄』保延三〈一一三七〉年十一月十四日条）との間の紛擾を藤原道長に訴えており、道長は牧司源訪は自分の「家人」ではないので、実資にその召喚を依頼しているようであるから、訪は実資の「家人」であったことになる。(18)この時、道長は訪を玉串庄司として玉串庄と辛嶋庄（牧）を管掌させれば紛争は起きないという考えを示しており、これは訪が現地で築いていた勢威を活用する方向（訪を「家人」化する企図もあったか）で解決を模索しようとしたのであろう。

但し、その後の訪と彼の後裔の行方は不詳とせねばならない[19]。辛嶋牧に関しては、『小右記』万寿四（一〇二七）年三月二十七日条に「禅室領坂門牧・関白領千代庄等雑人越二来辛嶋牧一、推二作田畠一致二濫吹一。呼二為職《（菅原）》朝臣一示二禅室坂門牧事一、千代庄事示二保相《（藤原）》一」と見え、後年には道長・頼通父子の別の庄地との間に紛擾が起きており、諸権門が交錯する畿内での領有地維持の困難さを窺わせるものと言えよう。その坂門（戸）牧では、庄官藤原則経が源頼信の郎従として知られ、その子則明は後藤内・坂戸判官代と号し、河内源氏の累代家人として源頼義に随従、前九年合戦の黄海合戦などにおいて奮闘したことで名高い（『尊卑分脈』二―三二六頁、『陸奥話記』、『古事談』巻四―二二など）。この一族は利仁流に属しているが、院政期には文徳源氏を称して坂戸源氏として当地に定着している。そこには摂関家や河内源氏とのつながりなど、有力な後ろ盾を得ていたことが大きいと思われる。

なお、これも後代のことであるが、源義家は志紀郡に所在する河内国府東方の通法寺領の中核となる七十余町の石川庄に為義の弟義時を送り込み、河内源氏の基盤拡大に努めている[20]。ただ、この石川源氏は保元の乱には参戦しておらず、為義に扈従した形跡もないといい、独立した勢威を築いていくようである。しかしながら、義時の子の武蔵守義基は、平氏政権下に家人の長野武者所の源貞弘と争っており、不安定な状況を窺わせる。石川源氏の一族はその後さらに金剛寺領への進出を図るが、充分な達成は得ることができなかったらしく、やはり畿内での基盤形成の困難さを示す事例となろう[21]。

以上、郡司氏族の展開からは論がずれてしまったが、十一世紀以降の畿内の情勢として、このような武士の進出・定着のための活動という新たな要素が付加される点にも留意したい。河内の在庁官人は殆ど不明であるが、大和・和泉では十二世紀においても古代豪族の系譜を引くと目される在庁官人の事例が見られるので、郡司氏族が一概に衰微していく訳ではないと考えられる。ただ、摂津国に関わる「渡辺御惣官職相承次第」には「三宅氏人経代々畢」とあり、「此三宅者、今ノ杜藤也、遠藤ヲ聟ニ取テ譲職矣」と記されているので、西成郡の郡領氏族である三宅忌寸氏からの継承を示唆するものという見解が呈されており、武士の発展の中に包摂されていく場合もあったのであろう。[22]

おわりに

本章では畿内において郡司氏族の系譜を引く在地豪族が十二世紀、さらには鎌倉時代にも在庁官人として存続する事例が少なからず見えることに着目し、郡司氏族の行方やその存立基盤を探ろうとした。彼らの経済基盤としては、九世紀初頭のものながら、近年出土の奈良県香芝市下田東遺跡の木簡（『木簡研究』二八号）に看取される多様な生業の展開、[23]また別稿で触れた和泉国の大判官代酒人盛信の一族や和泉郡の郡領氏族珍県主の系譜を引く豪族の土地集積などのあり方が注目される。[24]こうした畿内郡司氏族の展転の方向は、さらに個別事例に基づいて解明されるべき課題であろう。

なお、「はじめに」で触れた額田部連氏の中・近世における動向は不詳であるが、『大和郡山市』史料集（一九六六年）五八「額田寺新故禁制定置断簡」には、嘉元年間（一三〇三～〇五）の故禁制条々事に続いて、「於二額田郷内検断等一、不レ可レ為二違乱一事」とあり、額田部氏の氏寺である額田寺の検断権が維持されていたことが窺われる。こうした寺院を介した支配の継続も畿内郡司氏族の存立基盤として留意しておきたい。在地社会の存立を支える基層としての古代豪族の行方について、畿内だけでなく畿外諸国の様相を含めて検討することを課題として、むすびとする次第である。

（1）拙稿「額田部氏の研究」『国立歴史民俗博物館研究報告』八八（二〇〇一年）、同「長屋王家木簡と田庄の経営」『長屋王家木簡の基礎的研究』（吉川弘文館、二〇〇〇年）など。
（2）拙稿「武蔵国足立郡司武蔵武芝とその行方」『日本律令制の展開』（吉川弘文館、二〇〇三年）。
（3）拙稿「国書生に関する基礎的研究」『在庁官人と武士の生成』（吉川弘文館、二〇一三年）。

（4）元木泰雄「摂津源氏一門」『史林』六七の六（一九八四年）、同「十一世紀末期の河内源氏」『後期摂関時代史の研究』（吉川弘文館、一九九〇年）、同『源満仲・頼光』（ミネルヴァ書房、二〇〇四年）、同『河内源氏』（中央公論新社、二〇一一年）、朧谷寿「大和守源頼親伝」『古代学』一七の二（一九七〇年）、朝倉弘「大和源氏」『奈良県史』第一一巻大和武士（名著出版、一九九三年）、川合康「河内国金剛寺の寺領形成とその政治的諸関係」『鎌倉幕府成立史の研究』（校倉書房、二〇〇四年）、井上満郎「鎌倉幕府成立期の武士乱行」『平安時代軍事制度の研究』（吉川弘文館、一九八〇年）、生駒孝臣「平安末・鎌倉初期における畿内武士の成立と展開」『中世の畿内武士団と公武政権』（戎光祥出版、二〇一四年）など。

（5）丹生谷哲一「〝不善之輩〟に関する一考察」『ヒストリア』六八（一九七五年）、田島裕久「平安中・後期における中小氏族の在地動向」『日本古代史叢説』（慶應通信、一九九二年）など。

（6）拙稿「九世紀の郡司とその動向」『古代郡司制度の研究』（吉川弘文館、二〇〇〇年）。

（7）佐伯有清『新撰姓氏録の研究』考證篇第五（吉川弘文館、一九八三年）三五四頁は、河内国石川郡紺口郷の地名に基づく氏名とするが、当否は不詳である。

（8）保立道久「藤原教通と武家源氏」『『古事談』を読み解く』（笠間書院、二〇〇八年）。

（9）米谷豊之祐「源為義―其の家人・郎従の結集・把握―」『院政期軍事・警察拾遺』（近代文芸社、一九九三年）一二九頁は、この河内氏を源頼信の四男頼任が河内冠者を号して以後、その系統の人々が称したものとし、河内源氏の一族が郎等化したものと見る。ただ、この見解は確説とはなし難く、本章では河内氏の系譜を古代豪族とのつながりで考えてみたい。

（10）前注（4）元木一九九〇論文。以下の記述も、表題の問題に関する事柄は、この論考に依拠したところが大きい。

（11）早稲田大学古典籍総合データベースの写真版に依拠し、渡辺滋「揚名国司論」『史学雑誌』一二三の一（二〇一四年a）六八頁、同「平安中期における地域有力者の存在形態」『上智史学』五九（二〇一四年b）一二頁などの翻刻も参照した。

（12）吉田晶「県および県主」『日本古代国家成立史論』（東京大学出版会、一九七三年）、前田晴人「河内三野県主の服属儀礼について」『日本歴史』五〇七（一九九〇年）、同「三野県主・美努連の性格とその形成要因」『東アジアの古代文化』六八（一九九一年）、同「古代河内の反乱伝承と三野県主」『日本書紀研究』一九（塙書房、一九九四年）など。

（13）拙稿「郡司表（稿）〔第二版〕」『平安・鎌倉時代の国衙機構と武士の成立に関する基礎的研究』科学研究費報告書（二〇一二年）、赤井靖子・井山温子・福住日出雄・峰陽子「中河内地方の仏教文化とその背景」『古代史の研究』一〇（一九九五年）など。

（14）拙稿「地方豪族と人材養成」『地方木簡と郡家の機構』（同成社、二〇〇九年）。

（15）前注（11）渡辺二〇一四a論文、六九頁は、史料cの上野掾源訪の活動状況と合せて、実際の国務に従事した経験を持たない、肩書だけを虚名として保持する立場にあった可能性が高いと見る。

（16）伴類については、吉田晶「将門の乱に関する二・三の問題」『日本史研究』五〇（一九六〇年）、同「平安中期の武力について」『ヒストリア』四七（一九六七年）などを参照。

（17）前注（14）拙稿。

（18）前注（11）渡辺二〇一四b論文は、辛嶋牧の由来として、藤原実資が長らく右近衛大将兼右馬寮御監であったことから、職務との関わりでその権益を入手したという事情を推定している。また道長が遠慮したのは、訪の主人が三条天皇であったためと見ており、天皇と密接な関係を有する実資が日常的な管理を担当していただけであるとする。但し、後述の万寿四年条によると、三条天皇崩御後も実資の領有は続いており、この点も視野に入れると、小野宮家との関係にも留意せねばならない。

（19）前注（11）渡辺二〇一四b論文は、訪を渡辺党につながる存在と見ているが、明証を得ることはできない。

（20）前注（4）元木一九九〇論文。

（21）前注（4）川合論文、川合康「河内石川源氏の「蜂起」と『平家物語』」『鎌倉幕府成立史の研究』（校倉書房、二〇〇四年）。

（22）前注（4）生駒論文。

（23）平川南「生業―大和の有力者の多角経営―」『律令国郡里制の実像』上（吉川弘文館、二〇一四年）などを参照。

（24）前注（3）拙稿。

Ⅲ部　文化と外交

1章　摂関期における貴族の神事観

小倉　慈司

はじめに

摂関期の朝廷神祇祭祀についての研究は、これまで二十二社制・神社行幸など新たに開始されたものについてはそれなりの研究がなされてきたし、概説程度のものは少なくないが、祭祀観や社会における祭祀の意義などといった点にまで踏み込んだ研究はそれほど多くはなく、律令祭祀と比べると、概して低調であったと言える。

たとえば戦前の神祇研究の権威であった宮地直一氏が一九一八年に東京帝国大学にて行なった公開講義をもとに刊行された『神祇史綱要』(1)では、摂関期の神祇祭祀に関しては、二十二社・一宮・惣社・神仏習合・本地垂迹・陰陽道や修験道との関係などを除くと、「物詣の風の流行」という項目で、神社参詣や参籠が活発化したことが指摘されているのが目につくぐらいである。この本を一九四一年に増訂して刊行した『神祇史大系』(明治書院)においても、摂関期貴族社会に関する記述はほとんど追加されることはなかった。これは神名式に象徴される『延喜式』の体系を古代神祇祭祀体系の完成形とし、摂関期を低く評価しようとする時代観とも無関係ではなかったろう(2)。

そのような状況の中で、比較的詳しく検討されたのが、小島小五郎氏であった。氏は『公家文化の研究』(3)において、

『春記』を記した藤原資房の神器観や平安貴族の神国思想、朝儀史などについて論じ、その中で摂関期の神祇祭祀についても言及がなされた。しかし天暦朝を「我が朝儀隆盛時代の最後の光芒」（同書、二九八頁）と捉える見方に縛られ、事実の指摘以上に研究が深められることはなかった。

戦後も、戦前の皇室尊崇観への反動のためか、摂関期の神祇祭祀に対する研究は、古代史の側からはほとんどなされなかった。摂関期の通史として今も評価の高い土田直鎮『日本の歴史　五　王朝の貴族』[4]では、ほとんど神祇祭祀に関する言及が見られない。「神道」の歴史的形成の問題に取り組んだ高取正男氏も、神道の成立を奈良時代末から初期と見たために、摂関期について詳しく論じられることはなかった。[5]一方、中世史の側からは河音能平氏による天神信仰研究や、黒田俊雄氏による神国思想や神道研究が進められたが、[6]そこでも摂関期の朝廷神祇祭祀そのものが考察対象とされることはなかった。

そのような研究状況が変化するのは、一九八〇年代のことである。早川庄八氏が『講座日本思想』の論文において、長元四（一〇三一）年の斎王託宣事件を取り扱い、それが朝廷に与えた影響や当時の政務運営のあり方を明らかにするとともに百王思想や神国思想、天照大神と天児屋命との二神約諾を論じたのが早い事例であるが、[7]その後、一九八六年に二十二社研究会編により『平安時代の神社と祭祀』が刊行され、[8]平安時代になって新たに成立した公祭、天皇の外戚氏族の奉斎神に対する天皇祭祀や二十二社制の成立過程、賀茂や石清水など臨時祭の成立など、平安時代の祭祀研究が本格的に進むことになる。これら神道史の立場による研究は、一九九〇年代から二〇〇〇年代にかけて次々と論文集にまとめられた。[9]一方、古代史・中世史の分野では同じ頃より国家システムと儀礼との関係に関心が持たれるようになり、そのなかで朝廷神祇祭祀についても取り上げられるようになっていった。[10]

こうした研究の一つの到達点が上島享氏や三橋正氏の研究であろう。上島氏は先行諸研究を踏まえつつ、宇多朝を出発点とし、承平・天慶の乱を契機として「天皇と神々との関係は古代から大きく転換した。天皇は祭祀主宰者との地位をより明確にするとともに、天照大神との結びつきを一層深める。」「天皇は様々な祭祀を行い、諸神を崇敬するものの、諸神を直接拝することはなく、天照大神とともに諸神より一段上の立場に身を置き、祭祀主宰者として諸神を統括したのである。」「国家統治上、神々への依存度は一層強まり、神祇祭祀が支配イデオロギーとして果たすべき役割ははるかに大きくなっていった。天皇と神々との関係が大きく転換することにより、神々により権威化された新たな天皇がその姿を現し、天皇が宗教的支配イデオロギーの頂点に立つこととなる」とした。[11] 一方で上島氏は、「新たな天皇権威が形成される過程で、兼家・道長はその中に自らを構造的に組み込むことで、天皇との結びつきを確固たるものにしていった」が、道長は太政大臣を辞した寛仁二（一〇一八）年二月以降、「天皇とは異なる新たな王権の創出に邁進した」とし、[12] 法成寺の創建に象徴される新たな王権を生み出したとも論じる。上島説においては「宗教的支配イデオロギーの頂点に立」ったとされる天皇と、「新たな王権」を生み出したとされる摂関家とが、どのような関係にあったのか、統合的な説明はなされておらず、また摂関期貴族社会を俯瞰した場合、あるいは個々の天皇と摂関・貴族との関係性をめぐる具体的事例を思い描いた場合には違和感も感じられる。[13]

三橋氏は、神祇信仰の意識変化について日記史料を中心に分析し、古代的な「祭—参加型」信仰が、摂関期に「祭—奉幣型」となり、院政期に「神社参詣型」へと展開したと論じた。[14] 氏はまた神であれ仏であれ、有益なものは積極的に受容したのであり、その結果として、摂関期から院政期にかけて多様な儀礼が年間を通じて休む間もなく行なわれ、一つ一つの儀に込める祈りが薄らいでいくことになったとまとめられている。

この氏の指摘はもっともと思われないでもないが、さらにもう一歩進めてより具体的に捉えることができないだろうかという気もする。摂関期の国家や社会において、祭祀が一体どのような意味を持っていたのか、その信仰の内実といった点も含めて、検討を加えることが求められるのではないか。氏はさらに、平安中期には貴族が国家による神祇を個人の信仰として内在化させ、定着させたとも述べているが、この点も検討してみる必要があるであろう。

以上のような研究状況を踏まえ、本章では摂関期の朝廷あるいは貴族が、神祇祭祀（神事）をどのようなものとして捉えていたのかという観点から、考察を試みたい。対象を貴族社会に限定しており、また時間的制約から、限られた史料しか俎上に上げることができず、いわば試掘にとどまるものであることを初めにお断りしておきたい。

1　貴族社会における神事と仏事の比重

神事と仏事

果たして当時の貴族社会において、神事はどれだけの重みを持ったものであったのであろうか。平安時代の政務儀礼が神事優先とされていたことは良く知られており、『延喜式』五〇巻のうちの巻一から一〇までの一〇巻が神祇式とされていたことなどから考えても、一般に神事の比重が大きかったような印象を受ける。所功氏は『年中行事御障子文』に見える神事と仏事の記事を数え、項目数では神事が四七、仏事二三、年に複数回ある同一行事を別々に数えると、神事七三、仏事二九、さらに毎月繰り返す行事も加えると神事一〇六、仏事五一となって、神事と仏事を合計すると、全体の二分の一近くになることを指摘しており、また筆者も同様な視点から「まさに天皇（および朝廷）の仕事の半分は宗教であった」と述べたことがある(15)。

また財政制度面からも、天暦六（九五二）年に成立した正蔵率分の制度においてその用途が仏事、神事、特に神社の幣料に集中しており、それらが当時最も重要な行事と考えられていたことが指摘されている(16)。なかでも神事の料物を最優先すべきことは、『新抄格勅符抄』長保元（九九九）年七月二十七日官符所引延長四（九二六）年五月二十七日官符（新訂増補国史大系、一四頁）にも見えており、摂関期以降も含めて国家に共有されていた認識と言って良いであろう。

しかしその一方で、例えば『類聚符宣抄』康保二(九六五)年七月二十二日宣旨(新訂増補国史大系、一二四頁)のように度々神事の懈怠を誡める宣旨が出されてもいる。また実際に貴族の日記を読んでいると、年中行事に見られる神事のすべてについて記されているわけではないし、たまに記される神事についても、かなりの割合で物忌や体調不良などを理由として参列しなかったりと、さほど神事に熱心であるという印象を受けないのも事実である。

『小右記』に見る神事と仏事

そこで実際に貴族の日記から、一年間の神事や仏事への関与をさぐってみることにしたい。本来ならば様々な日記、また年次について広く調査すべきであるが、今回は、対象とする日記として、記事内容が豊富であり、また長期間にわたって日記が伝存している藤原実資の『小右記』を選ぶこととし、その年次については若年時と老年時それぞれ一年ずつとして、抄出(略本)ではなく広本がほぼ残存している永祚元(九八九)年と寛仁三(一〇一九)年とを選んだ(テキストは大日本古記録による)。欠けている日数(欠落が甚だしくて内容が把握しにくい日も含む)は永祚元年では七月一日〜三日の三日、寛仁三年では十月一日〜十三日の十三日分のみである。永祚元年は実資が三三歳、頭中将で二月に参議に任じられている。また円融院別当も勤めていた。このときの天皇は一条天皇で一〇歳。一方、寛仁三年は実資は六三歳で大納言右近衛大将であり、天皇は一二歳の後一条天皇であった。この年には上皇は不在である。

この二年間につき、記事に見える神事と仏事について、二つの観点から記事を分類し集計した(表1、表2)。一つは行事の主催者である。天皇、上皇あるいは三宮、摂関、実資の四つに分類した。二つ目は実資がその神事ないし仏事に参加する等の形で直接関わった事例と、伝聞等単に記事を記しただけで直接は関わっていない事例という分類である。なお祓や禊・定については、斎院御禊を除き、神事(ないし仏事)として取り扱わないこととした。

言うまでもなく、あくまでも実資が何らかの形で関わったか、あるいは関心を持った行事だけが記されることになるの

表1 『小右記』永祚元(989)年に見える神事・仏事(実資33歳，頭左中将円融院別当，2月任参議)

月　日	天皇	上皇三宮	摂関	実資	記　　　事
1／7	●				御諷誦を十五箇寺に修す
／8	●				この日より仁寿殿等にて不動息災法を修せしめる
／11		○			円融法皇の命にて石清水社に参り天皇のために祈禱する
／14	●				御斎会内論義
／15			▲		太政大臣頼忠御読経発願
／21		△			円融法皇石清水御幸
／23				●	般若寺に参り義蔵に会う
／25	▲				内裏にて熾盛光法を修せしめる
2／4	△			○	大原野祭に幣帛を奉る
／8				○	春日社に幣帛を奉る
／11		▲			円融法皇天皇のために尊勝御修法等を修せしめる
／11				●	南庭にて金峯山に祈る。翌日・翌々日も同じ
／14				●	亡父忌日により諷誦を東北院に修す
／15				●	清水寺に参る
／21		△			円融法皇石清水御幸
／26				○	任参議報賽として石清水社に参詣
／28			○		摂政賀茂詣に扈従
3／1				○	賀茂社に奉幣(使平実)
／4			●		摂政家御読経に参入
／7			●		摂政家御読経結願に参入
／9		●			東寺における円融法皇御灌頂に参会
／13	○				石清水臨時祭に参入
／15			●		摂政家例講説に参入
／18				▲	世間不浄により清水寺に参らず
／19		△			北野天神皇太后に託宣(春日行幸について)
／21	▲				仁明天皇国忌なるも任参議後神事行なわざるにより勤めず
／21				○	息災のため延暦寺にて薬師経を転読せしめる
／22	○				春日行幸(初度)に扈従，23日還御
4／1				△	服暇により賀茂社に奉幣せず
／3				●	室町尼君仏経供養に参る
／8	○				杜本等祭使発遣，よって内御灌仏を停める
／10				●	源重信第に行き致方を弔う
／14	○				吉田祭の事を奉仕する(任参議後初の神事奉仕)
／20	○				斎院御禊を奉仕
／22		○		○	円融法皇使として賀茂社に詣で天皇の為に祈り，また私幣を奉る
／23	○				賀茂祭に奉仕
／29	●				贈太皇太后国忌に参入
／29		●			円融法皇御斎食を設ける，実資参入
5／1				●	上安祥寺の山籠法師に米塩等を施す
／2				○	賀茂社に昨今両月の幣を奉る(使平実)
／2				●	観泉寺僧に捨身米塩等を施す
／3				●	娘を清水寺に参らせ諷誦を修せしめる

月　日	天皇	上皇 三宮	摂関	実資	記　　　事
5／8				●	室の忌日につき諷誦を天安寺に修す
／9				▲	源致方七七忌の法事を円成寺に修す，病により参入せず
／10				●	病により僧に祈願せしめ法華経を誦せしめる，翌日にも祈願せしめる
／18				▲	清水寺に参らず(病による)
／23	●				臨時仁王会に参入
／25	●				村上天皇国忌仏事に参入
／25			●		摂政童子56人を剃髪せしめる，実資参入
／26		○		○	円融法皇使として石清水社に詣で天皇の為に祈り，また私幣を奉る
／27		○			円融法皇より季ごとに石清水・賀茂に参るよう命じられる
6／2				○	賀茂社に奉幣
／5				●	藤原尹忠周忌法事に七僧前を送る
／6	○				臨時十一社奉幣に参仕，松尾平野社使を勤める
／7	△				臨時諸社奉幣(実資は5月28日奉幣使定に参仕)
／10	△				御体御卜奏あり
／15				●	季聖天供を行なう
／18			▲		摂政延暦寺にて八壇修法を行なう
／18				▲	穢により清水寺に参らず
／21				●	室のために加持を，娘のために仁王経転読を行なわしめる
／24	▲				皇太后御悩につき加持等行なわれる
／25	○				賀茂社怪異により神祇官・陰陽寮御卜あり参仕
／27			●		太政大臣頼忠の葬儀に参仕(28日も同じ)
(7／1-3欠)					
／4			●		頼忠のために服を着す
／5				●	この日より7日間息災のため仁王経を転読せしめる
／14				●	盂蘭盆供
／16				●	病の室町尼君のために諷誦を修せしめる
／16				●	この日より7日間娘のために芥子焼を修せしめる
／18				▲	穢により清水寺に参らず
／18				●	室町尼君のために諷誦を修せしめる
／20				●	多武峰巻数使来たる
／23				●	娘のために加持を行なわしめ平癒を願い仏像造立の願を立てる
／24			●		頼忠室出家につき同第を訪問
／25				●	造立の仏像開眼
／27				●	芥子焼結願
／28				●	物怪夢想不快につきこの日より7日間不動調伏法を行なわしめる
8／1			▲		頼忠五七忌法事あり
／1				△	服により賀茂社に奉幣せず
／11			●		東北院における頼忠七七忌法事に参入
／17	△				諸社奉幣使発遣
／19				●	娘のために百体不動尊像造立開眼供養

月　日	天皇	上皇 三宮	摂関	実資	記　　　事
8／26	●				光孝天皇国忌に参仕
／28		▲			この日より５日間円融法皇大般若経御読経
9／1				△	軽服により賀茂社に奉幣せず
／3		●			円融法皇御読経結願に参入
／4			●		道頼母周忌法事に参入
／7	○				八社奉幣
／15	△			△	石清水放生会，服により例幣を奉らず
／18			●		兼家第釈経に参入
／18				▲	清水寺に参らず
／23	●				仁王会に参仕
／25			△		摂政賀茂・北野社参詣
／26				○	吉田社に参る
／26			●		摂政の命により吉田に卒塔婆610本を供養する
／29	▲				季御読経発願，公卿多参により退出
10／2	▲				季御読経結願
／7		○			円融法皇の命により天皇のために賀茂社に参り祈る
／8			●		兼家第読経結願に参入
／13		○			円融法皇御使として石清水社に参る
／18			●		兼家第御読経に参入
／22		▲			花山法皇御読経結願に参入せず
／25		●			円融法皇遍照寺供養に参入
／28		●			皇太后宮御読経結願に参入
11／1				○	賀茂社に例幣を奉る
／2		△			円融法皇松尾社に参詣，陪従せず
／6				○	春日社に幣を奉る
／8		△			円融法皇石清水社に参り天皇のために１夜参籠する
／13				●	亡母忌日につき道澄寺に諷誦を修す
／15	○				豊明節会に参仕
／20	○				賀茂臨時祭に参仕
／23	△			△	大原野祭，夢想により例幣を奉らず(闘乱により祭中止)
／25		●			中宮御読経発願に参入
／27				●	興福寺万灯会に信濃布等送る
12／4		○		○	円融法皇御使として大原野社に参る，私幣も奉る
／5				▲	故永平親王周忌法事あり，参入せず
／8		○		△	石清水社に参り円融法皇及び皇太后の御幣を奉る，衰日により私幣は奉らず
／10	○				御体御卜奏に参仕か
／14		●	●		摂政家御読経および皇太后宮御読経に参入
／15	△				軒廊御卜
／15			●		兼家第御仏名，参入する？
／16			●		兼家第御読経結願に参入
／18				●	清水寺に参る
／19				●	娘を広隆寺に参らせ諷誦を奏せしめる
／19		●			東宮御読経に参入

月　日	天皇	上皇三宮	摂関	実資	記　　事
12／21	▲				内御仏名始，参入せず
／22		●			東宮御読経結願に参仕
／23				●	この日より3日間仁王経を転読せしめ，延暦寺に法華経を供養せしめる
／24		●			円融法皇の御仏名に参入
／25	△				天皇御元服の由を大神宮に奉告
／26		●			円融法皇故藤原兼通のために法華経を供養せしめる
／28		▲			中宮御仏名に参入せず
／30				○	諸神に奉幣

		合計			
神事	○	12	8	1	14
	△	8	5	1	6
仏事	●	8	11	16	30
	▲	6	4	3	7

注 『小右記』永祚元年に見える神事・仏事を以下のように採録表化した。記事は基本的に実資を主体として記述する。主催者により天皇／上皇三宮／摂関／実資に分類。天皇＝一条天皇，上皇＝円融，摂政＝兼家，三宮＝太皇太后昌子内親王，太皇太后詮子，中宮遵子。日にちは可能な限り実際に神事・仏事が行なわれた日とした。祓・禊・定は原則として省略(斎院御禊は採録)。『小右記』に記事が見えない場合は採録しない。神事参加○不参加△，仏事参加●不参加▲。

表2　『小右記』寛仁3(1019)年に見える神事・仏事(実資63歳，大納言右近衛大将)

月　日	天皇	三宮	摂関	実資	記　　事
1／1	△				四方拝
／4	▲				醍醐天皇皇后国忌
／8	▲				御斎会始まる
／11			▲		前太政大臣道長御斎会加供
／12				▲	御斎会に実資加供
／14	●				御斎会結願，参入
／15			▲		頼通家仏経供養
／25			▲		道長法性寺五大堂に参り修正会を行なう
／30		▲	▲		太皇太后および道長講経
2／2				●	石塔造立供養
／3	△			○	大原野祭に奉幣(妊者あるにより参らず)
／8				△	春日祭穢により奉幣せず(祓を修す)
／12	●				円融天皇御忌に参入
／14				●	実父年忌を修す
／15				○	大原野社参詣
／15		●			太皇太后講経に参入
／20	△				祈年穀奉幣
／21				●	多宝塔等造立始める
／23	●				季御読経始に参入

月　日	天皇	三宮	摂関	実資	記　　　事
2／26	▲				季御読経結願，参入せず
3／1				●	石塔造立
／6				●	妙法蓮華寺に参詣，自ら造立の小塔を拝す
／11	○				石清水臨時祭試楽に参入
／13	△				石清水臨時祭，参入せず
／14		▲			臨時仁王会のための大祓を行なう
／16		▲			臨時仁王会，参入せず
／21		▲			皇太后宮御読経
／21			●		道長出家により同第に参入
／25		▲			皇后宮出家
4／8	▲				灌仏，参内せず布施を奉る
／19	○				斎院御禊に参入
／21	△				刀伊来寇につき諸社に奉幣
／22	○				賀茂祭につき斎院に参入
5／1			●		道長家法華三十講発願に参入
／8			▲		法華三十講に参入せんとするも夢想により止める
／9	▲				三条天皇御忌
／13			●		道長家法華三十講五巻日に参入
／16	△				祈年穀奉幣
／18				●	実頼忌日により仏事，東北院に参り法華経等供養
／24	△				丹生・貴布禰に祈雨使発遣
／25			●		道長家法華三十講結願に参入
／26	●				臨時仁王会，参入せず，加供
6／1				●	石塔造立供養
／7				●	清水寺に諷誦を修す
／9			▲		道長十六羅漢を供養，参入せず
／17				●	3日間如意輪供を修せしめる，7日間星供養を修せしめる
／22	●				一条天皇御忌にて円融寺法華御八講に参入
／24		▲	▲		中宮御読経・摂政御読経発願
7／2			●		法興院法華八講結願に参入
／14				●	盆供
／17			▲		道長阿弥陀像等造立発願
8／1				●	石塔造立供養
／6	▲				大極殿にて仁王会御読経
／9	▲				大極殿御読経結願
／15	△			○	石清水放生会に奉幣
／20			△		摂政賀茂社参詣(祭に参らざるによる)，見物する
／28				●	諷誦を清水寺に修す
9／1				●	石塔造立供養
／6	△				伊勢大神宮遷宮神宝使発遣
／11	△				伊勢例幣の八省院行幸停止
／18			▲		道長家釈経
／21	△				石清水臨時祭始
／21			●		道長造立の阿弥陀像を拝す

月　日	天皇	三宮	摂関	実資	記　　　　事
9／29		●			太皇太后御読経に参入
／29			▲		道長東大寺にて受戒
(10／1～13欠)					
／21				●	慶円七七忌に読経料を贈る
／21	▲				季御読経発願，参入せず
／21		▲			小一条院石山寺に参籠
／24	▲				季御読経結願
／26				●	多宝塔内に安置の仏像を造る
／26		▲			太皇太后幷中宮御読経始，参入せず
／29		▲			太皇太后御読経結願，参入せず
11／1				●	石塔造立供養
／7	○				春日祭に奉幣，祭使に摺袴を贈る
／9	△				梅宮祭
／13				●	実母忌日法事を修す
／16	○				豊明節会の内弁を勤める
／21	△				賀茂臨時祭，参入せず
／26			●		摂政家御読経
／29				●	行願寺百箇日講に詣でる
／30			▲		道長仁和寺に参詣
12／1				●	石塔造立供養
／1	▲				仁和寺仏名会
／4			▲		道長丈六阿弥陀像造立完成
／7				●	念誦堂上棟，僧を請じ仁王経転読せしめる
／11	△				神今食，出御なし
／12			▲		敦康親王周忌法事
／18	▲				観修に謚号が贈られる
／18			▲		道長家例講
／19			▲		慈徳寺法華八講発願
／20	▲				内御仏名始
／24		▲			中宮御仏名
／27				○	移徙に先立ち第内の筥山明神に奉幣
／27		●			太皇太后宮御仏名に参入
／27			▲		道長家懺法御読経，参入せず
／29				●	東北院大般若経発願
／29				●	石塔造立供養
／30				○	諸神に奉幣

		合　計			
神事	○	5	0	0	5
	△	14	0	1	1
仏事	●	5	3	7	22
	▲	12	10	16	1

注　採録・分類方針等は表1に同じ。天皇＝後一条，摂政＝頼通。この年太上天皇不在。三宮＝太皇太后彰子，皇太后妍子，皇后娍子，中宮威子。

表3　『日本紀略』永祚元年二月～四月（上）と『新撰年中行事』（下）の神事記事

『日本紀略』	『新撰年中行事』
2月4日　祈年祭	2月4日上卯　大原野祭
9日　春日祭（8日右大臣参詣）	7日上午　大宮売祭
24日　園韓神祭	9日上申　枚岡祭、鹿島使発遣
26日　祈年穀奉幣	10日上酉　率川祭
28日　摂政賀茂社参詣	今月　鳴雷神祭
3月13日　石清水臨時祭（14日還立）	
16日　大祓（春日祭行幸のため）	
22日　春日行幸（23日還御）	
4月4日　広瀬龍田祭	4月5日上卯　宗像社祭、大神祭
10日　平野祭	7日上巳　山科神祭
14日　吉田祭	10日上申　松尾祭、杜本祭、当麻祭
20日　賀茂斎院御禊	11日上酉　当宗祭、（酉日）梅宮祭
23日　賀茂祭	14日　神衣祭
	今月　三枝祭、四面御門祭、御川水祭、霹靂神祭

注　『新撰年中行事』は日取りを永祚元年の日次に当てはめたもので示した。また『新撰年中行事』は『日本紀略』に記載のないもののみを取り上げた。網掛けは『小右記』に記事が見えない神事。

で、それが貴族あるいは朝廷一般に普遍化できるかどうかという問題は残る。それでも大雑把に言って、実資自身のものを除くと、宗教的行事の中で実資が神事に関わることはそれほど多くなかったこと、そして全体的に、天皇以外では神事よりも仏事の比重の方が高かったことが見て取れる。特に寛仁三年については、天皇を除けば公の行事として神事が行なわれることはほとんどなかったとすら言える。

そういう視点から見れば、永祚元年についても、法皇に関わる神事がある程度の数存在するのは、実資が円融院の別当であり、円融院のいわば私的な神事に関わることが多かったためと考えられるであろう。

次に、参考として永祚元年二月から四月までの『日本紀略』の神事記事、また『新撰年中行事』の神事項目を並べて比較してみたい（表3。『日本紀略』は新訂増補国史大系、『新撰年中行事』は西本昌弘編、八木書店刊による)。

このうち『新撰年中行事』については、これらの神事がすべて永祚元年に実施されたかどうかが不明であるということに留意する必要があるが、それにしても実資が関わった神事が当時、朝廷で行なわれていた神事のうちの一部でしかないということがわかる。大部分の神事は二十二社クラスの神社であっても、上卿や奉幣使、近衛府・内蔵寮官人などとして特に指名されて関わるのでない限り、公卿が関わることはほとんどなかった。実資が個人的に幣帛を奉っているのは、伊勢神宮と並んで国家の宗廟とされた石清水八幡宮や皇城を守護する賀茂社、それに藤原氏の氏神である春日・大原野社などに対してである。著名な大社であること、もしくは氏族の神であったことがその理由と言えるであろう。

まとめれば、制度的な面からは神事が仏事に優先していたけれども、量的な面から見るならば、仏事の方が神事を圧倒していたということになる。ただし、その上で神事と仏事がどのように区別されていたかということになると、必ずしも明確ではない点がある。石清水八幡宮が神宮寺と一体化していたことや、神社に対して読経や仏舎利奉納を行なうことはよく知られているが、たとえば、実資が私的に奉幣するときもその使者として僧侶が選ばれたりしている(『小右記』寛和元〈九八五〉年六月一日条等)。朝廷行事においては神事と仏事の順序へのこだわりや同時開催の回避に力が注がれたにもかかわらず、特に個人のレベルにおいてはそれほど注意が払われた形跡が見られない。『小右記』寛仁三年二月十五日条では、実資は午前中に密かに大原野社に参り奉幣しているが、夜には太皇太后の講経に参入している。

『左経記』との比較

以上の点について、『小右記』以外の日記からも検証してみたい。『小右記』で取り上げた永祚元年と寛仁三年のうち、源経頼の日記『左経記』には寛仁三年八月五日~十二月の記事が現存しているので、その部分について比較することにする(表4。テキストは増補史料大成)。基本的には表1・表2と同様にして作成したが、表2にあって『左経記』に見えない

表4　『左経記』寛仁3（1019）年8～12月に見える神事・仏事（経頼44歳か，左少弁，12月右中弁）

月　日	天皇	東宮 三宮	摂関	経頼	記　　　事
8/6	●				大極殿にて仁王会御読経（7日・8日も）
/9	●				大極殿御読経結願
/13				●	少将源隆国の瘡痛を加持せしめるため三井寺に参る
/15	—			—	（石清水放生会に奉幣）
/20			○		摂政賀茂社参詣に参仕
/27		▲			明日東宮御元服御祈として今日より仁和寺にて御修法あり
9/5	△				伊勢大神宮遷宮神宝使発遣により諸司廃務
/11	—				（伊勢例幣の八省院行幸停止）
/15	△				伊勢遷宮神宝使入京
/16	△				伊勢遷宮
/18			—		（道長家釈経）
/21	—				（石清水臨時祭始）
/21			—		（道長造立の阿弥陀像を拝す）
/29		—			（太皇太后御読経に参入）
/29			●△		道長東大寺にて受戒（27日出京），ついで興福寺・春日社に参詣
10/14	▲			▲	首楞厳院四季講へ近江守として料物加挙を申請し認められる
/21	—				（季御読経発願）
/21		—			（小一条院石山寺に参籠）
/24	—				（季御読経結願）
/26		—			（太皇太后幷中宮御読経始）
/29		—			（太皇太后御読経結願）
11/7	—				（春日祭奉幣）
/9	—				（梅宮祭）
/14	○				鎮魂祭に参る
/16	○				豊明節会に参仕
/21	○				賀茂臨時祭に参仕
/24	△				大原野祭使出立
/26			—		（摂政家御読経）
/30			●		道長仁和寺参詣に参仕
12/1	—				（仁和寺仏名会）
/4			—		（道長丈六阿弥陀像造立完成）
/11	○				神今食に参仕
/12			▲		敦康親王周忌法事
/18	●				観修に諡号が贈られる
/18			—		（道長家例講）
/19			●		慈徳寺法華八講始に参仕
/20	▲				内御仏名始
/24	△				荷前
/24		—			（中宮御仏名）
/27		—			（太皇太后宮御仏名）
/27			—		（道長家懺法御読経）

月　日		天皇	東宮三宮	摂関	経頼	記　　事
12/30		○				大祓に参仕
		合計				
神事	○	5	0	1	0	
	△	5	0	1	0	
仏事	●	3	0	3	1	
	▲	2	1	1	1	

注　採録・分類方針等は表1・表2に同じ。ただし三宮欄に東宮を加えた。8/6～12/30までについて表2と比較した。表2にあり『左経記』に記事がない場合は欄に── を引いた。ただし実資の私事に関するものは記事自体を省略した。『左経記』にのみ見える記事には網掛けを施した。

記事のうち、実資に関する記事は省略したが、それ以外の天皇等に関わるものについては該当欄に棒線を引き、「記事」欄に括弧で括って『小右記』の内容を記した。また『左経記』のみに見える記事については網掛けを施し、『小右記』との比較が容易にできるようにした。なお『左経記』は、自らが直接関与しているのか、そうでないのか、記事の記し方にあいまいな点があり、著者が推測を交えて判断した場合があることをお断りしておく。

経頼はこの年は正五位上左少弁（十二月に右中弁に転じる）であり（『公卿補任』長元三〈一〇三〇〉年条による）、実務官人として活躍している。現存『左経記』自体の記事が簡潔であることもあり、私事はほとんど記されず、天皇・朝廷に関わる政務についての記述が大部分を占めている。天皇以外の三宮や摂政に関する記事がほとんど無いのは、経頼の地位、また頼通との関係の親疎によるものであろう。神事と仏事との数の比率という観点からは、『小右記』に比べ、朝廷関係の神事についての記事が増えており、全体での比率はほぼ一対一となっている。これは経頼が実務官人であることによるものであり、そこから公卿層と実務官人との朝廷神事への関与、関心の差をうかがうことができよう。

この他に『左経記』で特徴的なことは、私事においては神事の記事が見えないということである。これは表4の範囲に限らず、『左経記』全体についても言えることである。それは、一つには公務を中心に日記が記されているということが大きいであろうが、仏事に関しては、婿の源隆国のために加持を依頼するため三井寺に参向した記事がある（寛仁三年八月十三日条）ことを考えれば、それだけが理由とは考えられない。経頼が私の神事を行なっていなかったとは考えがたいので、伝写の過程で省略されたのでなければ、経頼の神事に対する意識を反映したものということになろう。

2　平安貴族の二種類の神事

永祚元年の神事

次に、神事の中でも、実資が定期的に行なっている個人的な奉幣や参詣を除くと、その大部分が朝廷の神事、あるいは天皇の神事であったという点について、引き続き表1と表2を使って検討を加えたい。一般的には春日祭や賀茂祭が思い浮かぶように、平安貴族と神事とは深い結びつきがあったように考えられがちであり、それはある面で間違いとは言えないが、表1・表2からわかるように、数の上からは、上皇や三宮・摂関においてですら、主体となって関わる神事はかなり限られていた。もちろん『小右記』にはあくまでも実資が参加したり伝聞したりしたものだけが記されているのであって、実際には、院やそれぞれの貴族が私的に行なっている神事がおそらくは実資と同程度にはあったと推測されるが、そうであったとしても、仏事と比較して大きな差があったと思われる。

まず永祚元年を見てみたい。上皇である円融院の神事は一二件であり、[17]仏事一五件と比較して必ずしも少なくないが、内容を検討してみると、その大部分は天皇のための祈願が込められた石清水八幡宮や賀茂社への御祈や御幸であり（一〇件）、あとは大原野社への御祈や松尾社参詣が一件ずつあるだけである。この二件についての具体的目的は、記録に残されていないが、藤原氏の氏神であることや賀茂社と並んで皇都鎮護の神とされていたことが理由であろうか。あるいは天皇のための祈願が込められていた可能性もあろう。この年、一条天皇は一〇歳であったが、年の初めから度々病床に臥せっており、そのために円融上皇は熱心に社寺への祈願を行なった。円融上皇が諸社の中でも石清水八幡宮への信仰が厚かったことは目崎徳衛氏の推測があり、氏は摂政兼家との対抗関係を見出している。(18) なお、円融上皇の記事が多いことについては、実資がその別当であったためと考えられる。

それ以外で目立つものとしては三月十九日の北野天神の皇太后詮子への託宣があるが、これは春日行幸と関係がある。

『小右記』永祚元年二月〜三月の春日行幸関係記事

二月五日　参内、摂政被レ奏レ院云、（中略）又来月廿三日可レ有二春日行幸一、依二前年御願一也、人々夢想早可レ被レ遂之由頻有二其告一、仍可レ被レ果、（中略）参レ院奏聞、仰云、此三事々々承之者、帰参内申二御返事一、今夜左符〔府〕於二左仗一定二行幸雑事一、余宿侍、

十三日　早朝参二摂政殿一、来月春日行幸不快之由光栄朝臣進二勘文一、以レ余被レ遣二左府一、被二定申一旨無二一定一、但陰陽家進二不快勘文一、無二指期一、被レ過□間如何者、

三月十二日　参院、良久候二御前一、仰云、春日行幸日御物忌重畳、猶不快事也、就中両度夢想不レ宜、仍可レ被レ延二彼日一之由示二送摂政許一了者、

十四日　伝聞、春日行幸停止事、昨日被レ下二宣旨一、上卿左符〔府〕、弁扶義奉レ下二宣旨一云々、

十五日　参二摂政殿例講説一、（中略）摂政被レ命云、春日行幸依二御物忌相重一可二停止一之由有二院仰事一、仍下二宣旨一了、而有二不快之夢想一、又有二如示現怪異事一、猶可レ有二行幸一歟、依レ有二事疑一問二陰陽家一、所レ申縦横、又々令レ問可レ令レ奏レ院也者、公卿不レ被レ申二一定一、

十六日　参内、起二陣座一参二殿上一、黄昏罷出、摂政使二頭中将一猶可レ有二行幸一之由被レ奏レ院云々、

十九日　左中弁在国出レ陣仰二中納言一云、只今北野天満天神寄二託皇大后宮一、似レ庶二幾行幸一、其詞云、春日行幸神明已有二歓悦一、但宮中俄可レ有レ火者、若加護助可レ攘二災殃一云々、

廿日　参内、春日行幸試楽、舞人八人舞、今二人不参、
廿二日　今日春日行幸、

摂政の兼家は石清水八幡宮や賀茂社への行幸にならって一条天皇の春日行幸を推進するが、円融上皇は乗り気ではなく、夢見や日取りが悪いことを理由に延期しようとする。そこで持ち出されたのが兼家の娘であり一条天皇の母親である皇太后詮子への北野天神の託宣であった。この二年前である永延元年には詮子に仕えていた藤内侍に天神が託宣し、社殿の修造を求めたため、兼家が北野社に参詣し、宝殿の修造を行なう。このときに「天満天神」の勅号も与えられたという。おそらくはこうした流れを承けて春日行幸を推進する天神の託宣がなされたということになるであろう。とすれば、表1での分類は皇太后というよりは摂関とした方が良いかもしれない。なお、北野天神はこれより先、寛和元（九八五）年九月八日には円融上皇に託宣を下して奉幣せしめている（『小右記』同日条）。兼家が春日行幸を推進したことについては、鎌倉時代後期の成立と見られる『続教訓抄』逸文（国立公文書館所蔵『行幸並長者御下向引付』所引）が、藤原氏の発展を願ってのものであったと説明する[19]。

なお、氏神祭祀以外に摂関が行なった神事としては、賀茂社や北野社への参詣がある。賀茂社は皇都鎮護神であり、貴族社会の統括者としての関与と言える。一方、北野社は十世紀に新たに生まれた平安京民衆祭祀の神社であったが、師輔流藤原氏はこれを積極的に王権祭祀へ取り込むことによって、貴族社会の安定を図ろうとした。

寛仁三年の神事

以上の傾向は、寛仁三（一〇一九）年ではよりはっきり見て取れる。全二六件の神事関係記事のうち、実資の私的な神事六件を除けば、天皇と無関係の神事は、八月二十日の摂政頼通賀茂社参詣が唯一となっている。もちろんこうしたことは『小右記』全体、さらには摂関期の貴族日記全体を見渡した上で検討していくことではあるが、仏事が公私を問わず

様々な規模で行なわれているのに対し、神事は個人的な規模の小さい神事を除けば、大部分が国家の祭祀、天皇の祭祀として実施されているということが言えるのではないだろうか。逆に言えば、貴族社会内部では、朝廷あるいは天皇が関わらない形での神事というのは、個人や家単位の規模の小さなものを除けば、ほとんど行なわれなかったということでもある。さらには、貴族層を主体とする祭祀も、新たに生み出されることはなかった。

例外として挙げられるのが、寛仁三年にも実施された摂関（あるいは氏長者）の賀茂詣・春日詣である。ただしそれらは「参詣」であって厳密な意味での祭祀そのものではないという点に留意する必要がある。もちろん信仰的意味がないわけではなかったが、そこには示威的意味合いや遊興的意味合いも込められており、一般的な神事と同列に扱うことはできないであろう。

新たな祭祀という点については、国家祭祀としては賀茂臨時祭（寛平元〈八八九〉年創始、昌泰二〈八九九〉年恒例化）や石清水臨時祭（天慶五〈九四二〉年創始、天禄二〈九七一〉年恒例化）・平野臨時祭（永観三〈九八五〉年）などがあり、神社行幸もそれに加えて良いであろう。また民衆祭祀から始まったものとしては、祇園御霊会などが存在する。奉幣や参詣といった個人的神事もこの時期に広まっていった。にもかかわらず、天皇以外に貴族層が主宰するような形の大規模な神事は生み出されることがなかった。北野社の発展には摂関家も関与していたので、貴族層による新たな祭祀の創出と言えないこともないが、しかしこれも一条天皇の時代には公祭とされ、朝廷が関与するようになる。このように、個人・家単位を除くと、貴族層を主体とする神祇祭祀が少ない点は、仏事との大きな相違点と言える。

まとめれば、摂関期、貴族社会の神事は、天皇・国家が主宰する神事と個人・家による小規模な神事とに二分されており、その中間に位置するような大規模な私の神事などといったようなものはほとんど存在しなかった。律令制期においては氏族ごとの氏の祭祀がそれに相当するのであろうが、それは九世紀以降、いわゆる公祭化により、藤原氏や天皇と関わりのある氏についてのみ国家祭祀に統合吸収されていくことになる。それ以外の氏族については多くが貴族層から脱落していったこともあり、貴族社会の中での比重は軽いものとなっていった。摂関期には、貴族層が主体となるような祭祀は、摂関（あるいは氏長者）による神社参詣を除けば、ほとんど存在しなかった。

3　神事を主宰する天皇

天皇による新たな神事

九世紀末以降、十一世紀にかけて、天皇が主宰する新たな神事が増えていく。表5は九世紀末から後朱雀朝までの天皇が関与した神事関係についての年表である。宇多天皇寛平元（八八九）年には即位前の託宣に基づいて賀茂臨時祭が開始された（『宇多天皇御記』同年十月二十四日条・十一月二十一日条、和田英松纂輯『御記纂』に校注・増補を加えた所功編『三代御記逸文集成』〈国書刊行会、一九八二年〉による。一三〜一四頁）が、これは天皇即位の報賽と考えられ、それが次の醍醐天皇以下にも受け継がれていくことになった。これにつき、三橋正氏は「宇多・醍醐朝に賀茂臨時祭が創始されたり朝廷の神祇祈願が定例化したのを受け、上流貴族の間でもこの時代（引用者注、延喜八年四月の時平の賀茂祭への参詣）にようやく神社に私的な祈願をする風習が起こってきた」とした[20]が、三橋氏自身が指摘しているように、既にこれ以前の元慶二（八七八）年に基経の春日参詣が確認できる（『日本三代実録』同年十一月十六日条、新訂増補国史大系）。加えて賀茂臨時祭が基経の指示を仰ぎつつ祭儀の検討がなされたこと（『宇多天皇御記』寛平元年十一月十二日条・十九日条参照。『三代御記逸文集成』一九八頁）を考えれば、まずは上層貴族の神社参詣が先に行なわれるようになり、その影響、また理解のもとに、臨時祭など天皇の御願に基づく神事が開始されたと考えるべきであろう。

天皇の神事と言っても当たり前のことであるが、天皇だけで行なうことができるわけではない。特に大規模な臨時祭や神社行幸については貴族社会としての総意がなければ実施困難であるし、なかには天皇がまだ幼いときに企画された神事

表5　9世紀末から後朱雀朝までの天皇神事関係年表

西暦	年号	天皇	年齢	事　　項(数字は月)
889	寛平元	宇多	23	4当宗祭公祭化。11賀茂臨時祭創始
894	6		28	4伊勢公卿勅使差遣の初例
897	9		31	9飯野郡を神宮に永代寄進することとする。12全国340社の神階を昇叙せしめる
898	昌泰元	醍醐	14	3山科祭公祭化。5十六社奉幣の初見
899	2		15	10宇多太上天皇，仁和寺にて出家。11賀茂臨時祭恒例化
916	延喜16		32	12右大臣忠平春日詣(社伝)
923	23		39	3皇太子保明親王薨去，道真の祟りとの風聞
940	天慶3	朱雀	18	1天慶の乱平定祈願として神宮に公卿勅使差遣。諸社の神階を昇叙せしめる(天暦6年に完了)。8員弁郡等を神宮に寄進する
942	5		20	4石清水臨時祭創始。天皇，天慶の乱終結報賽として賀茂社行幸(初例)
947	天暦元	村上	22	6北野社創始
952	6		27	9正蔵率分制制定
960	天徳4		35	9内裏焼亡，温明殿の神鏡のうち紀伊国の御形の鏡は破損
962	応和2		37	2三重郡を神宮に奉る
970	天禄元	円融	12	6祇園御霊会。9永宣旨料物制開始
971	2		13	3石清水臨時祭恒例化
973	4		15	9安濃郡を神宮に奉る
974	天延2		16	5観慶寺感神院(祇園社)天台別院となる。6祇園御霊会始まる。8石清水放生会を節会に準じる
975	3		17	6祇園臨時祭
978	天元元		20	4この頃より摂関賀茂詣恒例化
979	2		21	3石清水行幸の初例
980	3		22	10賀茂社行幸
981	4		23	2平野社行幸の初例
982	5		24	11賀茂社禰宜に御祈を命じる(初例)
985	永観3	花山	18	4平野臨時祭創始。9円融上皇に北野天神の託宣が下り，奉幣がなされる
986	寛和2	一条	7	11梅宮祭を公祭に復す
987	永延元		8	4吉田祭を公祭とする。平野臨時祭恒例化。7摂政北野参詣。8北野祭を公祭とする。11石清水行幸。12賀茂社行幸
989	3		10	3春日社行幸の初例
991	正暦2		12	6吉田・北野・広田社が加わり十九社奉幣成立
992	3		13	12平野社行幸
993	4		14	11大原野社行幸の初例
994	5		15	2梅宮社が加わり二十社奉幣成立
995	長徳元		16	10石清水行幸
996	2		17	2祇園社が加わり二十一社奉幣成立
1001	長保3		22	5今宮社創建，今宮祭始まる
1002	4		23	この年，内侍所御神楽創始
1003	5		24	3石清水行幸，賀茂社行幸
1004	寛弘元		25	10松尾社行幸・北野社行幸の初例。平野社行幸

西暦	年号	天皇	年齢	事　　　項(数字は月)
1005	寛弘2		26	3皇后彰子大原野社行啓。11内裏焼亡，内侍所の神鏡焼損。12宸筆宣命にて神宮に神鏡焼損を奉告
1013	長和2	三条	38	11石清水行幸。12賀茂社行幸
1015	4		40	9天皇眼病平癒祈願のため神宮に奉幣
1017	寛仁元	後一条	10	3石清水行幸。11賀茂社行幸，朝明郡を神宮に奉る
1018	2		11	11愛宕郡を賀茂社に奉る
1021	治安元		14	10春日社行幸
1022	2		15	10平野社行幸。11大原野社行幸
1024	万寿元		17	11松尾社行幸。12北野社行幸
1029	長元2		22	11石清水行幸。12賀茂社行幸
1030	3		23	2大原野神社を祈年祭の幣に預らしめる
1031	4		24	6伊勢神宮託宣事件
1036	長元9	後朱雀	28	10内侍所代始御供の初見
1037	長暦元		29	3石清水行幸。8賀茂社行幸。12石清水行幸
1038	2		30	12本年より内侍所御神楽を毎年恒例とする。春日社行幸
1039	3		31	8二十一社奉幣に日吉社が加わり，二十二社奉幣成立
1040	4		32	9内裏焼亡，内侍所の神鏡は破片となる。12内侍所御神楽において天皇御拝が行なわれる。平野社行幸
1041	長久2		33	2北野社行幸。8大原野社行幸，松尾社行幸

も存在する。どこからが天皇独自の判断であるのかは難しく、またそのときの政治状況にもよるが、少なくとも十代前半期までのものについては天皇の単独判断ということはあり得ないであろう。基本的には貴族社会全体の総意として、天皇の新たな神事創始を認めていったということになるのではないか。

これより先は全くの推測になるが、このような流れの中で、貴族社会では、神事は天皇のものであり、天皇に神事を統括してもらうという認識が強まっていったのではないかと考えられる。それを積極的に評価するならば、神事は天皇の専管事項ということになるが、逆の見方をすれば、天皇に全責任を押しつける、天皇を神事に縛り付けるということにもなるであろう。八世紀以前、かつては国土に存在する神々は天皇に祟るものであり、それら神々の力を制御・統制するのが天皇であるという理念が存在した(21)が、九世紀以降、そうした考え方が全体としては弱まっていく(22)一方で、貴族社会に関わりのあるごく一部の神社については全面的に天皇に祭ってもらうという方向に進んだのであろう。このように考えてみると、二十一社制の成立に見られるいわゆる平安期祭祀の公祭化の流れについても、天皇と摂関家を核とする上流貴族社会においてそこに関わる外戚神など信仰を集めている神社を天皇が祭ることを意図したものとして捉えることができる。

貴族の神事観と天皇の神事観

『本朝世紀』長保元（九九九）年六月十四日条（新訂増補国史大系）には興味深いことが記されている。

但今日祇薗天神会也、而自二去年一京中有二雑芸者一、是則法師形也、号世謂二无骨一、実名者頼信、世間交仁安（ママ）等者、件法師等為レ令二京中之人見物一、造レ村擬レ渡二彼社頭一、而如二云々一者、件村作法、宛如レ引二大嘗会之標一、仍左大臣令レ聞二食（左以下六文字、底本は「令食左大臣」）此由一、驚被レ下二停止之宣旨一、随召二仰検非違使一、奉二此由一、検非違使馳二向彼無骨所一、擬二追捕一之間、件無骨法師等在前問云々、逃去已了、爰検非違使空以還向、且令レ申二彼社頭無骨村停止之由一、于レ時天神大忿怒、自二礼盤一祝師僧躒落、即付二辺下人一作二託宣一云々、

祇園御霊会の日、昨年より京中に法師の姿をした無骨という雑芸の者が社頭に大嘗会の標の山を模した作り物を作ったがために、左大臣道長が驚いて停止させ、検非違使に命じて無骨を捉えようとした。しかし無骨は逃げ、また天神が怒って託宣を下したという。引用を省略したが、この後には内裏が焼亡することとなる。

道長による御霊会弾圧はこの後、長和二（一〇一三）年にもあったことが『小右記』同年六月十四日条に記されているが、ここでは、天皇祭祀の大嘗会の標の山を模造したことが道長の強硬措置の理由であったという岡田荘司氏の指摘[23]を紹介しておきたい。道長は、祇園社自体に対しては参詣や奉納を行なう一方で、京中の民衆の祭祀であって貴族社会の祭祀ではない御霊会に関与することはほとんどなかったが、天皇祭祀の尊厳を侵す可能性につながることに対しては徹底的に弾圧しようとしたのである。そこには、平安貴族の神事に関する考え方が象徴的に表われていると言えるのではないか。二十二社の祭りとそれ以外の祭りとでは、天皇につながる祭祀であるか否かという点において大きな断絶があった。

このような貴族社会における神事意識を承けて、天皇自身も神事にアイデンティティーを見出していくことになる。斎木涼子氏は「一〇世紀末から一一世紀にかけ、人々の目に触れることを前提としない、全く異なる論理による祭祀が成立する」として、内侍所御神楽が始められたことを指摘されている。[24] 内侍所御神楽は、大嘗祭のときに行なう清暑堂神宴にならって、内侍所の前庭にて神楽を行ない、そこに祭られた神鏡をなぐさめる祭祀である。神鏡は三種の神器の一つであるが、九世紀の間に神聖化が進み、寛平期までには内侍所において女官により祭られるようになり、さらに十世紀後半、ついで十一世紀初頭の内裏火災を経て「伊勢の御代官」、アマテラスの御魂代として位置づけられるようになった。天皇に課せられた役割の中での神事の比重が高まるとともに、天皇自らもその権威の根元とも言える神宮祭祀、内侍所祭祀により力を注ぐようになったのである。その具体的現われが内侍所御神楽の創始であり、あるいは宸筆宣命の制であった。宸筆宣命とは、伊勢神宮に重要事を奉告するために公卿を勅使として派遣する伊勢公卿勅使においてさらに特別な場合に、天皇自ら筆をとって作成した宣命を奉ることであるが、この宸筆宣命が初めて作成されたのは、神鏡焼損を奉告した一条天皇寛弘二（一〇〇五）年のことである。[25] 内侍所祭祀の危機に直面したことが、こうした天皇による新たな対応のバネとなったのであろう。

4 「神道のことは左を以て右に改めず」

神社と伝統

こうした動きに加えて、神事や神社に伝統を見出そうとする考え方も強まっていった。もちろん、これ以前からも、例えば『万葉集』巻四、七六二番歌等では古さを表現する場合に「神さぶ」という言葉が用いられており、一般的に「神」という語から古さを連想していたことが確認される。

また『日本書紀』天武天皇十三（六八四）年閏四月丙戌条には次のような記事が見える（日本古典文学大系による）。

又詔曰、男女、並衣服者、有レ襴無レ襴、及結紐長紐、任レ意服之、（中略）女年卌以上、髪之結不レ結、及乗レ馬縦横、並任レ意也、別巫祝之類、不レ在二結髪之例一、

これは、前年に衣服や髪型に中国の制を導入しようとして髪を結《あ》げることを命じた法令を緩和したもので、なかでも巫や祝部など神祇祭祀に携わる人々については古礼を残すことを命じた。この記事からも、神祇祭祀を伝統的なものとみなす考え方が八世紀以前より存在していたことを読み取ることができる。

「神道」に対する実資の見解

しかし摂関期になると、それに加えて、神社に関することは世間一般の事柄とは別であり、むやみやたらに変えるべきではないという考え方が、特に貴族の中から生まれてくるようになる。

『小右記』寛仁四（一〇二〇）年十月十一日条より

権弁重尹□□□□□（御カ）社神殿正面戸也、而社司申云、供神物之間太狭多レ煩、今度可レ懸二格子・御簾一、丈尺進之者、仰云、自二神代一所レ造神殿歟、而改レ戸懸二御格子一、極無レ便事也、神道事以レ左□□□（不改右）、何況御殿乎、件御殿義通朝臣所二修造一也、更不レ可レ依二社司申一、如レ元可レ造由仰下了、

これは、賀茂下社の社司が遷宮に際し、祭事を行なうのに便利なように、神殿の戸を格子に改めることを願い出てきたのに対し、藤原実資（このとき大納言）が神代より作るところの神殿の作りを改めることは良くない、「神道」の事は左を右に改めるようなことはしないものだとして認めなかったという記事である。神社側にはこだわりがなかったにもかかわらず、実資自身の神社に対するイメージにより、神殿の改変は認められなかった。

「神道事以左」に続く三字分は大日本古記録の底本である前田家甲本では破損して読めないため翻刻されていないが、

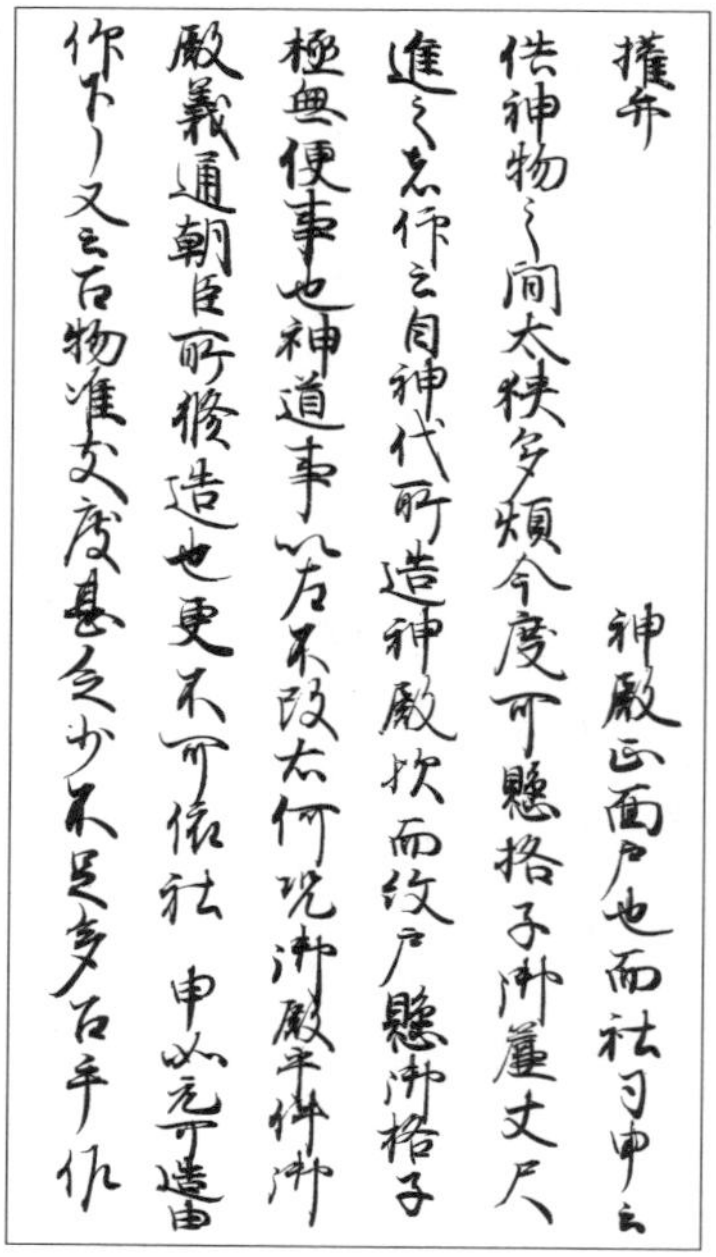

図　『小右記』寛仁４（1020）年10月11日条（宮内庁蔵，東山御文庫御物〈勅封１―２―36〉）

良質な新写本である東山御文庫本（勅封一―二―三六）によれば「不改右」と読むべきことが判明する[26]（図参照）。ここで実資が述べている「神道」の意味するところについて、少し検討を加えたい。

『小右記』では「神道」の語の用例が他に二カ所見出せる。そのうちの一つである寛仁三（一〇一九）年二月二日・三日条には次のように見える。

『小右記』寛仁三年二月二日・三日条より[27]

宰相来云、外記順孝云、摂政殿仰云、明日大原野祭、分配左大将有レ障不参、可二参入一者、令レ申下至二明日一有二丙穢一由上了者、実是依レ有二任〔妊〕者一、前大府云、氏人雖レ有二任〔妊〕者一、奉二幣春日・大原野祭一、文又参入者、未レ聞之事、宰相云、先年依二此命一参二入春日一、取二諸身一雖レ有レ慶、児已夭者、今日見二貞信公延喜廿年二月三日丙申、御日記一、不レ奉二幣帛一、依レ有二任〔妊〕者一、前大府命無レ所レ拠、余有二任〔妊〕者一之時不二奉幣一、宰相云、明日不レ可二奉幣一、可レ解二除其由一者、雖レ信二幸〔任カ〕家之命一、謂二神道一何、

三日辛卯、今日大原野祭、仍奉幣、大原野使左将監茨田重方召二蔵人所一（下略）

これは、家族に妊娠者がいる場合に大原野祭に幣帛を奉るか否かという問題について記されたものである。摂政頼通より明日の大原野祭に左大将（権中納言）教通が不参となったため、実資に参入するよう要請があったことに対し、実資は家族に妊娠者がいるため、丙穢を称して一旦断った。しかし、前太政大臣道長から、氏人は妊娠者がいても春日祭と大原野祭には奉幣し、参入すべきであるとの指示があり、実資はいまだ聞かざることと反発したが、資平より先年、やはり同

様の命により春日祭に参入したことがあることを知らされた。そこで忠平の『貞信公記』延喜二十（九二〇）年二月三日条を確認したところ、「幣帛を奉らず、妊娠者がいるためである」との記事があり、道長の命は根拠が無いと日記に記した。ただし翌三日条によれば、実際には道長の命に従い、奉幣したようである。二日条の末尾には「雖レ信《(任カ)》二幸家之命一、謂二神道一」との文言があり、大日本古記録（および大日本史料第二編之一四、寛仁三年二月三日条）では「三日辛卯、今日大原野祭、仍奉幣、」に続く記事と解している。[28]「雖レ信《(任カ)》二幸家之命一、謂二神道一何、」の意はこれだけでは様々な可能性が考えられるが、『小野宮年中行事』二月上申西春日祭事には、

貞信公延喜廿年二月三日丙申御記云、不レ奉二幣帛一、依レ有二姙者一也者、近代幸家説云、氏人雖レ有二妊者一猶奉幣者、思二事理一不レ可レ然、仍所二尋記一也、後人可レ為二鑑戒一歟、

とあり（群書類従、続群書類従完成会訂正三版、三八〇頁による）、「幸家[29]（道長）」の命であっても、「神道」の考え方からすれば疑問であるといった意味と解釈すべきであろう。よってこの「神道」は、神祇信仰を意味していると考えられる。

残る一例は、長元元（一〇二八）年十二月二十日条である。

『小右記』長元元年十二月二十日条より

権左中弁章信伝二関白御消息一云、重服人可レ参二荷前一哉如何、歟《(欲カ)》レ聞二前例一、縦雖レ無二所見一廻二思慮一可レ示レ之者、引二見故殿御記一已無二已《(已は衍字か)》所見一、但天暦三年八月貞信公薨給、十二月廿五日荷前、着二幄座一令レ行給、其外無二所見一、彼年私前《(荷カ)》事不レ見、件御記北山大納言部類向《(間カ)》切続程脱漏歟、荷前之幣者可レ准二神道一歟、而不レ忌レ穢、依レ幣二墤《(墳)》墓一歟、此一日難二思慮一之由報答之、但有二所見一者可二追申一也、従レ内退出後、見二重明親王記一、延長八年、有二奉之由一、

関白頼通より重服の人は荷前に参加すべきかどうかの問い合わせを受け、実資は祖父（養父）実頼の日記を調べたが、先例が見つからず、実頼の父忠平が八月に亡くなった年の荷前で幄座に着して行なったと見えるだけで、その他には見出せなかった。「荷前之幣者可レ准二神道一歟、」とは荷前は「神道」に準じるべきであろうか、ということなので、神社への

奉幣が「神道」とされていることになる。

以上によれば、実資は「神道」の語を神祇信仰や神社に関する事柄の意で用いており、だとすれば、寛仁三年の「神道の事」も、神社・神祇信仰の理念（あるべき姿）といったような意味で用いられていると解することができよう。(30)

賀茂社の社殿については、寛仁三年からおよそ三〇年後に、藤原資房が次のように記している。

『春記』永承三（一〇四八）年四月十六日条より（増補史料大成による）

今日両御社修理造作太猛、或有㆓新造屋等㆒、其屋舎太猛又美麗也、誠雖㆑飾㆓成神威之厳重㆒、忽以改㆓旧基㆒、猶以如何、

賀茂詣の際に社殿の造作を見た資房は、りっぱではあるものの旧例を変えてしまったことを批判的に捉えている。実資の「神道事以㆑左不㆑改㆑右」という思想は、孫にあたる資房にも受け継がれていたが、それはあくまでも貴族社会（の一部）における考え方であって、実際に社殿を使用・管理する神社側にまで理解されていたというわけではなかったのである。

おわりに

以上、これまで述べてきたことをまとめると、摂関期貴族社会では神事優先が唱えられる一方で、量的には仏事が神事に優越していた。そして貴族社会においては藤原氏を始めとする天皇と関わりを持つ氏の祭祀が国家祭祀へと統合吸収されていき、それ以外の氏の祭祀が朝廷内において占める比重は軽いものとなっていく。そうした流れの中で、貴族社会全体に、神事は天皇の専管事項であるという認識が強まっていったのではないか。また天皇自身も自らの存在意義を神事に見出していくようになった。すなわち摂関期に天皇と神事との結びつきが完成したのである。言い換えれば、「天皇の斎王化」と言っても良いであろう。当該期には、さらに神社の伝統性を強調する認識が貴族社会の中で高まっていった。

よく言われることであるが、和歌の世界では、八世紀の『万葉集』ではなく、十世紀初頭に編まれた『古今和歌集』がその後、前近代を通じての伝統的規範となった。その関係は、律令制期の神祇祭祀と摂関期の神祇祭祀についても当てはまるのではないであろうか。神祇令に規定された律令制祭祀ではなく、摂関期に生まれた様々な神事・神社観念が、その後に影響を与え、前近代の神事・神社観念の流れを形づくっていくことになったのである。

もっともこのような見方は実は既に、岡田莊司氏によっても提示されている。岡田氏は「中世へと展開する祭祀制度の基本体系は、律令祭祀にあるのではなく、平安時代に形成されていった二十二社をはじめとした祭祀制に依拠しており、近世に復興する祭祀の多くも平安時代の祭祀を典型にしている」ことを指摘している[31]。また大津透氏も、江戸時代末期、孝明天皇文久三（一八六三）年の賀茂社行幸、石清水社行幸の再興を紹介して、「十世紀後半にでき、道長の時代に整えられた国制は、幕末にいたるまで基本的に同じ構造として宮廷につづき、規範性や参照性をもった古典的国制だったということを示している」と述べられた[32]。

ただ、岡田説は、二十二社制の成立や臨時祭・神社行幸などといった新たな祭祀制度の成立に注目して提出されたものであり、大津説も同じく国制という観点からの言及であった。本章は、それとは別に貴族社会における神事認識・神社認識という観点から取り上げ、検討を加えたものである。とはいえ、本来対象とすべき史料のうちのごく一部分を取り上げたに過ぎず、必ずしも充分な史料的検討を経たものとは言えない。現段階では仮説にとどまるものであり、今後、さらに検討を深めていきたいと考える。

（1）『神祇史綱要』（明治書院、一九一九年）。
（2）前注（1）書、六〇頁には「延喜以降すべての方面に於て因襲的傾向著しく、万事先例古格によつて律せらる、世となるや」

「王綱漸く紐を解いて中央と地方の聯絡全からざりし当代にあっては」との表現が見える。
（3）小島小五郎『公家文化の研究』（育芳社、一九四二年、一九八一年国書刊行会版による）。
（4）土田直鎮『日本の歴史　五　王朝の貴族』（中央公論社、一九六五年、一九七三年中公文庫版による）。
（5）高取正男『神道の成立』（平凡社、一九七九年、一九九三年平凡社ライブラリー版による）。
（6）河音能平「王土思想と神仏習合」『岩波講座　日本歴史　第四巻　古代四』岩波書店、一九七六年（後に『中世封建社会の首都と農村』東京大学出版会、一九八四年所収、また『天神信仰の成立』塙書房、二〇〇三年所収）ほか、黒田俊雄「中世国家と神国思想」『日本宗教史講座』一、三一書房、一九五九年（後に『日本中世の国家と宗教』岩波書店、一九七五年所収、また『黒田俊雄著作集　四　神国思想と専修念仏』法蔵館、一九九五年所収）ほか。
（7）早川庄八「平安時代における天皇の一断面—長元四年の斎王託宣事件をめぐって—」『講座日本思想　三　秩序』東京大学出版会、一九八三年（後に「長元四年の斎王託宣事件をめぐって」『日本古代官僚制の研究』岩波書店、一九八六年所収）。
（8）二十二社研究会編『平安時代の神社と祭祀』（国書刊行会、一九八六年）。
（9）岡田莊司『平安時代の国家と祭祀』（続群書類従完成会、一九九四年）、三橋正『平安時代の信仰と宗教儀礼』（続群書類従完成会、二〇〇〇年）、藤森馨『平安時代の宮廷祭祀と神祇官人』大明堂、二〇〇〇年（後に改訂増補版、原書房、二〇〇八年所収）。
（10）『日本史研究』三三九（一九九〇年）特集「平安時代の国家システム」の大津透「平安時代収取制度の研究」（後に『律令国家支配構造の研究』岩波書店、一九九三年所収）・丸山裕美子「平安時代の国家と賀茂祭」、また井原今朝男「中世天皇制・国歌論の成果と課題」『日本中世の国家と家政』（校倉書房、一九九五年）等参照。
（11）上島享「中世宗教支配秩序の形成」『新しい歴史学のために』二四二・二四三合併号、二〇〇一年（後に「中世宗教秩序の形成と神仏習合」『国史学』一八二、二〇〇四年と共に改稿して『日本中世社会の形成と王権』名古屋大学出版会、二〇一〇年所収）二三頁・二三頁・二四頁（論文集収録時には若干文字表記等を変えている、二四一〜二四二頁）。
（12）「藤原道長と院政」上横手雅敬編『中世公武権力の構造と展開』吉川弘文館、二〇〇一年、四五頁（後に前注(11)上島書所収、一八六頁）。「天皇とは異なる新たな王権の創出に邁進した」の部分は初出時にはなく、論文集収録時における表現。
（13）なお、摂関期宗教秩序の構築において神祇を重視する上島氏の見解に対しては、平雅行氏や遠藤基郎氏から、批判が寄せられている（平「中世成立期の王権と宗教」『日本史研究』六〇一〈二〇一二年〉、遠藤「書評上島享著『日本中世社会の形成と王権』」『史学雑誌』一二一—一〈二〇一二年〉）。

（14）前注（9）三橋書、第三篇。

（15）所功「宮廷の神事と仏事」『京—御所文化への招待—』（淡交社、一九九四年）、小倉慈司「「敬神」と「信心」と」同・山口輝臣『天皇の歴史09　天皇と宗教』（講談社、二〇一一年）一五頁。

（16）前注（10）大津論文。

（17）全一三件中の一件は、後述する北野天神の皇太后への託宣なので、除く。

（18）目崎徳衛「円融上皇と宇多源氏」坂本太郎博士古稀記念会編『続日本古代史論集』吉川弘文館、一九七二年（後に『貴族社会と古典文化』吉川弘文館、一九九五年所収）。

（19）「続教訓鈔第十四巻第三云、／春日行幸録／此事ハ中古ヨリ始レルモノナリ、其故ハ藤原氏ヨリイテ給ヘル御門尤セサセ給ヘキ御事ナリ、（中略）而ヲ一条院ノ御時、御祖父兼家、藤ノ末葉ノサカヘム事ヲネカヒ、代々此氏ヨリ御門・后ヲモヲシタテマヒラセムノ御志マシ〳〵ケルニヤ、永延三年ニ始テ申行ハセ給キ、」と見える。

（20）前注（9）三橋書、四八頁。

（21）岡田莊司「天皇と神々の循環型祭祀体系」『神道宗教』一九九・二〇〇合併号（二〇〇五年）、小倉慈司「律令制成立期の神社政策—神郡（評）を中心に—」『古代文化』六五—三（二〇一三年）参照。

（22）御体御卜は九世紀に入り縮小し（井上亘「御体御卜考」武光誠編『古代日本の政治と宗教』同成社、二〇〇五年〈後に『古代官僚制と遣唐使の時代』同成社、二〇一六年所収〉）、承和以降は奏上の儀がほとんど行なわれなくなった（『日本三代実録』元慶八年六月十日条、西本昌弘「八世紀の神今食と御体御卜」『続日本紀研究』三〇〇、一九九六年〈後に『日本古代の王宮と儀礼』塙書房、二〇〇八年所収〉）。

（23）岡田莊司「平安京中の祭礼・御旅所祭祀」前注（9）岡田書所収、四七七頁。

（24）斎木涼子「摂関・院政期の宗教儀礼と天皇」『岩波講座　日本歴史　第五巻　古代五』（岩波書店、二〇一五年）二八九頁。

（25）『日本紀略』・『権記』（底本は史料纂集）同年十二月十日条。

（26）ちなみに大日本史料第二編之十六（東京大学出版会、一九六六年）寛仁四年十月十四日条所引文（五三頁、大日本古記録と同

じく前田家〈甲〉本による）では、「左」も「□」として「〔古カ〕」との傍注を付す。

(27) 大日本古記録を参照しつつ、同本の底本である前田家甲本の体裁に基づいて翻刻した。なお「信」を「任」の誤りかとするのは筆者の解釈である。

(28) 三橋正氏は、この部分が二日条の可能性もあることを指摘されている（「律令祭祀の展開」『日本古代神祇制度の形成と展開』〈法蔵館、二〇一〇年〉一六五頁）が、「何」の字は大日本古記録底本の前田家甲本では「三日辛卯、今日大原野祭、仍奉幣、」の次行にあるので、その後に続く記事と解釈するのが妥当であろう。

(29) 「幸家」の語義を示す用例は他に確認できないが、文脈より推測すれば、道長を指していると考えざるを得ない。この「幸家」に関し、『中右記』長治三（一一〇六）年二月四日条（大日本古記録）では、藤原為房の発言として「小野宮日記云、貞信公有二姸者一、不下令二奉幣一給上、但代（近の脱字か）幸家之説、謂九条殿云々、不レ忌レ之者、仍大殿付二貞信公御記一不下令二奉幣一給上者、」と記されているが、「幸家」を「九条殿」と解釈するのは、為房もしくはその発言を日記に記した藤原宗忠の誤りであろう。

(30) 以上の解釈については、前注(28)三橋論文、一四六～一四七・一六五頁を参考にした。三橋氏は「神祇制度・神祇信仰を指して使用される例」（一四六頁）としてこれらの事例を挙げている。

(31) 岡田荘司「平安時代の祭祀儀礼」前注(9)岡田書、三頁。

(32) 大津透『日本の歴史06　道長と宮廷社会』講談社、二〇〇一年（後に講談社学術文庫、二〇〇九年）二五五頁。

2章　国際環境のなかの平安日本

渡邊　誠

はじめに

十世紀以降の平安時代の対外関係史については長らく、寛平六（八九四）年の遣唐使の「廃止」以後、「鎖国的」な対外政策がとられ、そのもとで日本固有の「国風文化」が開花した、と考えられてきた。こうした古典的理解に制約されて、この時代の研究は、前後の時代に比べて、国際社会との関連性についての考察に立ち後れがみられた。

しかし、近年では、そうした理解に様々な方向からの見直しが進められ、複合的な国際秩序で構成・展開される「東部ユーラシア世界」の提起や、「国風文化」に対する中国文化の影響、あるいは対外事象と国際情勢との具体的な関連性の検討などの論点が出されている。その結果、現在では、平安期日本の対外世界との関わりの深さが強調されるようになった。

本章では、そのような研究動向を受けて、あらためて国際社会のなかの平安期日本の位置を考察しようと思うが、ここでは特に外からの視点を重視して、国際社会から日本がどのように認識されていたのか、ということを中心に検討してみたい。

1　後百済・高麗からみた日本の政治的位置

十世紀以降の朝鮮半島の国家との外交交渉のうち、ここではその北方の渤海およびそれを亡ぼした契丹が同地に建国した東丹国は省略して、後百済・高麗に絞って、それぞれがどのような意図で日本との交渉を試みていたのか考察してみたい。

延喜二十二（九二二）年、後百済王甄萱《けんけん》が日本に使人を派遣してきた。(4) 甄萱はこの時、自称する後百済王ではなく「(新羅西面) 都統」を称しており、(5) 日本は甄萱を新羅の陪臣として、この使者を退けた。その後、甄萱は延長七（九二九）年にも、対馬による新羅人漂流民の送還に対する返礼にかこつけて「全州王」として対馬守・大宰府司に書状と信物を送り、交渉を求めた。(6) その際に使者の張彦澄が「萱、宿心ありて日本国を奉ぜんと欲す。前年（延喜二十二）丹款に勝《た》えず、進上朝貢す。しかるに陪臣の貢調と称して返却せらるなり」「本国の王（甄萱）深く入覲の情を存し、重ねて使信の労を致す」と述べ、送付した牒でも「恩情を陳謝し、兼ねて朝貢を願うの深款を述べ」ていたように、その趣旨は日本への朝貢を求めるものであり、後三国の鼎立・抗争のなかで優位に立つ一つの方策として、日本の後ろ盾を得ようとする目的があったと考えられる。

なお、シンポジウムの席上、後百済の日本遣使にそのような目的があったなら、交戦が激しくなり、後百済の滅亡に至る時期に遣使がないのは何故か、という疑問が出された。もっともな意見のようにも思えるが、外交とは、緊急でない平時にこそ関係を取り結んでおかなければ役に立たないものである。平時に関係を結べない国にいざという時だけ頼っても、わざわざ火中の栗を拾ってくれることを期待することはできないであろう。

後三国の鼎立を勝ち抜き、九三六年に朝鮮半島を統一した高麗も、その翌年から日本に牒状を送り、交渉を求めている。

『日本紀略』承平七（九三七）年八月五日条には、左右大臣以下が陣座で高麗国牒等を開き見たことが記録されている。後世の『師記』承暦四（一〇八〇）年九月二日条には、当時、高麗から要請のあった医師派遣を拒否する返牒の作成に当たり、引載すべき過去の返牒として「承平」のものが挙げられているから、承平年間にも高麗との交渉を拒否する返牒が送られたらしい。しかし、高麗は天慶二（九三九）年に再び交渉を求めたらしく、『貞信公記抄』天慶二年二月十五日条に「高麗牒」がみえ、『日本紀略』天慶二年三月十一日条に、大宰府から高麗広評省に牒して使人を却帰したとある（したがって、高麗牒は大宰府宛の広評省牒だったと推測される）。さらに翌天慶三年にも高麗牒が届いたことが『貞信公記抄』天慶三年六月二十一日・二十三日条にみえ、この頃の高麗は、日本の拒絶にもかかわらず、再三牒状を送り、日本との交渉を試みていたことが知られる。これについて『師記』承暦四年閏八月五日条には「天慶年中、高麗国、使して神秋連に陳状を下し、彼国王忽ち朝貢を停めらるの事を愁う」とあり、やはり日本に「朝貢」しようとするものであった。

この時期の交渉が半島統一の翌年に始まることからすれば、統一王朝として周辺国と新たに関係を樹立しようとするものであったと考えられるが、特に「朝貢」という形をとった背景には、契丹に備える意図もあったのではないかと推察される。

『高麗史』太祖世家によれば、契丹が渤海を亡ぼした九二六年を前後して、高麗の天授八（九二五）年から同二十一年にかけて、渤海の文武官人や民衆が高麗に多数亡命していた。そして、天授二十五年には、契丹が派遣した使者に対して「契丹嘗て渤海と連和するも、忽ち疑弐《ぎじ》を生じ、盟に背き殄滅《てんめつ》す。これ甚だ無道にして、遠く結びて隣となすに足らず」として交聘を絶ち、使者を海島に流したという。また、『高麗史』巻八一・兵一・兵制・五軍・定宗二（九四七）年にも「契丹、将に侵さんとするをもって、軍三十万を選び光軍と号し、光軍司を置く」とある。建国初期から高麗には潜在的に渤海を亡ぼした契丹との対立があり、そのために後背の日本と良好な関係を結ぼうとした可能性が高い。

次いで高麗が日本に交渉を求めてきたのは、やや下った天禄三（九七二）年のことであった。『親信卿記』天禄三年十月七日・十五日条によれば、高麗南原府使咸吉競と高麗金海府使李純達が相次いで対馬に到来した。政府は同月二十日の陣定で高麗国牒状に対して大宰府に封符を賜うことを審議し、[7]その後、蔵人所から大宰府に使者を派遣して使節団と交易を行ったらしく、『親信卿記』天延二（九七四）年十月二十七日条には「高麗貨物使雅章」が、『日本紀略』天延二年閏十月三十日条にも「高麗国交易使蔵人所出納国雅」が、それぞれ交易を終えて帰京したことが記録されている。

この時の高麗の遣使目的は必ずしも明らかでないが、南原府使と金海府使について『親信卿記』に「件の二ケ船、州各《おのおの》年号を殊《こと》にして同じからず」とあることから、若干の考察が可能であろう。

当時の高麗が使用した年号を金石文によって確認していくと、光宗十三（九六二）年十一月に宋に遣使し、翌年十二月に冊封を受けて宋年号の使用を開始して以後は[8]「乾徳《けんとく》」を使用し、宋が「開宝」に改元した九六八年以降もそのまま「乾徳」を用い続けており、それを「開宝」に切り換えるのは、日本に遣使したのと同じ九七二年の九月以降であった。[9]この年、七月に高麗は九六五年以来となる宋への遣使を実施しており、[10]そこで初めて改元の事実を知ったようである。同年に日本に派遣された南原府使・金海府使の用いた年号がそれぞれ異なっていたのは、日本への遣使に先立って宋の改元情報が伝わっていた使節は「開宝」を、間に合わなかった使節は「乾徳」を使用したためと考えられる。

この年号の使用状況から、九六五年を最後に九七二年の遣使まで、高麗は宋と交渉を持っていなかったことがうかがえる。『朝鮮金石総覧』上・六三・高達寺元宗大師恵真塔碑（裏面）によれば、その間の「乾徳九年」（九七一年）に高麗国王光宗は「皇帝」を自称している。光宗は中国年号を使用する以前の九五〇年から九五一年にかけて「光徳」を、また九六〇年から九六三年にも「峻豊」という独自年号を使用した自立志向の強い国王であった。[11]その光宗が突如として宋と日本に相次いで遣使しているのであり、やはり当時の国際情勢への何らかの対応であったと考えられる。その具体的内容は明確でないが、九六三年に契丹（遼。以下、煩雑を避け「契丹」に統一する）が北漢を救援して宋との交戦を開始し、以後、断続的に九七五年の講和まで両国の対立が続くという国際情勢が、[12]高麗の自立と遣使の双方に関係しているのではなかろうか。日本への遣使が宋とほぼ同時であることからすれば、北方の契丹に対する懸念から、両国と良好な関係を結ぼうとしたことが想定される。

次に高麗から牒状が届くのは長徳三（九九七）年のことであり、その目的は『権記』長徳三年十月一日条に「高麗国の案内の事を申す。定め申して云わく、先日言上の府解、鶏林府に到り犯を成す者の夾名を注さず。今日の解文、已にその名を注す。仍て須く彼の犯を成し矢を射る等の類を追討すべきの由、報符に注載し、また官符を長門国に給うべし。ただし、その賊を得る者、賞賜すべきの由、状中に加え載すべし」とあることから、高麗国内で日本人が賊的行為を行ったことに対して抗議するものであったということを、石井正敏氏が指摘している(13)。また、有名な寛仁三（一〇一九）年の刀伊の入寇にともなう高麗からの使者は、女真族に連れ去られた日本人被虜者の送還を目的とするものであったが、その背景には、当時の高麗が契丹の侵攻を受けていたために、日本との対立を回避しなければならないという事情のあったことが、篠崎敦史氏によって指摘されている(14)。

永承六（一〇五一）年にも高麗国金州牒が届いているが(15)、これは「日向国の女を返上す」とあることから明らかなように、日本人漂流民を送還したものである。同年には「対馬島」から高麗に罪人三人を送還しており(16)、その二年前にも「対馬島官」から高麗の金州に高麗人漂流民を送還しているように(17)、当時の対馬と高麗との間には相互的な交渉が存在した。長徳三年・永承六年の高麗牒状の背後には、国境をまたぐ日常的な人々の往来や地方官衙レベルでの恒常的な関係があったのである。

承暦三（一〇七九）年、日本商人王則貞《おうのりさだ》がもたらした高麗国礼賓省牒は、大宰府に宛てて国王の病気療養のため医師の派遣を要求するものであり、宋や契丹の年号を使用せず干支を用い、「聖旨」を僭称していることから、その対日姿勢に、宋・契丹に従属しない自立的な国際的立場の模索を読み取る奥村周司氏の研究がある(18)。

これらの事例から読み取ることのできる後百済・高麗の対日交渉は、長徳三年・永承六年の事例を除けば、後三国の鼎立、および宋・契丹の対立という国際環境下において、国家の存立を賭した外交関係を構成する要素の一つであったと言うことができる。大陸の政治情勢の影響を受けやすい朝鮮半島の国家にとって軍事をともなう国際政治は極めて重要であり、その国際環境の一部として、日本も意識されていたのである。

2　宋からみた日本の政治的位置

宋の禁地指定

宋と日本は初めから貿易という経済的な関係で結ばれていたと考えられやすいが、実際には建国当初の宋は日本と高麗への商人の渡航を禁止していた。

『朝野群載』巻二〇・異国に所収された崇寧四（一一〇五）年六月提挙両浙路市舶司公憑は、宋海商が海外に赴く際に携行した渡航許可書の唯一の実例として知られるものであり、そこには「旧市舶法を勘会するに、商客前《さき》に三仏斉《さんぶっせい》等の処に至るを許すと雖も、高麗・日本・大食《タージ》諸蕃に至ること、皆法禁ありて許さず」とある。そしてそれは同公憑に「兵甲器仗を興販し、及び女口・姦細并びに逃亡軍人を将《ひき》い帯びるを許さず」とあるように兵器の密売や密航、スパイ行為（姦細）を防ごうとする軍事的目的によるものであった[19]。

この渡航禁止の実効性については疑問視されているが[20]、ここでは実際に機能したか否かは問題ではない。日本が高麗とともに禁地指定されていたという事実こそが重要である。元祐五（一〇九〇）年の知杭州蘇軾《そしょく》の奏状[21]では、「熙寧以前編勅を勘会するに、客旅の商販は高麗・新羅及び登・莱州《らいしゅう》の界に往くをえざれ。違えば並びに徒二年、船物皆官に没入せよ。窃《ひそか》に祖法立法の意を原《たず》ねるに、正に深く姦細の因縁して契丹と交通するを防がんがためなり」とあり、高麗への渡航禁止は、対立する契丹を警戒したものであった。高麗は上記のように光宗が九六三年に宋の冊封を受けていたが、九九三年に契丹の侵攻を受けると、翌年に宋と断交し、九九六年には契丹の冊封を受けるなど、[22] 両国の対立のなかで揺れ動いており、また、宋の冊封下にあった時でさえ、宋国内のスパイ等が高麗を経由して契丹と通じる可能性が警戒されていたのである。そこに当初は日本も加えられていたという事実は、日本もまた、宋から軍事的な観点で認識されていたことを示している。

日本に対するこのような軍事的視線は南宋期にも見出すことができる。有名な承安二（一一七二）年の「日本国王」後白河法皇と「日本国太政大臣」平清盛に宛ててもたらされた明州《めいしゅう》沿海制置使牒は、華北を占領した金に対して宋が、受書礼（国書を授受する儀礼作法）の改定と北宋陵墓を含む河南の地の回復を求めて対立を深めるなかで、金から冊封を受けた高麗を牽制する目的があった。[23] この場合、日本に何らかの軍事行動を期待するということではない。日本が宋の招諭に応えて方物を貢じたということ自体が、金に与する高麗に対して、いざという時に国際的に孤立する危惧を抱かせる牽制の効果を持つのである。

この宋金対立のなかで、宋の乾道七（一一七一）年三月には明州沿海制置使が建言して山東（金）および高麗・日本などに対する銅銭輸出の禁止が発令されている。[24] 一般に、銅銭輸出の禁止は、銅銭の大量流出に対する対応という経済的視点で論じられることが多いが、宋において銅銭の輸出は原則として常時禁止なのであって、そのうえでさらに、ある時点で特に禁令を出さなければならない個別的な事情は別にある。それは、例えば北宋期においても、開宝元（九六八）年の北漢征討に際して銅銭の出塞が禁止されているように、[25] 軍事的緊張下における経済封鎖であった。

高麗と日本とを特に指定して銅銭輸出の禁令を出したことは慶元五（一一九九）年七月にもあった。[26] これも、同年五月に高麗国王が代替わりに当たって金から冊封を受けたことに対する警戒的措置であろう。[27] 十二世紀末に銅銭輸出が盛んになること自体は事実だが、禁令をそれに対する対処療法的措置と認識するだけでは、その政策的意図を正確に把握したことにはならず、緊張した国際情勢を考慮しなければならない。そして、その緊張下において動向が顧慮される周辺諸国の一つとして、日本は高麗とともに宋に意識されていたのである。

高麗に対する渡航禁止が解除されるのは元豊二（一〇七九）年のことであり、[28]日本に対しては、先の蘇軾の奏状に引く熙寧（一〇六八～七八年）以前編勅や慶暦（一〇四一～四九年）編勅に禁地としてみえず、『小右記』寛仁四（一〇二〇）年九月十四日条にも「公憑年々験書」とあって、すでに日本に渡航する海商への公憑下付の実例が蓄積されていることが分かるから、それより早く、高麗に先立って解除されていたことが知られる。その禁地解除は、永観元（九八三）年の東大寺僧奝然《ちょうねん》の入宋と帰国を契機に実施されたのではないだろうか。奝然入宋中の宋の雍熙二（九八五）年に「海賈を禁ず」という法令が出されたが、この海禁が雍熙四年五月に解かれて、進奉を招致するために綱首を海南諸蕃国に赴かせている。[29]この時、あわせて日本の禁地指定が解除されたと考えたい。

従来の研究では注意されていないが、奝然の渡航船は、彼に同行した弟子の盛算の日記『盛算記』[30]に「呉越商客」の帰船とある。過去を振り返って記した史料ではない日次記に「呉越」とあるのは、その時点での記主の認識を示すものとして重要である。この「呉越」が単なる地名表記でないことは、これ以降には同様な表現がみられなくなり、「台州商客」「福州商客」などと称するようになることから明らかであろう。

この船は天元五（九八二）年に来日後三年を経過していた海商と同一と思われるから、[31]宋が呉越を併合した太平興国三（九七八）年より後の来日である。にもかかわらず「呉越商客」とされたのは、この方面における宋の貿易制度が未確立であったためであろう。中原の王朝である宋は日本に対する知識に乏しいために高麗と同様に渡航を禁じていたものの、それを実行する術を用意するには至っていなかった。そのため、海商は政府の公認を得ないまま以前と同様に日本に来航し、それを受け入れた日本の側では宋の存在を認識できなかったのである。

寛和二（九八六）年に奝然が「大宋国商客」「台州客」の船で帰朝して「大宋朝に覲《まみ》え」たことを報告したことで、日本政府は初めて宋による中国統一を知ったであろう。[32]雍熙四年の海禁解除前に来日した奝然の帰国船は特別に許可されたものと思われるが、これを除くと、来日した海商を「大宋国商人」と呼んだ初見は宋の海禁解除と同年の永延元（九八七）

年十月に来日した朱仁聡である。(33) その船には杭州水心寺僧斉隠《さいいん》が同船しており、(34) 朱仁聡の来航は奝然入宋と海禁解除に刺激を受けたものであったと考えられる。その二年後にはこの方面の貿易事務を扱う両浙市舶司も設置されて、市舶司が発給する公憑の携行が海商に義務づけられた。(35) このようにして、日宋貿易の仕組みができあがるのである。

日本の僧・俗人への対応

奝然の入宋について石上英一氏は、皇帝に朝見した事実などから、統一王朝の宋に派遣した日本の朝貢使の性格を見出した。(36) しかし、奝然の入宋船が「呉越商客」と認識され、彼の目的地も「大唐」であって(37)（日本は呉越を「大唐呉越国」と呼んだ(38)）、日本を出発した時点では渡航先を「宋」とは認識していないことからすれば、奝然の入宋にそのような意義づけをするのは困難である。

以後の入宋僧も後述のように皇帝に朝見した事例が複数あり、なかには成尋《じょうじん》などのように勅許なく渡航した場合もある。そのため、この朝見は、対外的な関心の高い宋皇帝が正規の朝貢使でなくても朝貢使に準じて扱ったもので、宋側の積極的な姿勢を示すものとする石井正敏氏の見解(39)や、朝貢使節としての仏僧が一般的に存在したことを前提に、朝貢使節でない者も同様に厚く処遇したとして「蕃望」の範疇でとらえる藤善眞澄氏の見解(40)、あるいは皇帝が必要に応じて任意に人物を召す「対」の制度に基づくとする廣瀬憲雄氏の見解(41)などが出されている。

日本人渡航者の扱いは、日本側の意図からよりもむしろ、宋側の意図から把握すべき問題であり、そこに宋の対日姿勢が表れている。そこで以下では、『宋史』日本伝にみえる日本の僧・俗人への宋の対応から、宋が日本に向けた時々の眼差しを考察してみたい。

永観元（九八三）年の奝然の入宋は、宋代初の日本人の渡航であった。それ以前、五代王朝から大師号と紫衣を賜り都で活動していた日本僧に寛輔・澄覚・超会ら一行がいたが、彼らは建州で没した寛建とともに延長五（九二七）年に中国に渡った者たちであり、渡航から五〇年余りの生活で中国社会に深くとけ込んでいた。奝然が宋の都・開封《かいほう》において、存命していた超会に出会った時、彼は日本語を忘れていたように[42]、すでに日本との連絡は途絶え、宋の朝廷に日本情報を提供できるような存在ではなかった。そのため、日本に対する情報の乏しい宋は新たに来航した奝然一行に非常な関心を寄せ、皇帝太宗に朝見させて手厚くもてなし、紫衣を賜うとともに、奝然から様々な日本に関する情報を聴取したことが『宋史』日本伝に詳細に記録されている。奝然は公許を得て五台山を巡礼した後、再び入京して皇帝に謁して大師号を受けるとともに、朝を辞すに当たって印本大蔵経や新翻訳経の下賜を願い出て許され、「御製廻文《かいぶん》偈頌《げじゅ》」（皇帝宸筆墨蹟）と絹帛・例物を賜り帰国の途についた[43]。大蔵経や宸筆偈頌の下賜は、親しみをもって日本を遇しようとする皇帝の意志を示し、日中交流の継続を期待するものであったと思われる[44]。この奝然の入宋を契機に日本への海商の渡航が解禁されると、それが呼び水となって日本への関心が高まり、貿易や仏教交流の盛んな時期が訪れる[45]。

奝然の帰国後、彼を乗せて来日した海商の鄭仁徳が宋に戻る永延二（九八八）年に、先の奝然入宋にも参加していた弟子の嘉因・祈乾が、奝然の宿願として残った五台山の文殊菩薩を供養し、新訳経論等を請来するために再入宋した[46]。『宋史』日本伝によれば、彼らの活動の許可を求めてのことであろう、奝然は嘉因らに託して、皇帝への思慕の念を縷々綴った表状と進奉物を奉ったが、彼らが宋でどのような待遇を受けたのか、具体的なことは明らかでない。

嘉因・祈乾に続いて『宋史』日本伝に記された日本人渡航者は、風に漂い日本に至って七年にして宋の咸平五（一〇〇二）年に帰国した建州海賈周世昌が連れた滕（藤原か）木吉という俗人であった。皇帝真宗は周世昌および滕木吉を召して日本についての情報を収集したうえで、滕木吉に時装・銭を賜い帰国させている。

次いで長保五（一〇〇三）年に入宋した延暦寺僧寂照も、その翌年に当たる宋の景徳元（一〇〇四）年に皇帝真宗に朝見し、奝然同様に紫衣を賜り、大師号を授かって天台山への巡礼を許された[47]。

この真宗朝の事例で注目すべきは、僧侶のみならず俗人も皇帝に召されていることである。『宋史』日本伝によるかぎり、滕木吉は嘉因らのように表状や進奉物を奉ったわけでもなく、皇帝に召されて促されるままに所持する木弓で射を披露し、矢が遠くに届かない理由を「国中戦闘を習わず」と答えているのみである。もし彼が、例えば周世昌の送還などのために日本の官人として入宋したのであれば、その地位・官職が記録されそうなものだが記述はなく、木吉という名もおよそこの時代の中央官人らしくない。したがって、彼の入宋を国家の意志に基づくものと理解することはできない。

なお、上川通夫氏は、この周世昌と滕木吉とを日宋相互に派遣された使者とする説を提起しているので[48]、煩雑だが、その議論に対する私見を述べておきたい。

周世昌は、同じ長徳元（九九五）年に来日して越前国に滞在したことが日本の史料にみえる羌《きょう》世昌と同一人物で、宋海商の朱仁聡の集団の一員であったとみられている[49]。上川氏は、その海商が来朝の翌年に入京したということに着目するのだが、これは史料の誤読であり、『小記目録』一六・異朝事・長徳二年閏七月十七日・十九日条に「大宋国の献じる鵝入京あるの間の事」「大宋国の鸚鵡・羊入朝事」とあるように、入京したのは献上された珍奇な動物であって、宋人ではない。その献上主体も、『小記目録』では「大宋国」とするが、同じことを記した『日本紀略』長徳二年閏七月十九日条や『江記』寛治七（一〇九三）年十月二十一日条には「唐人」「宋人」とあり、ともに海商個人の献上とする。『小右記』に後人が付した記事内容の見出しを分類・整理した目録である『小記目録』が忠実に本文のニュアンスを伝えているとはかぎらず、「大宋国商客」の節略である可能性が高い。宋海商から朝廷に珍奇な物品が献上されること自体は特に珍しいことではなく、この事例を特別視する理由は特にない。

また、滕木吉について上川氏は、その正体は不明としつつも、越前守藤原為時その人とする『鄰交徴書』初編巻二（伊藤松貞、天保九〈一八三八〉年撰）の説を紹介して、朝廷の意を体するに足る者と結論づけている。

『本朝麗藻』巻下・贈答部に藤原為時の詠じた「覲謁の後、詩を以て太宋客羌世昌に贈る」と題する漢詩が所収されており、ここに羌世昌（周世昌）と為時との関係がみえる。しかし、この交流は、海商を管理する受領が任初に当たり、任国に居留する海商から見参（名簿《みょうぶ》奉呈）を受けて保護・被保護の関係を結ぶ儀礼の場におけるものであり[50]、日宋間の外交交渉にともなうものではない。また、朱仁聡ら越前に滞在した海商集団は長保元（九九九）年末頃に大宰府に移動しており[51]、為時も長保三年にはすでに越前守の任を離れて在京していたから[52]、長保四年の帰国時には両者の接点はなくなっている。周世昌（羌世昌）が皇帝に謁した際、日本滞在中に交わした「その国の人」（為時ら日本人）の漢詩を披露して、「詞は甚だ雕刻《ちょうこく》なれども、膚浅《ふせん》にして取る所なし」と評されたと『宋史』日本伝にみえるだけである。したがって、彼らを日宋の使者とする理解には従えない。使者でないにもかかわらず、周世昌と滕木吉は真宗に召されたのであり、この事実はあらためて注目する必要がある。

この周世昌・滕木吉の事例と対照的なのが、宋の天聖四（一〇二六）年に「都督」（大宰大弐藤原惟憲）の命を受けて「日本国大宰府進奉使」を名乗って入宋し「土産物色」を進めた宋海商周良史の場合である[53]。この時には「本国の表章なきにより、もって朝廷に申し奏し難し」と明州から告諭させて上京させず、進奉物色について、望めば明州において廻答するとしている。

全くの私人である周世昌と滕木吉が皇帝に召される一方、進奉使の肩書きを持つ周良史は上京させなかったというのは、前者が真宗朝における日本への関心の高さを物語るとともに、後者の仁宗朝には方針に違いのあったことをうかがわせる。真宗朝の日本に対する関心の高さとは、上川通夫氏が指摘するように[54]、宋の建国以来、一〇〇四年末の澶淵《せんえん》の盟に至るまでの宋と契丹の軍事的緊張を背景とするものと思われる。それに対して、周良史の処遇については、その前年、秦州において廻紇《ウイグル》の紫衣僧法会が乾元節に貢馬した際、秦州に詔して「今よりは、もし此の僧の似《ごと》き進奉者あれば、発遣して闕に詣ずを須《もち》いず[55]」という方針が示されたことが参考になるであろう。澶淵の盟による対外的な緊張緩和のもと、明州においても同様な措置がとられたのである。

『宋史』日本伝はこれ以後の入宋した日本人として熙寧五（一〇七二）年の成尋、および元豊元（一〇七八）年の仲廻（仲回）の二人の僧を記録する。また、『宋史』には記載がないが、『続資治通鑑長編』元豊六年三月己卯条に日本国僧快宗の朝見が記録されており、『渡宋記』によれば、記主の戒覚も快宗朝見の翌日（三月五日）に朝見している。快宗と戒覚も奝然や寂照と同様に、朝見に際して紫衣を賜った。

成尋の入宋は勅許を得ない密航であったが、天台山を巡礼した後、五台山の巡礼を願い出るにおよび、上京して皇帝神宗に謁見するよう指示された。成尋は神宗に鈍銀香炉・五種念珠その他の物色を進奉して朝見し、紫衣を賜り五台山への巡礼を許可されている。また、五台山巡礼を果たして帰京した後、勅により回賜として絹二〇疋を賜った(56)。なお、朝見に際して宋は日本が中国に通じない理由を問いただしている。そこには、日本に朝貢を促したい宋の意志が垣間見える。五台山巡礼を果たした成尋が随行した弟子のうち五人を帰国させるに際して、宋が「日本皇帝」に献じる金泥法華経と錦二〇疋、および「日本に送る御筆文書」を賜い、便船の綱首《こうしゅ》孫吉（孫忠）に奉国軍牒を授けて出港させているのも(57)、そのような意図を持つものであろう。なお、「御筆文書」については日本の朝廷で審議された形跡は見当たらない。

この牒状と贈り物に対する返牒（大宰府牒）と答信物の六丈絹二〇〇疋・水銀五〇〇〇両を宋に届けた「通事僧」が仲廻である(58)。これに対する措置は『続資治通鑑長編』元豊元年二月辛亥条に詳しい。それによれば、大宰府牒は宋の「使人」孫忠に付して仲廻を派遣したと述べたが、これを受けた明州では、孫忠は「（宋が）遣わすところの使臣にあらず、乃ち海に泛かぶ商客なり」とし、「しかるに貢奉の礼は諸国の例に循《したが》わず」として、明州から牒して回賜の物品を仲廻に付すこととした。なお、『宋史』日本伝には「通事僧仲回を使わし来る。号を慕化懐徳大師と賜う」とあり、四字の大師号を賜っている。

明州で回賜する対応は、山崎覚士氏が指摘するように、先の周良史の処遇と同様なものであるが(59)、貢礼が異例とされたとはいえ、勅許を得ずに一個人として入宋した成尋でさえ「進奉」として朝見させ、あるいは後年、やはり密出国して入宋した戒覚も皇帝神宗に朝見したこと(60)と比較すると、曲がりなりにも日本政府（形式上は大宰府）の意を受けて、宋からの贈り物の返礼のために入宋した仲廻に対して、大師号を賜うものの上京はさせないという態度には温度差が感じられる。この違いは、重商政策をとって対外交流を重視する新法党と、契丹に対して強硬な姿勢をとって貿易などを制限する旧法党との、政策路線の違いを反映したものであろう。

神宗朝の初め、熙寧二年に参知政事（副宰相）となった王安石が開始した「新法」と呼ばれる改革では、国庫の充実を図るとともに、対外政策においては契丹との親善関係を維持しつつ大越・西夏に攻撃を加える方針のもと、その周辺諸国に対しては懐柔策で臨んだ。[61] この新法党政権下では、貿易を振興して市舶司の充実が図られ、契丹の付庸勢力と見なされていた高麗への渡航禁止が解かれ、特に王安石が宰相の時には銅銭輸出も解禁されている。一方、旧法党が政権を握った際には、市舶司は整理され、高麗渡航も制限されて、銅銭輸出の取締りが強化されるなど、正反対の政策が実施されており、これらの政策と政権交替のあいだには密接な相関関係のあったことが指摘されている。[62]

成尋の入宋は王安石が宰相の地位にあった新法党政権期に当たる。[63] これに対して、仲廻が入宋した元豊元年は、その二年前の熙寧九年十月に王安石が辞職し、呉充・王珪《おうけい》が宰相となっていた時期に当たる。翌年、宰相呉充に対して司馬光は新法をやめて国を安んずべきことを説いている。[64] この時期、熙寧九年五月に程師猛が杭州・明州の市舶司を廃止して広州市舶司に貿易事務を集約することを建議すると、その後間もなく対日貿易の窓口であった明州市舶司は廃止されたらしく、[65] それだけ日本に対する関心は相対的に低下していたと思われる。仲廻は回賜を受け取って孫忠とともに年内に帰国したが、回賜に添えられた送文（明州牒状）は「日本国大宰府令藤原経平に賜う」と書き出して「人名を加えず、年号を注さず、幷びに廻《ママ》賜の字あり」という簡略な形式のものにすぎなかった。[66]

しかし、元豊三年三月に呉充が辞任し、宰相王珪のもとで元豊の官制改革が実施されると、八月には明州市舶司が再設置されたようで、[67] 日本に対する姿勢も再び積極化した。仲廻の持ち帰った回賜と牒状に対して日本政府の審議が長引くなか、市舶司の再設置と並行して、同じ元豊三年八月と翌四年六月に明州が二度にわたって孫忠の帰国を督促する牒状を日本に送っているのはその表れであり、牒状の形式も先のような粗略なものではなかった(68)。また、元豊の改革では朝貢を受け入れる管轄機構の再編も行われている(69)。そのもとで元豊六年三月に神宗に召されて朝見したのが快宗と戒覚であった。その翌年二月、宋では日本に海商を派遣して一綱首（海船を経営し運行する貿易商人）一〇万斤、合計五〇万斤の硫黄を買い付ける計画が持ち上がっている(70)。この計画は実行に移されたらしく、応徳二（一〇八五）年に五人の綱首が日本に来航しており(71)、その背景に山内晋次氏は対西夏戦争のための火薬兵器の原料を調達する目的のあったことを指摘している(72)。

このような対外戦略と日本への関心の高まりとの関係は徽宗《きそう》朝にもみられ、元永元（一一一八）年には日本に来朝を促す徽宗の書状が届いている(73)。その背景について榎本渉氏は、新法党の宰相蔡京《さいけい》の貿易重視の政策とともに、後晋の時代に契丹に割譲されていた燕雲十六州の回復を目的とした軍需物資（硫黄）確保の目的を想定している(74)。

以上のように、新旧法党の政策転換と日本僧の朝見の有無には相関性がみられる。それ以前も含め、日本人の僧俗を皇帝が召して朝見させるのは、概して対外的な関心の高い時期に当たっていると指摘することができるであろう。

宋や高麗は、それぞれの対外戦略のなかで日本の存在を意識し、必要に応じて関係の形成を求めていたのである。

おわりに——対外世界に対する平安期日本の姿勢

本章は、主として宋・高麗が平安期の日本に向けた眼差しを考察し、そこに軍事的対外戦略の反映を読み取った。では、そのような視線に対して、日本は対外世界をどのように認識し対応したのか、最後に簡単に触れてまとめに代えたい。

長徳三（九九七）年の高麗牒状が、日本人による賊的行為を抗議したものであったことは、第1節で述べた通りである。この牒状は、大宰府に宛てる先例に背き「日本国」に宛てた「礼儀に背く」高圧的なものと受け止められ、回答せず大宰府が要害を警固して警戒する事態となった(75)。その際、高麗牒状に似つかわしくないその体裁から、公卿は「是もしくは大宋国謀略か」と疑っている。

『小右記』長徳三年六月十三日条にみえるこの「謀略」の疑いは、「大宋国の人、近く越前に在り、また鎮西に在り。早く帰し遣わすべきか。なかんづく越州に在るの唐人、当州の衰亡を見聞するか。都に近き国に寄せ来たる。謀略なきにあらず。恐るべきのことなり」とあるように、越前の朱仁聡や羌世昌（周世昌）、あるいは同じ頃に大宰府に来航していた曾令文・上官用銛《じょうかんようせん》(76)といった宋海商の存在を意識して抱いた疑念である。しかしそれは、第2節で述べたように、これらの海商が宋の外交の一翼を担い、具体的な国際情勢の情報を伝えたことで生じたものではない。「九国の戎・兵具、皆ことごとく実なし」という無防備状態にある日本の「衰亡」という現状認識を基底として、それを異国人に見聞されることが軍事的脅威に結びつくという畏怖の念によるものであった。

このような発想は、当時の貴族層が潜在的に抱いていた「敵国」意識が対外的脅威に直面して表出した典型的なものであり(77)、寛仁三（一〇一九）年の刀伊の入寇においてもみえる。被虜人を送還してきた高麗使鄭子良への対応について源俊賢は「高麗使の事、その定いかん。数多の者、小島に着し旬月を送れば、国の強弱を量るべし。衣食の乏しきを知るべし。早く返すを以て先と為す」「高麗使、二嶋（対馬・壱岐）を経歴して大宰府に参るはいかん。……両嶋を経るの程、これを計り衰弱の由を見るか(78)」と述べ、国情を知られることに過剰な警戒をみせている。

ここには、積極的に海外の政治情勢について情報を集め、国際社会に参入しようという意志はみられない。このような、むしろ情報を閉ざそうとする姿勢は、本章で検討した宋や高麗などの日本に対する眼差しとは対照的なものであった。海外からもたらされた牒状に対応する際、日本では例えば高麗医師派遣要請事件において『日本書紀』に記された允恭天皇三年の例まで持ち出して検討したように(79)、主として先例に基づいて判断しているが、それは当該期の外交における国際的なルール・作法の理解に乏しいためである。承暦二（一〇七八）年に仲廻が宋から持ち帰った回賜と牒状に対して「唐朝と日本と和親久しく絶え、朝物を貢がず。近日頻りにこの事あり。人以て狐疑を成す」と訝しがり、宋の意図を量りかねているのも、[80]具体的な海外情勢に対する認識を欠くからこそと言える。政治的な面で国際社会から遊離しているのが、この時代の日本の特徴と言ってよい。

宋や高麗が日本の存在を対外戦略の一環として認識していたといっても、それは軍需物資の調達であったり敵対陣営に対する牽制であったり、といった間接的なものであり、国家の存亡を賭けた国際政治の舞台に直接的に組み込もうとするものではなかった。そのため、国家存立において軍事・外交政策が極めて重要であった大陸の諸国家に比べて、日本は相対的にその比重が低く、外交姿勢にも大きな違いが生じたのである。

本章は主として、外交上の政治的な相互関係に焦点を絞って考察し、最後に宋や高麗と日本とのあいだの国際社会に対する姿勢のギャップに行き着いた。しかし、当該期の日本は決して対外世界そのものを拒絶していたわけではなく、海商や入宋僧を介した人・物の交流と文化の摂取は依然として行われていた。国際政治から遊離したなかで、日本社会にとって、そうした対外交流が文化的あるいは政治的にどのような意味を持つものであったか、ということが次の課題となるが、それを論じる余裕はすでにない。この問題は別の機会に考察を深めたいと思う。[81]

（1）以下、先行研究は近年の代表的なものを挙げるに留める。廣瀬憲雄『古代日本外交史 東部ユーラシアの視点から読み直す』（講談社、二〇一四年）。

（2）榎本淳一「『国風文化』と中国文化―文化移入における朝貢と貿易―」池田温編『古代を考える 唐と日本』吉川弘文館、一九九二年（後に「文化受容における朝貢と貿易」と改題して『唐王朝と古代日本』吉川弘文館、二〇〇八年所収）、河添房江『源氏物語と東アジア世界』（日本放送出版協会、二〇〇七年）、西本昌弘「『唐風文化』から『国風文化』へ」『岩波講座 日本歴史 第5巻 古代5』（岩波書店、二〇一五年）。

（3）石井正敏「日本・高麗関係に関する一考察―長徳三年（九九七）の高麗来襲説をめぐって―」中央大学人文科学研究所編『ア

ジア史における法と国家』（中央大学出版部、二〇〇〇年）、篠崎敦史「東丹国使について―来朝理由を中心に―」『続日本紀研究』三八四（二〇一〇年）、同「刀伊の襲来からみた日本と高麗の関係」『日本歴史』七八九（二〇一四年）。

（4）遣使は『扶桑略記』裏書・延喜二十二年六月五日条、『本朝文粋』巻一二・牒・延喜年月日大宰府答新羅返牒。甄萱の後百済王自称は唐の光化三（九〇〇）年（『三国史記』巻五〇・列伝一〇・甄萱）。甄萱と日本との交渉については、拙稿「日本古代の朝鮮観と三韓征伐伝説―朝貢・敵国・盟約―」『文化交流史比較プロジェクト研究センター報告書』Ⅵ（二〇〇九年）九～一一頁。

（5）この時に甄萱が日本に対して称した官途「都統」は正確には「新羅西面都統」であり、公式に「百済王」に冊封されるのは後唐の同光三（九二五）年（『三国史記』巻五〇・列伝一〇・甄萱）。

（6）『扶桑略記』延長七年五月十七日条。

（7）『百錬抄』天禄三年十月二十日条。

（8）『宋史』太祖本紀・建隆三（九六二）年十一月丙子条、『高麗史』光宗世家。

（9）蔡仁範墓誌銘（金龍善編著『高麗墓誌銘集成』翰林大学校出版部、一九九三年、一三～一五頁）に「乾徳八年」、『朝鮮金石総覧』上・六三・高達寺元宗大師恵真塔碑の裏面に「乾徳九年」、同八一・柳邦憲墓誌に「乾元《ママ》十年壬申九月五日」（「元」は「徳」を簡略に表記したものか）とあり、これ以後に「乾徳」の使用はみられない（宋での「乾徳」使用は六年十一月の改元まで）。碑文の製作年としての「開宝」使用の初見は高達寺元宗大師恵真塔碑の「開宝八年」。なお、『朝鮮金石総覧』上・七五・居頓寺円空国師勝妙塔碑に「開宝元年」とあるのは契丹の太平五（一〇二五）年の碑文製作時に年号を遡って使用したものであり、当時の使用状況を示すものではない。

（10）『宋史』太祖本紀・乾徳三年正月乙酉条、開宝五年七月庚寅条、『高麗史』光宗世家・十六年二月条、二十三年八月条。

（11）今西龍「朝鮮半島国の年号　附事大主義一班」『東洋時報』一四三（後に『高麗及李朝史研究』国書刊行会、一九七四年所収）。「光徳」の使用は『高麗史』光宗世家・元年正月条（建元）、二年十二月条（後周年号始行）、『朝鮮金石総覧』上・五七・大安寺広慈大師碑。「峻豊」の使用は『朝鮮金石総覧』上・六〇・龍頭寺幢竿記、同六一・西院鐘記。

（12）『宋史』太祖本紀・乾徳元年九月戊寅条、開宝二（九六九）年二月乙卯条、五月癸未条、開宝八年三月己亥条、『遼史』穆宗本紀・応暦十三（九六三）年七月辛亥条、応暦十四年正月戊戌条、二月壬子条、応暦十八年九月戊戌条、十月辛亥条、景宗本紀・

保寧五（九七三）年六月丙申条、保寧六年三月条。

(13) 前注(3)石井論文。

(14) 前注(3)篠崎二〇一四論文。

(15) 『百錬抄』永承六年七月十日条。また『水左記』承暦四年九月四日条に「永承六年金州返牒」とある。

(16) 『高麗史』文宗世家・五（一〇五一）年七月己未条。

(17) 『高麗史』文宗世家・三年十一月戊午条。

(18) 奥村周司「医師要請事件に見る高麗文宗朝の対日姿勢」『朝鮮学報』一一七（一九八五年）。

(19) 森公章「宋朝の海外渡航規定と日本僧成尋の入国」『海南史学』四四（後に『成尋と参天台五臺山記の研究』吉川弘文館、二〇一三年所収）。

(20) 榎本渉「東シナ海の宋海商」荒野泰典・石井正敏・村井章介編『日本の対外関係3　通交・通商圏の拡大』（吉川弘文館、二〇一〇年）三八〜三九頁。

(21) 『全宋文』巻一八七六・蘇軾二八・乞禁商旅過外国状。

(22) 『高麗史』成宗世家・十二（九九三）年五月条・八月是月条・十月条・閏月丁亥条、十三年二月条（契丹年号使用開始）、六月条（宋と断交）、十五年三月条（契丹冊封）。

(23) 拙稿「後白河・清盛政権期における日宋交渉の舞台裏」『芸備地方史研究』二八二・二八三（二〇一二年）。

(24) 『宋会要輯稿』一六六・刑法二・禁約三・乾道七年三月十一日条、『宋史』孝宗本紀・乾道七年三月乙酉条。

(25) 『宋史』太祖本紀・開宝元年九月辛巳朔条。

(26) 『宋史』寧宗本紀・慶元五年七月甲寅条、列伝二四六・外国三・高麗。

(27) 『高麗史』神宗世家・二（一一九九）年五月辛丑条。

(28) 『宋史』食貨志・互市舶法。前注(20)榎本論文、三八〜三九頁では、高麗に対する禁地指定を一〇三〇年以後の宋麗間の使節往来の途絶に求めている。しかし、その時期の勅をまとめた慶暦編勅では日本への禁地指定がない。したがって、高麗と日本とをともに禁地指定する「旧市舶法」は宋麗間に使節の往来があった時期に遡るものである。

(29) 『宋史』太宗本紀・雍熙二年九月己巳条、『宋会要輯稿』八六・職官四四・市舶・雍熙四年五月条。

(30)『優塡王所造栴檀釈迦瑞像歴記』所引。

(31)『小右記』天元五年三月二十六日条。

(32)奝然帰国船の海商を「大宋国商客」とするのは『日本紀略』寛和二年七月九日条。「台州客」とするのは『優塡王所造栴檀釈迦瑞像歴記』。奝然が「五山に参じ文殊の聖跡を巡礼し、更に大宋朝に覲え、摺本一切経論一蔵を請来す」と述べたことが確認できるのは、後年に弟子嘉因の再入宋の許可を求める奏状（『続左丞抄』一・永延二〈九八八〉年二月八日太政官符）においてだが、同様の内容は帰朝報告でも述べられたと考えられる。『小右記』寛和三年正月二十四日条に「入唐僧奝然来たりて談ず。事に触れ驚くのみ。敢えて記すべからず」とある藤原実資に奝然が語った内容には、統一王朝・宋の説明も含まれるであろう。

(33)『扶桑略記』永延元年十月二十六日条。

(34)『延暦寺首楞厳院源信僧都伝』。

(35)『宋会要輯稿』八六・職官四四・市舶・瑞拱《たんきょう》二（九八九）年五月条。

(36)石上英一「日本古代一〇世紀の外交」井上光貞・西嶋定生・甘粕健・武田幸男編『東アジア世界における日本古代史講座7 東アジアの変貌と日本律令国家』（学生社、一九八二年）。

(37)『扶桑略記』天元五（九八二）年八月十五日・十六日条に奝然のために認められた「大唐青龍寺」宛の東大寺牒および「大唐天台山国清寺」宛の延暦寺牒を載せる。奝然入宋の目的地は清涼寺釈迦如来像内納入物『奝然入宋求法巡礼行並瑞像造立記』によれば「五臺勝境・天台名山」であり、五台山は呉越の版図にないが、『鵝珠鈔』下二・南海諸国水有毒事所引『奝然法橋在唐記』逸文に「伝智、元これ日本大宰監藤原貞包〈養鷹息〉なり、呉越商客の入唐に随い西天に往かんがため乗船して去《ゆ》く。瞻《せん》城《じょう》国に到りて水に酔い死す」とある事例のように、当時の日本では出国に当たって呉越版図外への求法も可能と考えられていた。

(38)『日本紀略』承平五（九三五）年九月条、『本朝世紀』天慶八（九四五）年七月二十六日条、『本朝文粋』巻七・書状・天暦七（九五三）年七月日「為右丞相贈太唐呉越公書状」、『日本紀略』天徳元（九五七）年七月二十日条、天徳三年正月十二日条。

(39)石井正敏「入宋巡礼僧」荒野泰典・石井正敏・村井章介編『アジアのなかの日本史Ⅴ 自意識と相互理解』（東京大学出版会、一九九三年）。

(40)藤善眞澄「宋朝の賓礼―成尋の朝見をめぐって―」『東西学術研究所紀要』三六（二〇〇三年）。

(41)廣瀬憲雄「入宋僧成尋の朝見儀礼について―五代北宋の外交関係と僧侶―」『東アジアの国際秩序と古代日本』(吉川弘文館、二〇一一年)。
(42)『日本紀略』延長五年正月二十三日条、『鵝珠鈔』下二・奝然法橋在唐所会本朝大徳等数十人事所引『奝然在唐記』逸文。
(43)『奝然入宋求法巡礼行並瑞像造立記』。
(44)大蔵経・「御製廻文偈頌」の下賜の意味については、手島崇裕「東アジア再編期の日中関係における仏教の位置・役割について―特に入宋僧奝然をめぐる考察から―」『平安時代の対外関係と仏教』(校倉書房、二〇一四年)一四八～一六〇頁を参照。
(45)奝然から寂照に続く日宋間の仏教交流については、前注(2)西本論文、一六〇～一六三頁に詳しい。
(46)『続左丞抄』一・永延二年二月八日太政官符、『日本紀略』『扶桑略記』永延二年二月八日条。
(47)日本出航は『扶桑略記』長保五年八月二十五日条。朝見は『宋史』日本伝、『皇朝類苑』巻四三・日本僧所引『楊文公談苑』。
(48)上川通夫「北宋・遼の成立と日本」『岩波講座　日本歴史　第5巻　古代5』(岩波書店、二〇一五年)。
(49)角田文衞「越路の紫式部」『紫式部とその時代』角川書店、一九六六年(後に『角田文衞著作集七　紫式部の世界』法蔵館、一九八四年所収)著作集一三二頁。
(50)拙稿「年紀制と中国海商」『歴史学研究』八五六(後に『平安時代貿易管理制度史の研究』思文閣出版、二〇一二年所収)著書二二九～二三〇頁。
(51)同右、著書二〇九～二一三頁。
(52)『権記』長保三年十月七日条。
(53)『宋史』日本伝、『宋会要輯稿』八六・職官四四・市舶・天聖四年十月条。
(54)前注(48)上川論文、二二一～二二五頁。ただし、日本がその国際状況を把握して日宋間で交渉があったとする議論は疑問。
(55)『宋会要輯稿』一九七・蕃夷四・回鶻・天聖三年三月条。
(56)『参天台五臺山記』延久四(一〇七二)年三月十五日条、六月二日条、閏七月六日条、十月十一日条、十四日条、十五日条、二十一日条、二十二日条、延久五年正月八日条。なお、注意したいのは、成尋が朝見に際して行った物品の進呈が「進奉」とされ、絹の下賜も「回賜」とされているように、「進奉」や「回賜」は国家の意を奉じて入宋したわけではない成尋に対しても使用されるということである。したがって、この種の事例における同種の表現の使用から直ちに国家の意を奉じた「朝貢」と見なすのは過度な評価であり、慎重でなければならない。

(57)『参天台五臺山記』延久五年正月十三日条、二十六日条、二月一日条、六月十一日条、十二日条。

(58)『百錬抄』承暦元（一〇七七）年五月五日条、『宋史』日本伝、『帥記』永保元（一〇八一）年十月二十五日条。

(59)山崎覚士「書簡から見た宋代明州対日外交」『東アジア世界史研究センター年報』三（二〇〇九年）。

(60)『渡宋記』永保二年九月五日条、元豊六年三月五日条。

(61)榎本渉「北宋後期の日宋間交渉」『アジア遊学』六四（二〇〇四年）一五一〜一五二頁。

(62)木田道太郎「宋代の南海貿易と党争」『京都産業大学論集』三—一（一九七四年）。市舶司の廃置や高麗渡航禁止と党派闘争との関係については早く、藤田豊八「宋代の市舶司及び市舶條例」『東洋学報』七—二（後に『東西交渉史の研究　南海篇』岡書院、一九三二年所収）著書三一六頁、石文済「宋代市舶司的設置与職権」『史学彙刊』一（一九六八年）九五〜九六・一二一頁においても指摘されている。

(63)以下、新旧法党の政権の推移については、東一夫『王安石事典』（国書刊行会、一九八〇年）を参照した。

(64)『続資治通鑑長編』熙寧十年是歳条。

(65)『続資治通鑑長編』熙寧九年五月丁巳条。程師猛の建議は採用されなかったという説もあるが（前注(62)藤田著書、三二五頁、石論文、六〇頁）、沈睿達《しんえいたつ》墓誌銘に、沈遼（字《あざな》睿達）が熙寧七年に監明州市舶司となってわずか二年で市舶が廃されたとあることを中村治兵衛氏が指摘している（「宋代明州市舶司（務）の運用について」『人文研紀要』一一〈一九九〇年〉一一頁）。

(66)『善隣国宝記』上・鳥羽院元永元（一一一八）年条、『帥記』承暦四（一〇八〇）年五月二十七日条。

(67)『全宋文』巻一八七六・蘇軾二八・乞禁商旅過外国状に引く元豊三年八月二十三日中書劄子《さつし》節文に日本・高麗に赴く船舶を管轄するものとして明州市舶司がみえ、『宋会要輯稿』八六・職官四四・市舶・元豊三年八月二十七日条に両浙では転運副使周直孺に提挙市舶を兼ねさせて知州の市舶使兼任を廃止する官制改革が行われたことがみえる。

(68)『水左記』承暦四年閏八月二十六日条に牒状を随身した黄逢の来航がみえる。『善隣国宝記』上・鳥羽院元永元年条によれば牒状の書き出しは「大宋国明州牒日本国」とあり、その日本到着は『扶桑略記』承暦四年閏八月三十日条に八月とある（『善隣国宝記』と『扶桑略記』がこの海商を孫忠・孫吉忠とするのは誤り）。また、『帥記』永保元年十月二十五日条には元豊四年六月二日付の日本国に宛てた大宋国明州牒の全文が記録されている。なお、成尋帰国以降の一連の日宋交渉については、原美和子「成尋の入宋と宋商人―入宋船孫忠説について―」『古代文化』四四―一（一九九二年）、前注(61)榎本論文、前注(59)山崎論文に詳しい。

(69) 金成奎「宋代における朝貢機構の編制とその性格」『史観』一四六（二〇〇二年）三七頁。

(70) 『続資治通鑑長編』元豊七年二月丁丑条。

(71) 『朝野群載』巻五・朝儀下・陣定・応徳二年十月二十九日定文。

(72) 山内晋次「平安期日本の対外交流と中国海商」『日本史研究』四六四（後に『奈良平安期の日本とアジア』吉川弘文館、二〇〇三年所収）著書二五三〜二五五頁。

(73) 『善隣国宝記』上・鳥羽院元永元年条。

(74) 前注(61)榎本論文、一五三〜一五四頁。

(75) 『小右記』長徳三年六月十二日条・十三日条、『水左記』承暦四年九月四日条。

(76) 『権記』長徳三年十月十二日条、長徳四年七月十三日条。上官用銛については『権記』長保五（一〇〇三）年七月二十日条も参照。上官用銛は上官が姓、用銛が名であり、上官氏は唐代以降、福州邵武に居住した一族。

(77) 前注(4)拙稿、四〜八頁。

(78) 『小右記』寛仁三年九月二十三日条・二十四日条。

(79) 宮内庁書陵部所蔵自筆本『水左記』承暦四（一〇八〇）年四月十九日条（裏書）。

(80) 『百錬抄』承暦二年十月二十五日条。

(81) 平安期の文化動向と対外関係についての私見の一部は、拙稿「年紀制に関する補説―河内春人・中村翼両氏の批判に対する回答を中心に―」広島大・教・下向井龍彦研究室『史人』六（二〇一五年）一二三〜一二五頁で論じたことがある。

〔付記〕本章は、史学会第一一三回大会日本古代史部会シンポジウムにおける同名タイトルの報告のうち、前半部分を中心にまとめ直したものである。

3章　日本・呉越国交流史余論

西本昌弘

はじめに

唐の滅亡後、中国は五代十国時代に入ったが、両浙地方に成立した呉越国では、銭氏の政権が長く安定を保ったため、仏教を中心とする高い文化が発展した。唐末・五代の戦乱や廃仏によって、中国では儒書や仏書が焼失・散逸したため、その復興が大きな課題となっていた。[1]とくに呉越国では、領内にある天台山が天台智顗の教籍復興をめざし、国王銭氏にも働きかけたため、天台法門の繕写を求める使者を高麗や日本に派遣することになった。[2]『仏祖統紀』巻二二、子麟伝によると、後唐の清泰二(九三五)年、四明(明州)の僧子麟は高麗・百済(後百済)・日本に往き、智者の教えを援《すく》ったといい、『宋高僧伝』巻七、義寂伝には、天台の義寂が国師の徳韶を通して呉越国王銭弘俶に働きかけ、日本に遣使して智者教迹を購獲させたとある。

日本側の史料には、承平六(九三六)年、天慶三(九四〇)年などに呉越商人が来日して、呉越王から公家(天皇)や左右大臣宛ての書状と信物を差し出したことが記されている。これに対して日本側は、大臣への書状と信物のみ受け取り、大臣からの返書と答信物を呉越国に送った(表1参照)。このように九三六年以降、たびたび呉越商人が来航するのは、子

表1　日本・呉越国交流史年表

年紀	記事	出典
承平六（九三六）年	七月、呉越商人蔣承勲・季盈張ら来着。八月、呉越王（銭元瓘）は信物を公家と左右大臣に贈る。左大臣藤原忠平、書状を呉越王に贈る	『日本紀略』『玉葉』承安二年九月二十二日条
天慶三（九四〇）年	七月、蔣袞再来し、呉越王（銭元瓘）の書状と土宜を贈る。左大臣藤原実頼、返書と沙金を贈る	『日本紀略』
天暦元（九四七）年	閏七月、左大臣藤原仲平、書状を呉越王（銭弘佐カ）に贈る	『本朝文粋』巻七
七（九五三）年	七月、蔣承勲来航し、呉越王（銭弘俶）の書状と錦綺珍貨を贈る。右大臣藤原師輔、返書と答信物を贈る	『本朝文粋』巻七
天徳元（九五七）年	七月、呉越国持礼使の盛徳言が来日し、書を上る。日延帰国（転智入呉越国か）	『日本紀略』
三（九五九）年	正月、呉越国持礼使の盛徳言が来日し、書を上る（転智入呉越国か）	『日本紀略』

麟伝や義寂伝にみえた天台教籍復興の動きと関係するのであろう。彼らは天台山や呉越国王の意向を受けた使者の役割を兼ねており、日本の朝廷に書状や信物をもたらすことで、日本に残る天台教籍の書写・購入を求めたものと思われる。

　こうした働きかけに応えて、日本からは天暦七（九五三）年に延暦寺僧の日延が派遣されて、繕写した天台法門を呉越国に届けた。(3) 呉越国に入った日延は国王の銭弘俶から歓待され、呉越国の司天台で符天暦を学ぶとともに、大量の儒書・仏書を持ち帰ることを許された。そうした文献のなかには、『往生西方浄土瑞応刪伝』のような浄土教文献、『春秋要覧』『周易会釈（記）』のような儒教文献が含まれていた。日延が呉越国に送り届けた天台法門は、中国天台の復興に大きく寄与したことであろう。と同時に、日延が請来した呉越国の文物は、日本において天台浄土教が高揚し、暦道・明経道・紀伝道などが新たな展開をみせることを可能にした。

　この間に日中両国を往来した呉越商船は、さまざまな文物を両国にもたらしたことと思われる。日延の渡海に象徴される日本と呉越国の交流が、日中両国文化に互いに大きな影響を及ぼしたであろうことは想像に難くない。しかし、日延に関わる文物以外は、その詳細はほとんど明らかにされていない。本章では先学の指摘を参照しながら、日延渡海前後の時期に焦点を絞って、日本と呉越国の関わりをうかがわせる史料を掘り起こし、両国の交流の具体相にさらに迫ってみたい。

1 『周易会釈（記）』の撰者希覚と杭州千仏寺

日延は呉越国から『春秋要覧』『周易会釈（記）』各二〇巻を持ち帰ったが、『周易会釈（記）』は『通志』巻六三、芸文略第一、易に「周易会釈記二十巻偽呉僧陸〔釈カ〕希覚」とあるように、偽呉僧（呉越僧）の希覚が著したものであった。この希覚は唐末から五代十国にかけて活躍した僧である。『宋高僧伝』巻一六には「漢銭塘千仏寺希覚伝」が立てられており、おおよそ以下のようなことが記されている。

①釈希覚の俗姓は商氏で、溧陽に生まれた。儒家の家系であったが、唐末の戦乱のために没落し、貧窮に陥ったため、給事中羅隠の家に書生として雇われた。

②羅隠から雇直を与えられ、帰郷して修学したが、二五歳になったとき、高官に昇ったとしても一時のことであると悟り、文徳元（八八八）年、温州の開元寺で出家した。龍紀中（八八九）に受戒し、続いて律部を学んだ。

③戦乱を避けて天台山にいた西明寺の慧則に師事し、南山律宗の教えを学んだ。慧則の没後、永嘉で講義を行っていた時に、呉越国の武粛王（銭鏐）の末弟銭鏵の帰依するところとなり、杭州の大銭寺に徙った。文穆王（銭元瓘）は千仏伽藍（千仏寺）を造り、希覚を召して寺主となし、紫衣を与えた。

④希覚は外典も多く学び、易道に長じていた。『会釈記』二〇巻を著して、『易経』の繋辞上下伝などの注釈を深めた。かつて人のために『易経』を敷演し、都僧正の賛寧に付授した。

⑤老病のため僧職を辞したあとは、吟詠を楽しみとし、八五歳で示寂した。

希覚は南山律宗の学匠として名高く、呉越王家の帰依を受け、呉越国王銭元瓘が銭塘に千仏寺を整備すると、その寺主に迎えられた。希覚はもともと儒家の家系に生まれたため、唐末の戦乱により家が没落したのちも、儒学とくに易学に通じており、『易経』(『周易』)の繫辞上下伝などの解釈を深めて、『周易会釈(記)』二〇巻を著したのである。希覚は二五歳の時に発起して唐末の文徳元(八八八)年に出家し、八五歳で没したというから、その生年は八六四年頃、没年は九四八年頃ということになる。『宋高僧伝』には「漢銭塘千仏寺希覚伝」とあるが、五代十国の後漢は九四七年から九五〇年まで存続したから、希覚の没年はちょうどこの期間内に収まっている。

希覚の弟子には文益や晧端がいるが、『宋高僧伝』巻一三の文益伝によると、文益は「鄮山育王寺」で「律匠希覚師」に師事して、文雅の場に遊んだという。また、同書巻七の晧端伝によると、晧端は「四明阿育王寺」で「希覚律師」が南山律を盛揚する場に接したとある。また、『景徳伝燈録』巻二四、文益伝には、文益が「鄮山育王寺」で希覚から律宗を学ぶ傍ら、儒典を探り、文雅の場に遊んだとある。希覚は明州の阿育王寺などで南山律を宣揚する一方、本来の家学であった儒学や文学の探究も怠らず、とくに『周易』の注釈を深めて、『周易会釈(記)』二〇巻を編纂したのである。

呉越国王の銭元瓘が千仏伽藍を造り、希覚を召して寺主としたという銭塘の千仏寺は、『咸淳臨安志』(宋元方志叢刊第四冊)巻七七、寺観三に城外の慈雲嶺より龍山に至る寺院の一つとして、

勝相院

開成四年建、旧名龍興千仏寺。治平間賜二今額一。建炎寇燬止、存二五丈観音像及閣一。

とみえる勝相院(旧名龍興千仏寺)をさすと思われる。この寺院は唐代の開成四(八三九)年に創建された。創建時の寺名は不明であるが、呉越国の時代に千仏伽藍が整備されてからは、千仏寺とも龍興千仏寺とも呼ばれるようになったのであろう。千仏寺は銭塘江に臨む龍山にある寺院として知られていた。

日本僧の日延は九五三年に呉越国に入ったが、これは希覚が没してわずか数年後のこととなる。希覚が著した『周易会釈(記)』は呉越王家に献上されていたであろうし、希覚が深く関わった杭州銭塘の千仏寺や明州の阿育王寺には所蔵されていたと思われる。日延は呉越国王の銭弘俶から『周易会釈(記)』を下賜されたか、千仏寺や阿育王寺においてこの

本を入手したかのいずれかであろう。『周易会釈（記）』は五代十国時代に編纂された最新の『周易』注釈書であり、撰者である希覚が没して数年後に日延が入手し、日本に持ち帰ったことになる。

日延が請来した希覚の『周易会釈（記）』は大江家に留められ、唐の孔頴達『周易正義』と並んで、明経道の重要文献として利用された。『権記』によると、長保二（一〇〇〇）年七月八日、常赦詔書中の草昧の語に難点があることを大江匡衡に勘申させることが決まった。七月十一日には、先日大江匡衡が進上した『周易正義』と『周易会釈』を匡衡に返却し、草昧の語の難点を書き出させることとなり、七月十七日、蔵人頭の藤原行成が『周易正義』『周易会釈』各一巻を大江匡衡に返却し、草昧の語の難点を注記するように命じた。このように、『周易会釈（記）』は『周易正義』と並んで大江家に所蔵され、明経道の勘申時に重要文献として利用されており、朝廷に進上されることもあったことがわかる。日本渡来から約半世紀後の十世紀末、明経博士ら知識人の間に『周易会釈（記）』が活用されていたことが確認できるのである。

『周易会釈（記）』の書名は『国書総目録』にみえず、少なくとも日本においては散逸したものと考えられるが、南北朝期頃までは天皇家の蔵書として伝えられていたようである。京都御所東山御文庫所蔵の『宝蔵御物御不審櫃目録』（勅封三五甲―一二一―四七）には、

疏文選、一合、但納物周易会釈、
周易会尺〔釈〕記二十巻、七欠、虫損歟、　周易十巻、不具双子・巻物等、
大唐一行闍梨易秘伝一帖　周易序卦十一帖

とあり、「疏文選」の箱一合（ここには「但し納物は周易会釈」と注記されている）に『周易会尺〔釈〕記』二〇巻などが収納されていたことがわかる。二〇巻中の第七巻は欠本で、それは虫損によるものかとも書かれている。

田島公氏によると、この目録は蓮華王院の宝蔵がやや荒廃した鎌倉後期か南北朝期の頃に行われた宝蔵の書籍の点検調査結果を記した目録であるという。[4] 蓮華王院は後白河上皇の院御所である法住寺殿の一郭に建てられた仏堂で、その本堂

を三十三間堂と通称する。『周易会釈（記）』二〇巻はそのほとんどが少なくとも南北朝期頃までは天皇家の蔵書として伝えられていたことになろう。

2　日本僧転智と千仏寺（龍興千仏寺）

希覚が寺主となった杭州の千仏寺（龍興千仏寺）は、日本僧転智とも関わる寺院として史料に登場する。⑥宋の葉紹翁『四朝見聞録』甲集、五丈観音には、本日本国僧の転智が建隆元（九六〇）年秋に高さ五丈の観音を彫ったこと、転智は絲綿を身につけず、紙衣を着たので、紙衣和尚と号したことなどが記されている。また、⑦『金石契』舎利塔二に引かれる宋の程珌「勝相寺記」によると、紙衣道者と呼ばれた西竺僧の転智は、南海諸国に赴き、日本に至ったが、たまたま呉越忠懿王が十万塔を鋳て、そのうち五百を使者を遣わして日本に賜ったので、転智はその使者の帰船に乗って帰ったとある。紙衣和尚と呼ばれた転智のことは、すでに西岡虎之助氏や森克己氏らによって紹介されていたが、(5)二つの史料にみえる転智が同一人物であるのかどうかは深く追究されてこなかった。

この問題を解明したのは王勇氏である。王勇氏は⑧程珌本人の詩文集『洺水集』（四庫全書珍本三集集部、別集類）巻七や⑨『咸淳臨安志』巻七七、勝相院条などに引かれた次の「臨安府五丈観音勝相寺記」に、⑦のもととなった記事の全文が現存することに注目した上で、二つの史料にみえる転智は同人で、かつ日本側の史料にみえる伝智とも同一人物であろうことを論証した。(6)

臨安府五丈観音勝相寺記

……其録云、寺負二銭塘龍山一、唐開成四年建、曰二龍興千仏寺一。後有二西竺僧一、曰二転智一、冰炎一楮袍、人呼二紙衣道者一。走二海南諸国一、至二日本一。適呉越忠懿王用二五金一鋳二千〔十〕万塔一、以二五百一遣レ使頒二日本一。使者還、智附レ船帰。風鳴海洶、船且傾。智誦二如意輪呪一、俄見二如意珠王相一、十首八臂、度二高十丈一。風息、遂済、智謀下掲二高梁一、可レ容二十丈勝相一、以答中仏施上。時千仏寺乃僧光主レ之、有二閣高八丈一。光請二於忠懿一、以レ閣為レ殿、立二五丈之像者二一、合為二十丈一。

この記事は以下のことを述べている。

・勝相寺は銭塘の龍山を背負う場所にある。唐の開成四（八三九）年に創建され、もとは龍興千仏寺といった。

・紙衣道者と呼ばれた転智は、海南諸国に赴き、日本に至った。たまたま呉越の忠懿王が千〔十〕万塔を鋳て、そのうち五百を使者を遣わして日本に頒った。転智はその使者の帰船に乗って帰った。

・その帰船は暴風にあったが、転智が如意輪呪を誦すと、高さ十丈の如意珠王が姿を現し、暴風は息み救われた。

・転智は仏恩に応えるため、十丈の勝相を造らんとした。千仏寺の寺主僧光は忠懿王に請い、八丈の閣を殿に改造して転智に協力し、高さ五丈の仏像を二体作り、合わせて十丈とした。

一方、『鵝珠鈔』（真言宗全書第三六帙）下二、南海諸国水有毒事が引く「奝然法橋在唐記」には、伝智という僧が姿をみせる。

奝然法橋在唐記云、南海諸国水皆毒也。欲レ飲レ水人、先喫レ薬後飲レ之。又日気極熱。伝智不レ堪二熱気一、飲レ水酔死。又云、伝智元是日本大掌《宰イ》監藤原貞包《養鷹》息也〇随二呉越商客一入唐、為レ往二西天一乗船去。到二瞻城国一、酔レ水死。

九八三年に入宋した東大寺僧奝然の「在唐記」によると、南海諸国の水には毒があるので、先に薬を飲んでから水を飲まないといけない。伝智は熱気に堪えず水を飲んだため、それに酔って死んだ。伝智は日本大宰の監、藤原貞包（養鷹）の息であったが、呉越商客に随って入唐し、西天に往くために乗船して去った。彼は瞻城国に到ったが、水に酔って死んだというのである。

ここにみえる伝智は、呉越商客に随って入唐した点、南海諸国や西天に行ったとされている点で、前述した転智と重なるところがある。王勇氏がいうように(7)、「転」（轉）と「伝」（傳）の字体はよく似ているので、どちらか一方が誤写した可能性があり、転智と伝智は同一人物とみてよいだろう。転智は⑥に「本日本国僧」、⑦⑧⑨に「西竺僧」とあるが、同一人物説をとると、伝智（転智）は日本の大宰監であった藤原貞包の子息であったというので、日本僧とみるのが正しい。転智（伝智）はのちに西天をめざして南海諸国へ向かったため、西竺僧とされることもあったが、もともとは日本僧であり、呉越商船に便乗して中国に渡ったのち、杭州の千仏寺で五丈観音を二体彫造した。彼はその後、西天へ向かい、その途中、南海諸国の一つである瞻城国で没したと伝えられているのである。

呉越国王の銭弘俶や天台徳韶から天台法門繕写の依頼を受けた日本朝廷や延暦寺は、延暦寺僧日延に命じて繕写法門を呉越国に届けさせた。日延は天暦七（九五三）年に呉越国王の書状を携えて来日した呉越商人蔣承勲の帰船で渡海し、天徳元（九五七）年に帰朝した。一方、『日本紀略』をみると、天徳元年と同三年の二度、呉越国から持礼使が派遣されてきたことが記されている。

・今日、大唐呉越国持礼使盛徳言上」書（天徳元年七月二十日条）
・大唐呉越持礼使盛徳言上」書（天徳三年正月十二日条）

いずれも簡略な記事で、呉越国から持礼使盛徳言が派遣され、国王の書を捧呈したことを記すのみである。しかし、天徳元年に来日した盛徳言は日延を送り届ける呉越国使とみなして間違いないだろう。前述した「奝然法橋在唐記」に伝智は「呉越商客に随って入唐」したとあるので、盛徳言は呉越商人であったと思われるが、持礼使とあるからには、銭弘俶から正式に任命された使者であり、天台法門を繕写して送付した日本に対する謝礼の品々を運んできた使者であったとみてよい。この持礼使盛徳言は天徳三年にも来日しているので、この年にも呉越国から何らかの礼物が送られてきたと考えられるのである。

そこで注目すべきは、前述した⑦⑧⑨の「勝相寺記」に、呉越の忠懿王が十万塔を鋳て、そのうち五百を使者を遣して日本に頒ったが、転智はその使者の帰船に乗って帰ったとあることである。ここにみえる使者とは盛徳言のことをさすとみて問題ないであろう。銭弘俶が日本に十万塔のうちの五百を賜与したのは、天徳元（九五七）年か同三（九五九）年のこと（あるいは二度に分けたか）と思われる。(8) したがって、転智（伝智）が呉越国使の帰船に乗って渡海したのは、九五七年か九五九年のこととなる（前掲の表1参照）。転智（伝智）が杭州の千仏寺で五丈観音を二体彫造したのは建徳元（九六〇）年秋のことなので、このように考えて年代的にも矛盾しない。日延が呉越国に入ることで、日本と中国江南の交流は活発化し、日延に続いて呉越国に渡る僧が出てきたのであろう。

「奝然法橋在唐記」によると、伝智（転智）は日本の大宰監の藤原貞包の子息であった。藤原貞包は『本朝世紀』天慶四（九四一）年九月二十日条に、

今日、以二藤原貞包一任二筑前権掾一、是以下去月於二日向国一与二賊徒一合戦之間、擒二獲佐伯是本一幷射中殺賊類上、因レ之所レ被レ賞也、

とみえる人物である。藤原純友の乱の最終局面にあたって、同年八月、貞包は純友の次将であった佐伯是本らの軍勢と日向国で合戦して、是本を捕獲し、その賊類を射殺した。こうした功績により、貞包は九月に筑前権掾に任ぜられた。『本朝世紀』同年十一月二十九日条によると、「追討凶賊使兼（大宰）少弐」の源経基より、八月からの合戦で、純友の次将佐伯是本を日向国で生獲し、豊前国海部郡佐伯院で同賊首桑原生行を斬首したので、是本の身柄と生行の首級を大宰府から都へ送るということを報告してきた。源経基は追捕使の次官として、藤原純友の残党討伐の成果を報告し、みずから佐伯是本を護送して帰京したが、実際に日向国での戦闘に勝利し、是本を生け捕りにしたのは藤原貞包であった。貞包はこの功績で筑前権掾に任命されているが、本来は筑前の在地勢力であったと考えられる。源経基の配下に組み込まれて戦った「国内武勇輩」とみるべきであろう。(9)

大宰府の監や典はもともと中央派遣官であったが、少なくとも十世紀末には管内の有力者が任命されるようになった。監・典以下の大宰府官人は府官と称され、「府中有縁之輩」（『職原抄』下）が選任されるようになったのである。志方正和

氏は、純友の乱鎮定のために下向した追討使主典の大蔵春実らが乱後、大宰監・典に任命され、管内に土着したことが、府官のはじまりであろうという。[10] 純友の乱の功績で筑前権掾となり、その後、大宰監に進んだらしい藤原貞包は、在地有力者から府官になった最初期の人物として注目されよう。伝智（転智）が呉越国に渡った九五七年もしくは九五九年は、藤原貞包が筑前権掾に任命された天慶四（九四一）年の一六～一八年後であるから、この頃には貞包が大宰少監あたりに昇進していたとしても不思議はない。

寛仁三（一〇一九）年の刀伊の入寇に際して賊軍の撃退に活躍したのは、（前）大監藤原致孝・前監藤原助高・前少監大蔵種材らの府官たちであった（『朝野群載』巻二〇、異国、寛仁三年四月十六日大宰府解）。寛弘九（一〇一二）年には平到行がはじめて府官から大宰少弐に任命された（『吉記』治承五年四月十日条）。到行についで長和四（一〇一五）年二月十四日に府官から少弐に進んだ藤原蔵規は、これ以前の同二年七月には藤原実資に唐物を進上し（『小右記』同年七月二十五日条）、同四年二月十二日には大宰大監として鵞二翼と孔雀一翼を朝廷に進上している[11]（『日本紀略』同年二月十二日条、『御堂関白記』同年四月十日条）。少弐として刀伊の入寇を迎えた彼は、治安二（一〇二二）年に賊軍撃退の賞で対馬守に任命された[12]（『小右記』同年四月三日条、『除目大成抄』五）。このように大宰府の監には軍事力をもつ在地の有力者が多く、なかには海外との貿易で財力を蓄え、中央への献物などによって、さらに大宰少弐や対馬守に昇進する者も現れたのである。[13]

純友の乱の功績で筑前権掾となり、その後、大宰監となった藤原貞包は、そうした在地勢力から国司や大宰監に進んだ最初期の人物であり、のちの府官層に連なる人物であったと思われる。貞包の子息であった転智（伝智）が呉越国に渡り、五丈観音像を二体彫造したのは、こうした府官層の経済力を背景にしている可能性が高い。呉越国王からの要請を受けて、天台法門を呉越国に送り届けた日延も肥前国の出身であった。日延の帰国後まもなく呉越国に渡った伝智（転智）も、やはり筑前国の在地氏族の出身であると思われ、彼は杭州の千仏寺で五丈観音を二体彫造し、日本の彫刻技術の高さを中国に示した。[14] 当然のことではあるが、大陸に近い九州の人材が呉越国との文化交流に大きな役割を果したことを再認識すべきであろう。

3　日本製の龍蕊簪と龍興寺

『十国春秋』（四庫全書珍本三集史部、載記類）巻八三、呉越七、忠懿王妃孫氏伝には、次のようにある。

妃常以二一物一、施二龍興寺一。形如二朽木箸一、寺僧未之珍也。偶出示二船上波斯人一。曰、此日本龍蕊簪。遽以二万二千緡一易去。

忠懿王銭弘俶妃の孫太真はかつて龍興寺に簪を施入したが、その簪は朽ちた木箸のような形をしていた。寺僧はこのような珍しい簪を知らなかったが、たまたま外出して船上の波斯商人に示すと、それは日本の龍蕊簪であるという。寺僧はすみやかに一万二千の緡銭で交易したという。開宝九（九七六）年、王妃孫氏は銭弘俶・世子とともに宋に入覲し、呉越国王妃に封ぜられた。王妃はこの年に帰国して薨去したので、龍興寺に簪を施入したのは、九七六年以前のことと考えられる。

ここにみえる龍興寺は、梁の大同二（五三六）年に創建された寺院で、唐の神龍三（七〇七）年に龍興寺と改名された。宋代には大中祥符寺と号し、城内の礼部貢院の西にあった（『咸淳臨安志』巻七六、寺観二）この寺は呉越国の時代を通して、国王や王妃の帰依を受けていたのであろう。『龍興祥符戒壇寺志』（中国仏寺史志彙刊第一輯第二九冊）巻一〇は前掲した『十国春秋』の記事を引用したのち、

北隅掌録、龍蕊作二龍乳一云、銭王妃、曽降二香此寺一、施二捨龍乳簪一、亦為二十宝之一一。

と書いている。「北隅掌録」は龍蕊簪のことを龍乳簪と記し、銭王妃がかつてこの寺に香を下賜し、龍乳簪を施入したというのである。龍蕊簪は龍乳簪とも呼ばれたようである。

十世紀後半、呉越王妃の周辺に日本製の龍蕊簪（龍乳簪）があり、銭王妃はかつてこれを杭州の龍興寺に施入したこと、これが日本製の簪であることを波斯人の商人が知っていたこと、龍興寺の僧がこの龍蕊簪を高い価格で売り払ったことなどが判明する。阿部肇一氏は、『十国春秋』のこの記事を龍興寺僧の交易経済を示すものとみて、当時の貿易の一端は寺院・寺僧を介して行われたこともあったと述べている[15]。波斯人は八世紀には揚州や広州で商店を構えて商取引を行っており、『唐大和上東征伝』は広州に婆羅門・波斯・崑崙の船が香薬珍宝を載せて多数停泊していたことを伝えている[16]。

呉越国王銭弘俶は天台法門の繕写を求める使者を九五三年に日本に送り、これに応えて延暦寺僧の日延が渡海した。呉越国王は九五七年に持礼使を派遣して日延を送り届け、九五九年にも持礼使を派遣している。この持礼使の帰船に便乗して、九五七年もしくは九五九年に伝智（転智）が呉越国に向かった。前述のように、日延派遣以前の九三六年・九四〇年・九四七年には、呉越商人を介して呉越王と日本の朝廷との間に書状と信物の往復があった。これ以外にも、九三五年と九四五年に呉越商人が来日していたことが確認できる[17]。こうした呉越商船の頻繁な来航を契機に、呉越国の文物が日本に流入するとともに、日本の文物が呉越国に送られたものと思われる。日本製の龍蕊簪もその一つであったが、呉越王妃の珍重するところとなり、杭州の龍興寺に施入されたのである。

さて、日本から中国へ送られた女性用の服飾品といえば、東大寺僧奝然が宋の太宗に献上した品物が注目される。九八三年に入宋した奝然は、翌年、太宗に謁見して、『職員令』『王年代記』などを献上したのち、五台山・天台山などを巡礼して、九八六年に帰国した。奝然は九八八年に弟子嘉因を入宋させ、太宗に表状文と礼物を献上した。その献上品には青木函に納めた仏経、螺鈿花形平函に納めた琥珀・水晶・念珠などがあったが、そのなかに次のような装飾品も含まれていた（『宋史』日本伝）。

金銀蒔絵扇筥一合（檜扇二〇枚、蝙蝠扇二枚を納める）

螺鈿梳函一対（一つには赤木梳二七〇を納め、一つには龍骨一〇橛を納める）

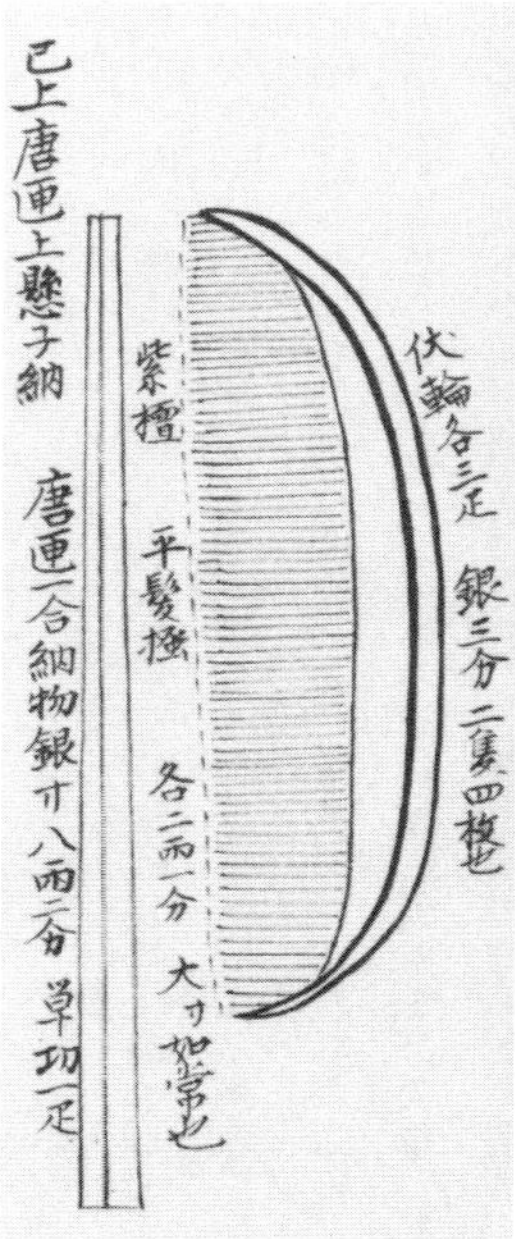

図1　『類聚雑要抄』巻4の櫛と平髪搔（国立公文書館蔵，紅葉山文庫本，147—631）

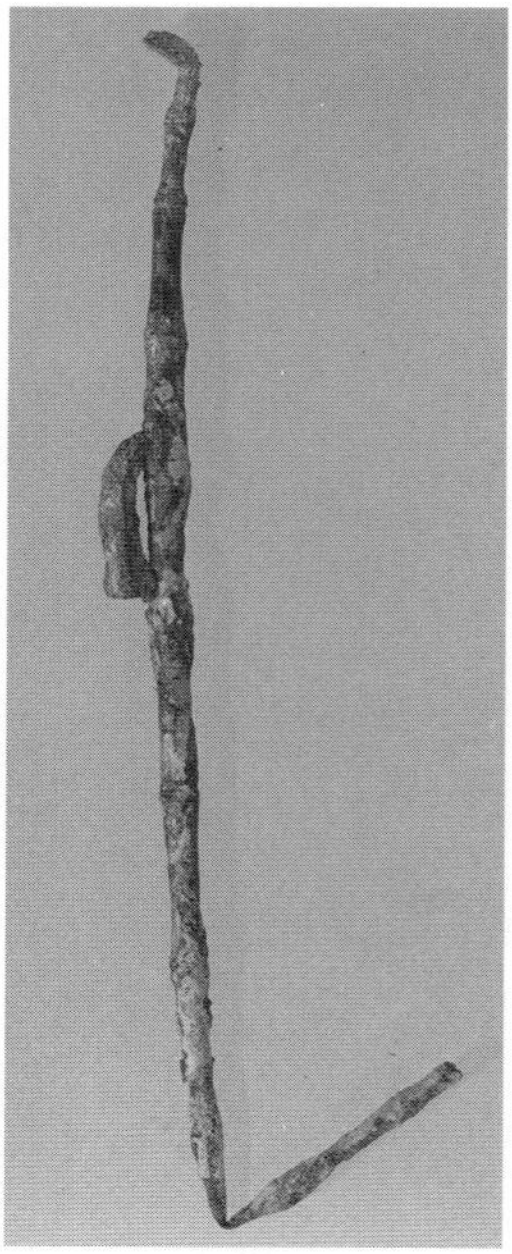

図2　京都府稲荷山経塚出土の金銅製簪（東京国立博物館・Image: TNM Image Archives）

螺鈿梳函の一つに収納された龍骨とは、梳とセットになるものであるから、簪をさすものとみてよいであろう。前述した龍蕊簪（龍乳簪）をここでは龍骨と表現しているものと考えられる。「蕊」は花の中心にあるひげ状のもの（おしべ・めしべ）をさす（『広漢和辞典』）。「龍骨」は船底の舳先から艫までを貫く材のことである。いずれにも共通するのは、あるものの中心に位置する杭《くい》状のもので、突起やひげ状のものを付すことである。日本製の龍蕊簪はその特異な形状によって、呉越国や宋代の中国人に注目され、王宮や寺院で珍重されたのである。

　それでは、龍蕊簪とはどのような簪なのであろうか。主として女性が所持する理髪・髪飾具に簪・釵・笄があるが、秋山浩三氏によると、簪は単脚形の髪挿し、釵は両脚形の髪束ね、笄は箸の形に似た髪搔き上げ具と整理できるという。また、一一四六年からほどなくして成立した『類聚雑要抄』の理髪具条には「平髪搔」「細髪搔」の二種の表記が頻出するので、平安時代後期には平髪搔と細髪搔の二種が存在したことがわかるが、『類聚雑要抄』所載の指図によると、平髪搔は現在の割箸に似た平板棒状を呈する[18]（図1）。

　明徳元（一三九〇）年に調進されたといわれる和歌山県の熊野速玉大社の御神宝中の橘蒔絵手箱には、

銀鋏一個、銅耳搔一本、銀鑷一個、銀髪搔二本、銀解櫛三枚、銀覆輪櫛四枚、蒔絵櫛二八枚

が納められているが、これらはすべて古式に則ったもので、少なくとも鎌倉時代には遡る形式である。[19] 二本の銀髪搔はいずれも一端が幅広で他端に向かって先細りになる板状の平棒状品で、幅広の部分は割箸に似た形状を呈している。

一方、平安時代の簪の数少ない遺品として、京都府稲荷山経塚出土の耳搔付き金銅製簪がある。復元全長は約一五・三センチ、一〇節の竹の節状に刻みが不等間隔に付いている（図2）。現在は上から三節目のところから枝状の突起が出るように復元されているが、この枝を出すような復元は誤りであることが当初から指摘されており、[20] 本章でもこの指摘に従うことにする。この稲荷山経塚は九条兼実が養和二（一一八二）年に崇徳天皇中宮皇嘉門院聖子の菩提を弔うために埋納したものとされる。[21] 稲荷山経塚品と同様の耳搔付き金銅製簪は愛媛県越智郡奈良原経塚からも出土している。長さ約一六センチ、金メッキを付すが、竹の節状のものではない。高橋健自・岩井武俊・玉田栄二郎の諸氏は、これら稲荷山経塚出土品と奈良原経塚出土品を簪（笄）と考えている。[22] 橋本澄子氏はこれらを簪とみることに疑問を呈した時期もあったが、その後は耳搔付きの簪の遺品と認めている。[23]

さて、中国史料にみえた日本製の龍蕊簪は、これら伝世品や出土品の髪搔・簪のいずれに相当するのであろうか。「形は朽ちせる木箸の如し」と書かれているところをみると、割箸に似た平板棒状の平髪搔がそれにふさわしいかもしれない。しかし、日本製の簪が龍蕊簪・龍乳簪と呼ばれ、奝然が宋の太宗に献上した龍骨がその龍蕊簪にあたるとすると、平髪搔ではやや異なるのではないかと思われる。龍蕊・龍乳・龍骨は前述したように、突起やひげ状のものを付す杭状の形状を想起させるからである。

そうすると、竹の節状の刻みをもつ稲荷山経塚出土の耳搔付き金銅製簪が、そうした形状に近いものとして注目される。竹の節状の突起を龍蕊・龍乳・龍骨とみなし、こうした形状の簪を龍蕊簪などと呼んだのではないか。唐の段成式撰『酉陽雑俎』続集巻五の「寺塔記上」大興善寺条には、不空三蔵の塔の前には老松が多く、旱魃の時には官がその枝を伐り、龍骨を作って祈雨を行ったとある。ここでも枝を伐ったものを龍骨と称している。史料不足のため、これ以上のことをいうのは難しいが、現在のところ、日本に伝存する、あるいは日本で出土した簪の実例からすると、稲荷山経塚出土の金銅製簪が呉越国で珍重された龍蕊簪にもっとも近いものと考えられる。

おわりに

九五三年に呉越国に渡り、九五七年に帰国した日延は、『往生西方浄土瑞応刪伝』を持ち帰った。この本は中唐の文諗・少康の共編になる『往生西方浄土瑞応伝』に、五代後唐の道詵が補訂を加えたものである。道詵は呉越国水心寺の住持で、日延のために『瑞応伝』を補訂して『瑞応刪伝』を撰述した。(24)この水心寺は杭州の銭塘湖（西湖）の湖中にあった寺院で、のちには水心寺僧の斉隠が来日して、源信から『往生要集』を託されたこともあって、平安時代の日本人にはよく知られる寺院となった。源為憲・大江匡衡らは水心寺を詠んだ詩文を残しており（『本朝麗藻』巻下、『江吏部集』巻中）、安芸宮島の厳島神社は「大唐の水心寺かくやとぞ見え」と称されている(25)（『高倉院厳島御幸記』）。

日延は四、五年間の呉越国滞在中、杭州の寺院や僧侶と交流を重ねたことと思われ、日本への訪書を進言した天台の徳韶や義寂らとの交渉は、当然想定されるところであろう。(26)水心寺の道詵もまたその一人であるが、本章で述べたところを踏まえると、千仏寺（龍興千仏寺）もその一つに数えることができるのではなかろうか。千仏寺の寺主であった希覚は『周易会釈（記）』二〇巻を著したのち、九四八年頃に没した。その数年後に呉越国に入った日延は、この最新の『周易』注釈書を日本に持ち帰った。日延は呉越国王か千仏寺を通して、この本を得たものと思われるが、いずれにしても彼が千仏寺を訪れた可能性は高いであろう。

日延帰国後の九五七年か九五九年には、日延を日本に送り届けた持礼使盛徳言の帰船に乗って、日本僧の転智（伝智）が呉越国に渡った。転智（伝智）は九六〇年に杭州の千仏寺で五丈観音像を二体彫像して、同寺の八丈殿に安置した。呉越国王銭弘俶はこの造像事業を支援したという。転智（伝智）が千仏寺において仏像を造ったのは、呉越国王がこの寺に深く帰依していたからでもあろうが、日延がかつて千仏寺と関わりをもったことも、その背景にあるのではなかろうか。

杭州の龍興寺には、呉越国王銭弘俶妃の孫太真がかつて日本製の龍蕊簪を施入した。この龍蕊簪は突起をもつ杭状の簪と考えられ、現在のところ、京都府稲荷山経塚出土の耳掻付き金銅製簪がそれに近いものと推定できる。この龍蕊簪は呉越商人が日本からもたらしたものであろう。これが日本製の簪であることを波斯人の商人が知っていたことは、日本製品が南海交易の輪のなかに取り込まれていたことを物語っており興味深い。

十世紀の日本と呉越国の交流については、呉越商人の往来を軸にした文物の移動が注目されるが、呉越国に渡った日本僧が杭州を中心とする中国の寺院や僧侶と接触し、それによってより深い文化交流が実現したという側面にも目を向ける必要があろう。また、日本から呉越国に龍蕊簪のような工芸品が輸出されていたことも注目される。とはいえ関係史料は乏しく、今後とも文献史料・考古資料の発掘につとめることが求められよう。

（1）竺沙雅章「宋代における東アジア仏教の交流」『仏教史学研究』三一―一（一九八八年）二五～二六頁。
（2）西岡虎之助「日本と呉越との通交」『西岡虎之助著作集』三（三一書房、一九八四年）、西本昌弘「「唐風文化」から「国風文化」へ」『岩波講座　日本歴史　第五巻　古代五』（岩波書店、二〇一五年）。
（3）日延の入呉越国については、竹内理三「「入呉越僧日延伝」釈」『日本歴史』八二（一九五五年）、桃裕行『桃裕行著作集八　暦法の研究〔下〕』（思文閣出版、一九九〇年）などを参照。日延の関係史料は、竹内理三編『大宰府・太宰府天満宮史料』（太宰府天満宮、一九六八年）に集成されている。
（4）田島公「中世天皇家の文庫・宝蔵の変遷―蔵書目録の紹介と収蔵品の行方―」『禁裏・公家文庫研究』二（二〇〇六年）五五～五九頁。
（5）西岡虎之助「奝然の入宋について」『西岡虎之助著作集』三（三一書房、一九八四年）一〇五頁、森克己「大陸文化と日本扇」

『増補　日宋文化交流の諸問題』（勉誠出版、二〇一一年）三三二頁。

（6）王勇「日本僧転智の入呉越事跡について」田中隆昭編『日本古代文学と東アジア』（勉誠出版、二〇〇四年）。

（7）王勇「僧・転智の旅―呉越そして天竺へ―」『国文学　解釈と鑑賞』五三―六（二〇〇八年）。

（8）銭弘俶は顕徳二（九五五）年頃から約一〇年を要して銅製の八万四千塔（阿育王塔）を造り、部内に頒布した（岡崎譲治「銭弘俶八万四千塔考」『仏教芸術』七六〈一九七〇年〉、関根俊一「銭弘俶八万四千塔について」『MUSEUM』四四一〈一九八七年〉、服部敦子「銭弘俶八万四千塔をめぐる現状と課題」『アジア遊学』一三四〈二〇一〇年〉）。日延が呉越国からこの銅塔を持ち帰ったことは、『扶桑略記』応和元年十一月二十日条に記されている。

（9）下向井龍彦「天慶藤原純友の乱についての政治史的考察」『日本史研究』三四八（一九九一年）二六頁。

（10）志方正和「刀伊の入寇と九州武士団」『日本歴史』一四〇（一九六〇年）、同「大宰府府官の武士化について」『九州古代中世史論集』（志方正和遺稿集刊行会、一九六七年）。

（11）『日本紀略』『百錬抄』の長和四年閏六月二十五日条に、宋商周文裔が献上した孔雀が天覧に供せられたことがみえるので、渡邊誠「鴻臚館の盛衰」『平安時代貿易管理制度の研究』（思文閣出版、二〇一二年）三五七・三六九頁は、藤原蔵規が周文裔から朝廷に献上された鵞・孔雀を取り次いだと解釈している。

（12）刀伊の入寇時の大宰少弐は藤原盛規と書かれ（『朝野群載』寛仁三年四月十六日大宰府解）、長和四年二月に府官から少弐に任ぜられた人物は藤原歳規（『吉記』治承五年四月十日条）と記されているが、志方正和氏によると、この藤原盛規・歳規は藤原蔵規と同一の人物であり、盛規・歳規はいずれも誤写で、蔵規が正しいという（前注(10)志方一九六〇論文、二二頁）。

（13）右田文美「大宰少弐考―附大宰少弐補任表―」『史論』三二（一九七八年）二三〜二四頁。

（14）王勇「中国文献にみえる日本の彫刻芸術」上原昭一・王勇編『日中文化交流叢書七　芸術』（大修館書店、一九九七年）一八八〜一九一頁。

（15）阿部肇一「呉越忠懿王の仏教政策に関する一考察」『増訂　中国禅宗史の研究』（研文出版、一九八六年）一九六頁。

（16）山崎覚士「呉越国の首都杭州」『アジア遊学』七〇（二〇〇四年）三四頁。

（17）田島公「日本、中国・朝鮮対外交流年表（稿）―大宝元年から文治元年―」『貿易陶磁―奈良・平安の中国陶磁―』（臨川書店、一九九三年、増補改訂版、二〇一三年）。

(18) 秋山浩三「平安時代の黄楊の笄（髪掻）」『光陰如矢―荻田昭次先生古稀記念論集―』（同刊行会、一九九九年）。
(19) 橋本澄子「平安時代におけるいわゆる耳掻簪について」『ミュージアム』二一〇（一九六八年）二三頁では、稲荷山経塚出土品などは簪ではなく、耳掻そのものと考えた方がよいと述べているが、同『日本の髪形と髪飾りの歴史』（源流社、一九九八年）九八頁では、これらを頭部が耳掻となった簪の遺品とみている。
(20) 岩井武俊「山城稲荷山経塚発掘遺物の研究」『考古学雑誌』二―八（一九一二年）四五二頁。
(21) 三宅敏之「稲荷山の経塚」『朱』一〇（一九七〇年）。
(22) 高橋健自「山城稲荷山経塚及発掘遺物に就きて」『考古学雑誌』二―八（一九一二年）四六八頁、前注(20)岩井論文、四五二・四六〇頁、玉田栄二郎「伊予奈良原神社境内経塚」『考古学雑誌』二五―一（一九三五年）四八頁。
(23) 前注(19)橋本論文、二三頁。
(24) 平林盛得「大陸渡来の往生伝と慶滋保胤」『慶滋保胤と浄土思想』（吉川弘文館、二〇〇一年）。
(25) 西本昌弘「日中交渉史のなかの杭州水心寺」『文化交渉学のパースペクティブ』（関西大学出版部、二〇一六年）。
(26) 藤善眞澄「入宋僧と杭州・越州」『参天台五台山記の研究』（関西大学出版部、二〇〇八年）一九八頁。

おわりにかえて——平安時代の時代区分

大津　透

1　調庸制の再編と功過定

本書のまとめにかえて、摂関期の国家を全体としてどのように位置づけるべきか、平安時代の時代区分について簡単にふれておきたい。筆者は、近年『岩波講座　日本歴史』で「財政の再編と宮廷社会」を担当して、摂関期の財政全体について概観を試みた。そこでは二つの画期があることを明らかにした。

一つは九世紀後半から十世紀初頭であり、位禄・大粮や年官制度など、給与や官衙運営費等の財源を、大蔵省や民部省から地方の正税・公廨などの稲穀へと移行させていく、いわゆる「調庸から正税へ」という動きである。調庸の未進・違期などに対応する動きだが、一方で田租が京進されず、地方の正倉に蓄積されて、不動倉とされるとカギは京進されるものの、地方財政が独立した存在であるという日本独自の財政構造を考えれば、地方財政を中央の財源として使用できるようになった点を律令制の展開と評価することも可能だろう（本書所収の神戸論文も参照）。

もう一つは正蔵率分の成立や永宣旨料物・齋院禊祭料などの調庸制の再編、天徳四（九六〇）年の内裏再建での全国の受領への割りあてに始まる造営体制の構築など、十世紀後半の村上天皇の時代（九四六〜九六七）である。調庸制の崩壊に対応した再編であるが、これは結局、律令調庸制の本質にある、首長制に依拠する宗教的な意味を伴う伝統的な貢納制が終焉したということを意味するのだろう。受領の在京機関である弁済所・弁済使が成立し、任国で徴収した税物がすでにそこに貯蔵されるようになり、切下文や召物などにより中央官司や行事所はそこから必要な料物を調達できるようになったのである。(1)

従来のように郡司の力に依存せず、受領が部内支配を確立し、租庸調や雑徭を再編した官物・臨時雑役の形で徴税し、地方支配が強化される。それを前提として財政の再編が行なわれるということで、ここに大きな画期があるだろう。これによって朝廷儀礼や祭祀、法会などが以後安定的に実施できるようになったのである。また内裏造営も、地方の正税が中央の財源になったことを前提にして、正税や臨時雑役を使用して受領は造営に対応することが可能になったのである。さらに正蔵率分の一〇分の二への増額や内裏大垣修造の制度化など、十一世紀初頭の一条天皇・藤原道長の時代に体制の整備が進められた。

こうした受領による税物納入や造営奉仕をチェックするのが、任期が終了した受領の成績を公卿が判定する受領功過定である。摂関期の国制の特徴は、定（陣定・御前定）といわれる公卿の合議および政（公卿聴政・申文）といわれる中納言以上の公卿の分担決済による太政官の政務運営と、それを摂関や一上（左大臣）が統括するという上流貴族の連合体制であり、その基礎に任国支配を委任された受領の負名体制による強力な統治、および官物・臨時雑役の成立による徴税の強化があると述べたことがある。(2) その視点からすると功過定は、摂関期の両者の接点にある政務として注目される。これは陣定の一類型であり、ほかにも受領の申請や負担決定は諸国申請雑事定や造宮定などとして公卿の合議が行なわれ、こうした陣定では公卿各人の意見が列挙されるだけで結論にはいたらないのであるが、功過定においては合格とするか否かの決定に全員一致の結論が必要であり、例外的に強力な公卿の合議制である。

したがってこの受領功過定がどのように成立したかは、摂関期国家の成立過程を考えるカギになるだろう。はじめ延喜一五（九一五）年に主計寮・主税寮に受領の功過の勘進が命じられるが（『別聚符宣抄』）、当初は前司の成績との相対評価が行なわれたらしい。次いで天慶八（九四五）年になって官物の状況に不審があり、勘解由使に勘文の提出が命じられ、正税数の赴任時と交替時の比較がなされ、任期中に正税に欠負を生じさせたかを確認するようになった（『政事要略』巻二八）[3]。これにより功過定の主要な資料である主計・主税・勘解由の三勘文が揃ったので、このときに枠組みが完成したということもできる。

しかし一方で、公文勘会が変質し、調庸惣返抄や雑米惣返抄、正税返却帳などが形式的に（完納していない場合でも）発給されるようになり、新たに政府が受領に要求する負担の審査の場に意味を変えていく。その最初の変化は、天暦六（九五二）年に定められた正蔵率分の納入を審査するようになったことだろう。さらに応和三（九六三）年には齋院禊祭料の勘文を功過定に提出させる。また康保元（九六四）年には毎年一定額の不動穀蓄積を国司に命じ、それが「新委不動穀」として審査項目に取り入れられた[4]。このあと十一世紀初頭の道長の時代に、修理職など多くの納入官司に勘文を提出させ、大垣の修造も審査項目にするなど、功過定の整備がさらに進められるのだが、実質的な受領功過定の成立は、十世紀後半の村上天皇の時代におくことができるだろう[5]。

藤原公任の著した『北山抄』巻一〇吏途指南は、「古今定功過例」として二二もの受領功過定の例を載せる点で画期的である。実例のほとんどは一条天皇の時代であるが、その最後に公任は次のように記している。なお故実叢書をはじめ刊本はこの記事を巻一〇の中間におくが、西本昌弘氏が指摘するように、公任自筆稿本にあるように実例をあげた最後にまとめとして付記したと考えるべきである[6]。

> 先公命じて云はく、功過の定は、朝の要事なり。その職に在るの者といへども、必ずしも練習せず。予久しく弁官を経て、聞くところ無きにしも非ず。八座に昇りて後、故殿下、職《しき》の曹司《そうじ》において除目を行はるるの時、物忌によりて参仕せず。御書を賜はられて云はく、「受領功過を定むべきの公卿無し、諷誦《ふうじゅ》を修して参入すべし」。よりて即ち参入

し、頗る愚心を励ます。今思ひ出すところの事、時々これを示せり。子孫の中、もし奉公の志有らば、聊か大概を注し、忽忘に備ふべし。

父頼忠の言葉に（「命じて」は「仰せて」とほぼ同じ）、受領功過定は重要な政務だが、よくわかっていない公卿も多い。自分は永く弁官をつとめたので色々と知っている。参議（八座）になってのちのこと、故殿下（頼忠の父実頼）が職御曹司で除目を行なったとき、物忌のため参加しなかったら、実頼から「受領の功過を定められる公卿がいないので、参入せよ」との御書を賜り、功過定に参加したことがある。思い出すことなどを示すので、奉公を目指す子孫は記すように、と言っていた。公任は、この父頼忠の言葉を承けて功過定の例、さらには吏途指南全体を執筆したと述べているのである。

藤原頼忠は永延三（九八九）年に死去しているので、この「功過の定は、朝の要事なり」はそれ以前の言葉だが、藤原実頼が除目を行なうにあたり功過定を行なうために頼忠を呼び出したというのはいつのことだろうか。頼忠が参議であったのは応和三年から康保五年二月で、右大弁のち左大弁を兼ねており、実頼は、天暦三年に左大臣、康保四年冷泉践祚後は関白となり、のちに太政大臣に昇る。瀧浪貞子氏作成の表によれば、実頼が職御曹司（大臣の直廬）で除目・叙位を行なったのは、関白および摂政として康保四（九六七）年から天禄元（九七〇）年までのことである。[7] 重なるのは冷泉践祚直後の康保四年十月七日、「左大臣、職曹司に於いて、除目を行はる」（『日本紀略』）であり、この時の可能性が高い。ここから村上天皇より冷泉天皇にかけての時期に功過定が重要視されるようになり、地方行政を熟知している参議大弁が必要とされていたことがわかる。

2 『栄花物語』の時代意識

本書では古記録や儀式書による分析が続いているので、ここでは仮名文学である『栄花物語』をとりあげて、時代意識を読みとってみたい。

『栄花物語』は、少なくとも正篇（巻一―三〇）は、まさに摂関期に記された同時代史としての摂関時代史という側面をもっている。そこには現在に接続する近代という観念が存在しているはずである。一条天皇崩御の場面で、上皇の位を捨てて出家したのだから効験はあるだろうと思っていたのに、近代の帝で一条天皇ほど長く平安に治世を保ったことはないと称えていたのに、病状が悪化して亡くなってしまったと、以下のように叙述する。

　さりともいとかばかりの御有様を背かせたまひぬれば、さりともと頼もしうのみ誰も思しめしたるに、四つにて東宮に立たせたまひ、七つにて御位に即かせたまひて後、二十五年にぞならせたまひにければ、今の世の帝《みかど》のかばかりのどかに保たせたまふやうなし。村上の御事こそは、世にめでたきたとひにて、二十一年おはしましけれ。円融院の上、世にめでたき御心掟、十五年ぞおはしましけるに、かう久しうおはしましつれば、いみじきことに世人申し思へれど、御心地のなほいみじう重らせたまひて（後略）[8]　（いはかげ）

読み過ごしてしまいそうだが、この「今の世」は重要である。在位の長さが比較されている村上天皇と円融天皇が「今の世の帝」に属していることは明らかであるが、延喜・天暦と併称される醍醐天皇が出てこないのである。醍醐天皇は寛平九（八九七）年から延長八（九三〇）年まで三三年あまり在位していたので、一条天皇の二五年よりも遙かに長い。論理的に言えば、醍醐天皇は「今の世」に属していないので比較の対象になっていない。つまり延喜は、一時代前の現在とは異質な世界であったことになる。『栄花物語』のような文学作品に厳密な論理性を求めるのは深読みだという批判もあるかもしれないが、あたらないだろう。

それは『栄花物語』冒頭が次のように始まるからである。

　世始りて後、この国の帝《みかど》六十余代にならせたまひにけれど、この次第書きつくすべきにあらず。こちよりてのことをぞしるすべき。　（月の宴）

ここには「こちよりてのこと」つまり近代のこと、近代史を書くことにしようという執筆の意図が示される。[9] このの ち宇多・醍醐天皇、藤原基経、穏子とその所生の寛明・成明親王の簡単な系譜と婚姻関係が記されるが、村上天皇の叙述が始まるまでのあいだ、文末には伝聞過去の助動詞「けり」が三五個も用いられる。これは作者の時間意識にとって宇多・醍醐天皇などが過去であったことを示し、「けり」は「むかし、男ありけり」などの物語文学の書き出しの伝統だというだけでは説明しきれないだろう。これと対比的に村上天皇の冒頭は、

かくて、今の上の御心ばへあらまほしく、あるべきかぎりおはしましけり。（月の宴）

とあって、「けり」の連続のあとに、「かくて、今の」が続き、ここからは「けり」の使用も減る。「今の上」村上天皇にいたって物語が始まるのである。藤原忠平も「ただ今の太政大臣にては、基経の大臣の御子、四郎忠平の大臣、帝の御伯父にて、世をまつりごちておはす」（月の宴）と「ただ今の太政大臣」とされ、『栄花物語』の作者にとって、村上天皇・忠平が起筆で、ここから近代だったと考えられる。

『栄花物語』正篇は藤原道長死去の翌年万寿五（一〇二八）年まで記述するが、その成立は長元二年から六年（一〇二九～一〇三三）とするのが通説である。また作者には道長の妻倫子および娘の上東門院彰子につかえた赤染衛門をあてる説が有力だが、道長の娘妍子（三条天皇中宮）あるいはその娘禎子内親王につかえる女房を想定する説もある。いずれにしても道長死後数年のうちに道長周辺の赤染衛門をはじめとする女房によってまとめられたと考えられ、彼女たちにとって村上天皇からが近代だったのである。[10]

対照的なのは同じ歴史物語である『大鏡』である。その序によれば、「ただ近きほどより申さむと思ふに侍り。文徳天皇と申す帝おはしましき。その帝よりこなた、今の帝まで十四代にぞならせたまひにける」[11]と、文徳以降後一条天皇まで、大臣列伝は藤原冬嗣から道長までを叙述し、今日的にいえば前期摂関政治と後期摂関政治をひとまとめにする。『大鏡』は院政期にはいって、堀河～鳥羽天皇のころ作られたと考えられるので、これはすでに摂関期が終わった院政期における

歴史意識を示しているのだろう。

以上の議論は、『栄花物語』の「村上天皇起筆説」を支持するものである。しかし村上天皇に始まるとの議論は、政府の編纂した『新国史』の後を継ぐ意図をもっていた、さらに大江匡衡の妻となった赤染衛門が、『新国史』編纂のために大江家が蓄積していた史料を利用したのではないか、宇多天皇から記述があるのは『日本三代実録』の後を承け、しかし宇多・醍醐・朱雀天皇の三代がごく簡略した叙述なのは『新国史』に譲ったのだ、などと『栄花物語』の歴史書としての性格を強調する文脈で語られることが多い(12)。宇多に記述が始まるのは六国史を承けたとはいえるだろうが、しかし『新国史』を受け継いだから村上に実質的叙述が始まるというのは、あまりに形式的であり、村上天皇に始まることの歴史叙述としての意味を見失ってしまうように思う(13)。摂関政治あるいは藤原道長の賛美や正当化という『栄花物語』のめざした歴史叙述において、その時代の始まりとして村上天皇から叙述することが必然だったのだろう。


以上、村上天皇の時代が摂関期あるいは道長の時代にとって画期であることを述べてきた。一般には「延喜・天暦の治」といわれ、醍醐と村上両天皇は聖代として並列されるのだが、ここでは延喜年間は一つ前の時代として位置づけられることを述べた。

延喜・天暦聖代説は、林陸朗氏が詳しく論じたように、文人官僚が人事が公正に行なわれた時代として持ち出し、さらに大江匡衡が文運興隆の時代として宣伝し、自らの昇進を願った(14)。当初は学者官人を中心とする言説で、文化的な側面が中心であったと思う。政治社会的な面からは延喜と天暦は同質だったということにはならないだろう。

上述してきたように財政からも受領功過定などの政治制度からも、村上天皇の時代に画期がおかれる。ほかにも醍醐天皇の時代と村上天皇の時代の間に起こった変化は多いだろう。藤原忠平、あるいは藤原師輔による政権や権力のありかたを別にしても、天慶の乱が国家社会や祭祀に与えた影響はきわめて大きいだろう。また近年研究が進んだ日本と呉越国との交流のもつ意味から、天暦年間の文化の再評価も必要である。(15)村上天皇の時代の文化の規範性については、天徳内裏歌合――『源氏物語』の花の宴のモデルである――など、検討すべきものがあるのだが、今後の検討を期したい。

(1) 拙稿「財政の再編と宮廷社会」『岩波講座 日本歴史 第5巻 古代5』(岩波書店、二〇一五年)。拙著『律令国家支配構造の研究』(岩波書店、一九九三年)も参照されたい。貢納制については、石母田正『日本の古代国家』(岩波書店、一九七一年)を参照。

(2) 拙稿「摂関期の国家構造―古代から中世へ」『古代文化』四八―一二、一九九六年(後に『日本古代史を学ぶ』岩波書店、二〇〇九年所収)。

(3) 寺内浩「受領考課制度の成立」『史林』七五―二、一九九二年(後に『受領制の研究』塙書房、二〇〇四年所収)。

(4) 渡辺晃宏「平安時代の不動穀」『史学雑誌』九八―一二(一九八九年)。

(5) 以上について詳しくは拙稿「受領功過定覚書―摂関期の国家論に向けて」『山梨大学教育学部研究報告』三九、一九八九年(後に前掲注(1)拙著所収)を参照のこと。

(6) 西本昌弘「『北山抄』巻十の錯簡とその復元」『史学雑誌』一〇四―一、一九九五年(後に『日本古代の年中行事書と新史料』吉川弘文館、二〇一二年所収)。

(7) 瀧浪貞子「議所と陣座」『史窓』四四、一九八七年(後に『日本古代宮廷社会の研究』思文閣出版、一九九一年所収)。

(8) 『栄花物語』本文は、山中裕・秋山虔・池田尚隆・福長進校注・訳『栄花物語』一―三(新編日本古典文学全集、小学館、一九九五～一九九八年)による。

(9) 松村博司『栄花物語全注釈』一(角川書店、一九六九年)三―八頁。ただし福長進「『栄花物語』『大鏡』の時代区分意識」秋山虔編『平安文学史論考』武蔵野書店、二〇〇九年(後に『歴史物語の創造』笠間書院、二〇一一年所収)は、冒頭の「帝六十余代」は第六二代村上天皇とし、「こちよりてのこと」とは村上前史である宇多～朱雀であると解釈する。

(10) 『栄花物語』の研究史については、木村由美子「栄花物語の成立と作者」・福長進「栄花物語研究の動向」(『歴史物語講座2 栄花物語』風間書房、一九九七年)を参考にした。

(11)『大鏡』本文は、橘健二校注『大鏡』(日本古典文学全集、小学館、一九七四年)による。
(12) 山中裕『歴史物語成立序説』(東京大学出版会、一九六二年)、坂本太郎『日本の修史と史学』(至文堂、一九六六年)など。
(13) 池田尚隆「『栄花物語』の歴史意識」山中裕編『王朝歴史物語の世界』(吉川弘文館、一九九一年)では、『栄花物語』の始発は村上天皇にあり、村上・安子・忠平以前の人物は過去の人として切っていると述べている。
(14) 林陸朗「所謂「延喜天暦聖代」説の成立」『上代政治社会の研究』(吉川弘文館、一九六九年)。なお近年の研究として、田島公「延喜・天暦の「聖代」観」『岩波講座　日本通史　第5巻　古代4』(岩波書店、一九九五年)をあげておく。
(15) 西本昌弘「「国風文化」から「国風文化」へ」『岩波講座　日本歴史　第5巻　古代5』(岩波書店、二〇一五年)。

〔付記〕第2節の論述は、筆者が東京大学教養学部二年生のとき、山中裕先生の小人数講義「栄花物語講読」に提出したレポートをもとにしている。あらためて先生の学恩に感謝し、ご冥福をお祈りする。

三谷　芳幸　みたによしゆき
1967年生
現在　筑波大学人文社会系准教授
主要著書・論文　『律令国家と土地支配』(吉川弘文館，2013年)，「古代の土地制度」(『岩波講座　日本歴史　第４巻　古代４』岩波書店，2015年)

小倉　慈司　おぐらしげじ
1967年生
現在　国立歴史民俗博物館准教授
主要著書　『天皇の歴史09　天皇と宗教』(共著，講談社，2011年)，『古代東アジアと文字文化』(共編，同成社，2016年)

西本　昌弘　にしもとまさひろ
1955年生
現在　関西大学文学部教授
主要著書　『日本古代の王宮と儀礼』(塙書房，2008年)，『日本史リブレット人11　桓武天皇―造都と征夷を宿命づけられた帝王―』(山川出版社，2013年)

森　　公章　もりきみゆき
1958年生
現在　東洋大学文学部教授
主要著書　『成尋と参天台五臺山記の研究』(吉川弘文館，2013年)，『日記で読む日本史11　平安時代の国司の赴任―『時範記』をよむ―』(臨川書店，2016年)

渡邊　　誠　わたなべまこと
1977年生
現在　広島大学非常勤講師
主要著書　『平安時代貿易管理制度史の研究』(思文閣出版，2012年)

◆編者・執筆者紹介

大津　　透　おおつとおる
1960年生
現在　東京大学大学院人文社会系研究科教授
主要著書　『律令国家支配構造の研究』(岩波書店，1993年)，『日本の歴史06　道長と宮廷社会』(講談社学術文庫，2009年)

武内　美佳　たけうちはるか
1988年生
現在　東京大学大学院人文社会系研究科博士課程
主要著書・論文　『朝野群載　巻二十二―校訂と註釈―』(共著，吉川弘文館，2015年)，「『北山抄』巻十「吏途指南」校訂文(案)と訓読・略註」(共著，『白山史学』51，2015年)

黒須(林)友里江　くろす(はやし)ゆりえ
1987年生
現在　東京大学史料編纂所助教
主要論文　「弁官局からみた太政官政務の変質―摂関期を中心に―」(『史学雑誌』124-11，2015年)

大隅　清陽　おおすみきよはる
1962年生
現在　山梨大学大学院教育学研究科教授
主要著書・論文　『律令官制と礼秩序の研究』(吉川弘文館，2011年)，「これからの律令制研究」(『九州史学』154号，2010年)

伴瀬　明美　ばんせあけみ
1967年生
現在　東京大学史料編纂所准教授
主要論文　「未婚の皇后がいた時代」(東京大学史料編纂所編『日本史の森をゆく　史料が語るとっておきの42話』中公新書，2014年)，「日本古代・中世における家族秩序―婚姻形態と妻の役割などから」(『ジェンダーの中国史』アジア遊学191，勉誠出版，2015年)

下向井龍彦　しもむかいたつひこ
1952年生
現在　広島大学大学院教育学研究科教授
主要著書　『日本の歴史07　武士の成長と院政』(講談社学術文庫，2009年)，『物語の舞台を歩く　純友追討記』(山川出版社，2011年)

神戸　航介　かんべこうすけ
1988年生
現在　東京大学大学院人文社会系研究科博士課程
主要論文　「当任加挙考―平安時代出挙制度の一側面―」(『日本歴史』813，2016年)，「熟国・亡国概念と摂関期の地方支配」(『日本研究』52，2016年)

史学会《しがくかい》シンポジウム叢書《そうしょ》　摂関期《せっかんき》の国家《こっか》と社会《しゃかい》

2016年11月1日　第1版第1刷印刷　　2016年11月10日　第1版第1刷発行

編　者　大《おお》津《つ》　透《とおる》

発行者　野澤　伸平

発行所　株式会社　山川出版社

〒101-0047　東京都千代田区内神田1-13-13

電話　03(3293)8131(営業)　03(3293)8135(編集)

https://www.yamakawa.co.jp/　　振替　00120-9-43993

印刷所　株式会社　太平印刷社

製本所　株式会社　ブロケード

装　幀　菊地信義

Printed in Japan　ISBN978-4-634-52365-4